JN415480

더 나은 미래를 위하여

노희진

박영사

서언

누구나 나라가 올바른 방향으로 나아가길 바란다. 하지만 우리 사회는 올바른 방향에 대한 나침반을 잃어버린 것처럼 보인다. 보수와 진보가 편을 갈라 권력을 잡기 위해 이전투구를 벌이는 듯하다. 나라의 발전과 국민의 편안한 삶을 위한 정치가 아니라 권력을 잡기 위해 수단과 방법을 가리지 않는 듯하다. 국민들은 누가 나라의 앞날과 국민을 진정으로 생각하는지 올바르게 판단해야 한다.

트럼프의 신관세 정책은 국제 질서를 뿌리째 뒤흔들고 있다. 여·야가 지혜와 인맥을 모아 대응하여도 모자랄 판에 여당 대표는 정치적 이득을 위해 내란 정당인 야당을 해체하라고 하고 있다. 정상이 아니다.

모두 자중하고 대승적 견지에서 생각해야 한다. 국제 사회가 약육 강식의 정글로 변하고 있는 듯하다. 푸틴은 무력으로 우크라이나를 침공하여 영토의 일부를 얻는 대가로 휴전을 고려하고 트럼프도 이에 동조하고 있다. 트럼프는 신관세 정책으로 전 세계를 대상으로 미국에 유리한 새로운 무역 질서를 구축하고 있다. 미국을 등에 업은 이스라엘은 가자 지구를 무력으로 억압하며 엄청난 사상자 발생에 대한 국제사회의 따가운 시선도 아랑곳하지 않는다.

우리는 북한의 핵 위협에 대해 어떤 전략을 갖고 대응하는가? 북한이 무시하는 확성기 철거 같은 유화책을 계속 쓰면 북한이 우리의 진정성을 알고 손을 내밀까? 북한은 핵 개발 능력도 의사도 없다고 하면서 유화책과 지원책을 쓴 결과, 북한은 핵을 갖고 우리는 닭 쫓던 개 지붕 쳐다보는 신세가 되었다. 우리와 후손 세대의 생존이 걸린 문제를 단임 5년의 정부가 이념에 치우쳐 너무 쉽게 생각하는 건 아닐까? 국민 모두의 중지를 모아 대처해 나가야 한다. 핵 재처리 시설 확충을 포함한 핵 연료 사용에 대한 자율권을 점진적으로 확보하기 위한 노력을 정권에 관계없이 지속적으로 추진해야 할 것이다. 국제 사회에서 인정받는 음식, 화장품, 노래, 영화, 문학에 이르기까지 한국을 의미하는 K가 붙는 영역이 넓어지고 있다. 정치 영역에서도 파괴적 혁신을 통해 여야가 협력하는 K 정치는 할 수 없는 것일까?

본서는 3부로 구성되어 있다. 1부에서는 아주경제에서 기존에 발표한 칼럼들을 체계적으로 정리하여 단편화된 의견을 종합적으로 정리해 보았다. 흩어져 있던 벽돌을 모아 집의 모양을 지어보았다고나 할까? 독자들이 더 쉽게 종합적으로 기존 칼럼을 일독하는 시도를 하였다.

2부에서는 기존 국내 저널에 발표한 논문을 그 분야의 전공자가 아닌 일반 독자들이 쉽게 접할 수 있도록 편집하여 포함시켰다. 자본주의의 발전으로 발생한 사회적 문제를 해결하는 모델과 방안을 제시한다.

3부에서는 해외에서 발간된 책자에 포함된 녹색성장 전략에 관한 글을 편집하여 영어 원문으로 포함했다. 기후변화 위기에 대응하기 위한 성장 전략으로 녹색성장을 지원하기 위한 녹색금융 전략을 제시한다.

본서는 저자가 박영사에서 발간하는 여섯 번째 책이다. 기존의

『펀드 경영론』, 『녹색금융론』, 『헤지펀드의 이론과 실제』, 『기후 금융론』, 『사회적 금융론』에서는 금융 분야의 리스크, 수익의 관계와 사회적 가치를 다루고 있다.

본서의 1부에서 정치의 모순과 해결책을 찾기 위한 단편적 사고를 체계화하기 위한 시도를 하였다. 2부에서는 사회적 가치는 있으나 수익성이 낮아 자금이 흘러가기 힘든 프로젝트에 자금이 흘러갈 수 있는 모델과 투자자 육성방안을 제시한다. 3부에서는 기후변화 위기를 해결하기 위한 녹색 분야에 자금이 흘러갈 수 있도록 하는 전략을 제시한다.

본서는 새로운 시도를 하고 있다. 형식적으로는 국문과 영문을 사용하고 있다. 내용적으로는 정치 분야, 사회적 가치 투자 분야, 녹색성장 분야에서 나름의 새로운 시도를 제시한다. 새로운 시도는 리스크가 크다. 하지만 성공하면 보상도 크다. 급변하는 환경하에서 해결책이 안 보일 적에는 새로운 시도가 필요하다. 본서가 우리 사회의 정치적 갈등을 완화하고 필요하지만 기존 금융권의 투자가 어려운 사회적 가치 분야와 녹색성장 분야에 자금이 흘러가도록 하는 데 조금이라도 보탬이 되었으면 하는 바람을 가져본다. 본서의 출판을 맡아주신 박영사에 감사를 드린다.

2025년 12월

노희진

추천사

곽영길(아주경제신문/아주뉴스코퍼레이션 회장)

노희진 박사는 저의 오랜 벗입니다. 우리가 처음 인연을 맺은 지 벌써 30년 가까운 세월이 흘렀습니다. 그동안의 세월은 단순히 친구로서의 교분만이 아니라, 한 사람의 학자이자 금융 전문가로서 그가 걸어온 길을 곁에서 지켜볼 수 있었던 소중한 시간이기도 했습니다. 세월이 흘러도 변치 않는 그의 진중함과 성실함은 저에게 언제나 큰 울림이 되어주었습니다.

노희진 박사의 삶과 업적을 돌아볼 때, 저는 두 가지 말을 꼭 떠올리게 됩니다. 하나는 "신의와 성실"이며, 또 하나는 "초지일관(初志一貫), 시종여일(始終如一)"입니다. 그는 언제나 약속을 지키고 신뢰를 최우선으로 삼았으며, 작은 일에도 성실함을 다했습니다. 또한 학문과 금융이라는 큰길을 걸어오면서도 처음 품은 뜻을 굽히지 않고 한결같은 자세로 임해 왔습니다. 이것이 바로 그가 동료와 제자, 그리고 수많은 금융인에게 존경과 신뢰를 받아온 가장 큰 이유일 것입니다.

노희진 박사는 자본시장연구원 연구위원을 비롯하여 국책은행, 정부위원회, 금융기관과 학계에 이르기까지 다양한 자리에서 중심적인 역할을 해왔습니다. 자본시장 제도의 연구와 정책 제언, 금융산업의 발전 전략 등 그가 남긴 족적은 결코 가볍지 않습니다. 특히 그는 단순히 학문적 이론에 머물지 않고, 실무와 정책의 경계에서 균형 있는 시각을 보여주며 한국 금융계의 발전을 이끄는 데 크게 기여했습니다.

그의 연구는 전통적인 금융시장 분석을 넘어 사회적 가치와 금융의 조화를 모색하는 데까지 확장되었습니다. 상업적 수익성만을 좇기보다 사회 전체의 지속가능한 발전을 고민하며, 기후금융·사회적 금융 등 새로운 영역을 개척해 나간 것입니다. 이러한 그의 노력은 우리 사회가 금융을 바라보는 시각을 보다 성숙하게 만드는 데 소중한 밑거름이 되었다고 확신합니다.

저는 또한 그의 삶에서 주역(周易)이 말하는 두 가지 덕목을 발견합니다. 바로 '자강불식(自强不息)'과 '후덕재물(厚德載物)'입니다. 그는 언제나 끊임없이 스스로를 단련하고, 멈추지 않고 정진해왔습니다. 연구실에서, 회의 석상에서, 그리고 강단에서 그는 쉼 없이 학문을 탐구하며 현실의 문제와 씨름했습니다. 동시에 그는 후덕한 인품을 바탕으로 남을 넉넉히 포용하고, 그 덕으로써 사회와 공동체를 이롭게 하는 길을 걸어왔습니다. 단순히 자신의 성취에 머무르지 않고 사회와 후학, 그리고 금융산업 전체에 기여하고자 했던 그의 태도야말로 '후덕재물'의 정신을 가장 잘 보여주는 사례라 할 수 있습니다.

이번에 출간되는 책은 바로 그가 걸어온 길과 정신을 집대성한 결과물입니다. 오랜 세월 탐구하고 축적한 사유와 경험이 이 책 속에 응축되어 있습니다. 독자들은 이 책을 통해 금융의 발전과 사회적 가치의 조화를 동시에 모색하는 한 학자의 치열한 고민을 만날 수 있을 것입니다. 더 나아가, 우리가 앞으로 나아가야 할 금융의 미래에 대해 귀중한 통찰을 얻게 되리라 믿습니다.

친구로서 저는 노희진 박사의 꾸준한 학문적 열정과 성실한 삶의 태도를 오랫동안 곁에서 지켜보았습니다. 그가 늘 지켜온 신의와 성실, 그리고 흔들림 없는 초지일관의 자세는 제게도 큰 가르침이 되었습니다. 이제 그가 엮어낸 이 책이 더 많은 이들의 손에 들려 널리 읽히고, 금융의 미래를 밝히는 등불이 되기를 진심으로 바랍니다. 나아가 이 책이 금융계와 학계, 그리고 더 나은 사회를 지향하는 모든 이들에게 값진 지혜와 용기를 줄 것이라 확신합니다.

김명자(KAIST 이사장, 전 환경부 장관)

2024년 동영상 채널 유튜브 이용자는 38억 명을 넘어섰고, 한국은 인구의 88%가 매달 한 사람당 40시간 유튜브를 본다고 한다. 소셜미디어에서는 좋은 정보와 나쁜 정보, 진짜와 가짜를 구별하기 어렵고, 사람들은 그런 구별조차 하려 들지 않는 듯하다. 자극적 콘텐츠의 커뮤니케이션에 갇혀 자신이 선호하는 정보만 수용하면서 모르는 새 확증 편향(確證偏向)에 빠져들고 있다.

확증 편향에 매몰된 팬덤 정치는 자신과 생각이 다른 정치집단을 혐오하면서 사회분열을 가중시키고 있다. 거기에 더해 세대 · 지역 · 계층 · 젠더 간 균열도 심각하다. OECD 조사에 의하면, 한국은 '타인에 대한 신뢰도'가 30% 정도로 OECD 평균값(45%)보다 낮다. 세계은행은 사회적 갈등이 국가 GDP의 2~3%에 달하는 비용을 발생시킨다고 분석했다.

더 근본적인 리스크는 기후위기이다. 1990년대 지구온난화(global warming)라 부르던 기후변화는 2010년대에는 지구열화(global heating)로 불러야 한다더니, 급기야 2023년에는 안토니우 구테흐스 UN 사무총장이 '끓는 지구'(global boiling) 시대가 시작됐다고 선언하기에 이르렀다. 기후위기로 인한 복합위기가 전 세계를 혼돈에 빠뜨리는 가운데, 한국은 국내외 위기를 극복하고 선진국으로 우뚝 서야 하는 절실한 시점이다.

이 책에서 저자는 우리의 정치, 사회, 환경 분야를 두루 아우르며 정부와 민간 부문의 협력으로 난국을 타개할 대안을 모색한다. 국가 발전과 국민의 웰빙을 위한 정책 방향과 추진 전략을 제시하고, 사회적 가치와 환경적 가치에 주목해 이들 분야에 재정이 지원될 수 있는 금융 전략을 제시한다. 정부 재정만으로 해결하기 어려운 분야에 대해 상업적 금융이 지원되도록 하는 새로운 시도가 날로 중요해지는 시점에서, 이 책의 출간은 의미가 크다고 할 것이다.

김정훈(법무법인 광장 고문, 전 국회 정무위원장)

노희진 박사님의 "더 나은 미래를 위하여" 출판을 축하드립니다. 세계가 점점 양극화되고 극단으로 치닫고 있는 작금에 아주 시의적절한 출판이라 생각됩니다. 박사님의 학구적인 노력과 열성에 경하드리며 건승을 기원합니다.

박재완(성균관대학교 이사장, 전 기획재정부 장관)

노희진 박사의 이번 거저(巨著)는 오랫동안 시대정신을 탐구하고 정책 대안을 천착해 온 여정의 집대성이다. 그의 역작들은 펀드 경영에서 녹색금융, 헤지펀드, 기후금융, 사회적 금융에 이르기까지 새로운 프런티어를 개척하며 금융의 지평을 넓혀왔다. 상업적 금융에 더하여 수익성은 낮아도 사회적 가치가 큰 분야를 일구려는 전략과 모델을 찾아 나선 것이다.

책과 컴퓨터를 벗 삼아 데이터와 씨름해 온 노희진 박사는 'Born Scholar'라 불릴 만하다. 그는 국책은행, 싱크 탱크, 대학, 정부위원회, 민간기업과 금융공기업을 두루 거쳤고, 세계은행과 중국 사회과학원에도 발자취를 남겼다. 자산 운용, 연금, 탄소 배출권, 자금세탁 방지 등 다방면에 걸친 그의 절차탁마(切磋琢磨)와 용맹정진(勇猛精進)에 경의를 표한다. 노 박사가 아시아 헤지펀드 분야의 영향력 있는 인물 25인으로 꼽힌 것도 우연이 아니다. 그의 시사 칼럼과 연작들이 남다른 혜안과 동서고금을 아우르는 탁견을 담고 있는 이유다.

게임이론에는 '자기 확인적 신호'(self-confirming signal)라는 개념이 있다. 예컨대, '여성은 야근을 싫어한다'라는 믿음이 널리 퍼지면 그 예측이 현실로 고착된다. 그렇게 지레짐작한 상사가 남성에게만 야근을 맡기면, 여성은 점차 야근을 낯설어하며 실제로 회피하게 되는 식이다. 현장 지식인도 크게 다르지 않다. 학문에 전념할 여건이 미흡한 만큼, 그들의 학덕이 학계 인사에 미치지 못할 것이라는 선입견이 자기강화의 경로를 따라 실현되는 경향을 띤다.

그러나 노희진 박사는 예외다. 청경우독(靑耕雨讀)의 자세로 발분망식(發憤忘食)한 그는 고정관념을 여지없이 깨뜨렸다. 이슥고 종심(從心)의 뜻을 좇아 엮은 이 고서(高書)가 널리 읽히어 낙양지귀(洛陽紙貴)의 성가를 떨치고, 장차 고전의 반열에 오르기를 기대한다.

최광(대구대학교 석좌교수, 전 보건복지부 장관)

저자 노희진 박사는 삶을 참으로 열심히 멋있게 사는 후배 금융 전문가이다. 자신의 전공과 관련한 금융업의 일들에 심취해 일상을 바쁘게 지내왔지만, 아마추어 수준을 넘는 성악가로서의 명성도 주위에 자자하다. 『더 나은 미래를 위하여』를 접하면서 우리의 정치에 대해서도 노 박사의 고뇌와 성찰이 남다름을 발견했다.

노 박사가 저술한 『펀드 경영론』, 『녹색금융론』, 『헤지펀드의 이론과 실제』, 『기후 금융론』, 『사회적 금융론』 등 5권의 전문 학술서 모두를 우리나라의 대표적 출판사 박영사가 발간하였는데 본 책자는 박영사가 여섯 번째 발간하는 노 박사의 책이다. 앞선 5권이 각 주제별 전문서적인데 비하여 본서는 정치의 모순과 해결책을 찾기 위한 제1부의 산문(散文)과 사회적 가치와 녹색 성장을 다룬 제2부와 제3부의 전문(專門)이 혼합된 혼성체(hybrid)이다.

제1부에서 노 박사는 그간 발표한 62편의 칼럼을 통해 우리의 정치가 나라의 발전과 국민의 편안한 삶을 위한 정치가 아니라 권력을 잡기 위해 이전투구의 정치라 비판하며 "K 정치가 필요하다"고 주장하기에 이른다. 정치 지혜와 국회의 책무, 시대정신과 지도자 자질, 공정한 재판과 갈등 완화, 난제 해결, 나라의 미래 등으로 구분해 다시 정리해 낸 62편의 기고문은 한국 정치의 문제점과 해결 방안을 총망라하고 있다고 해도 과언이 아니다. 노 박사의 주장에 동의하든 안 하든 간에 한국 정치에 대한 금융 전문가 노 박사의 고뇌와 성찰은 다양하고 깊이가 있다. 일반 독자들로서는 책자의 2/3를 점하는 제1부만이라도 섭렵하여 스스로의 'K 정치'를 규명·규정해 낼 수 있길 기대한다.

새로운 시도로 제시한 제2부의 사회적 가치 투자와 제3부 녹색 성장은 전문가들의 영역에 속하는 주제이다. 두 주제 모두 전문가들 사이에서 논란이 많고, 각기의 구체적 정책 방향에 대해서는 정파 간에 의견이 크게 대립하고 있다. 노 박사가 책에서 펼친 논지와 주장이 사회적 가치 투자와 녹색 성장 관련 정책 논의에 크게 기여할 수 있을 것으로 기대한다.

노 박사의 진단과 처방에 따라 나라가 앞으로 바른 방향으로 나아갈지 여부는 전적으로 지도자와 국민의 선택에 달려있다. 그런데 사실 그 지도자와 국민에 대한 기대는 난망(難望)이다. 대한민국의 오늘날의 위기는 그 내용이 무엇이든 지도자와 국민 모두에게서 비롯된 것이다. 지도자와 국민의 무지(無知) 무식(無識) 무지(無智)가 대한민국 위기의 근원이다. 본 책자 『더 나은 미래를 위하여』가 지도자와 국민의 무지와 무식을 해소하고 지혜의 나침반이 되길 기대 · 염원한다.

최운열(공인회계사회 회장, 전 서강대학교 부총장)

국내외적으로 정치적 양극화가 심화되고 있는 듯하다. 양극화를 치유하지 않고는 사회갈등으로 인한 정치 사회 불안정성이 심화되어 사회적 혼란으로 이어질 가능성이 높다.

특히 국내적으로도 계층 간 · 세대 간 · 지역 간 갈등을 완화하여 더 나은 미래를 열어가야 할 책무가 정치권에 있음에도, 여야 모두 강성 지지층에 둘러싸여 사회적 갈등을 치유하기는커녕 오히려 사회 갈등의 진원지가 되고 있다는 비판을 받고 있다. 이런 차원에서 정치의 정상화가 무엇보다 중요하다. 사회적 가치는 있지만, 상업적 금융이 흘러가기 힘든 분야에 사회적 투자자를 육성하여 자금이 흘러갈 수 있도록 하면 정부의 부담이 줄어들 수 있을 것이다. 난국에는 새로운 시도가 필요하다. 기후변화로 전 세계가 몸살을 앓고 있고 우리나라도 예외가 아니다. 금융기관의 자금이 기후변화 분야에 투자할 수 있는 금융 전략의 필요성이 커지고 있다. 저자는 지금까지 다양한 분야에서 쌓은 경험을 바탕으로 더 나은 미래를 위해 정치, 사회, 환경 분야에 범상치 않은 화두를 던지며 나름의 해결책을 제시하고 있다. 일독을 권한다.

목차

· 1부 ·

K 정치가 필요하다

I. 정치 지혜와 국회의 책무

Ⅱ. 시대 정신과 지도자 자질

Ⅲ. 공정한 재판과 갈등 완화

Ⅳ. 난제 해결

V. 나라의 미래

• 2부 •

사회적 투자 결정과 사회적 투자자의 육성 방안

I. 들어가며

II. 사회적 최적 투자결정

III. 사회적 투자자의 육성 방안

· 3부 ·

Financial Strategy to Accelerate Green Growth

I. Introduction

II. Concept & Needs of Green Finance

III. Funding and Investment Mechanism of Green Finance

IV. Global Green Finance

V. Financial Strategies to Stimulate Green Growth

VI. Conclusion

1부

K 정치가 필요하다

1부

K 정치가 필요하다

I 정치 지혜와 국회의 책무

1 정치는 민생이다

2025-08-19

최근 정치권은 여야 모두 강성 지지층에 휘둘려 진정으로 나라의 앞날을 고민하고 민생을 안정시키기 위해 노력하기보다 강성 지지층의 비위를 맞추는 데 급급해 보인다.

정부와 국회는 기업에 대한 규제를 법과 제도를 통해 행사하기 때문에 기업은 을의 위치에 설 수밖에 없다. 대체적으로 보수 정부는 친기업 정책을 펴고, 진보 정부는 친노조 정책을 취해 왔다. 현 정부는 이념보다는 실용주의 노선을 취한다고 했다. 하지만 노란봉투법 제정 추진에서 보듯이 친노조 정책을 추구하는 것처럼 보인다.

먹고사는 문제가 우선인 소위 '먹사니즘'을 추구하려면 기업하기 좋은 나라가 되어야 한다. 유럽 상의와 미국 상의는 노란봉투법에 우려를 표하고 있다. 기업하기 좋은 나라가 되기보다 파업하기 좋은 나라가 되면 해외 투자자들이 등을 돌릴 우려가 있고 먹사니즘의 정신에 부합되지 않는다.

내란 세력 척결을 외치는 정청래가 새로운 민주당 대표가 되었다. 내란 세력이 우리나라에 과연 존재하는가? 윤석열이 주장하듯 권력을 가진 자가 권력을 쟁취하기 위해 내란을 일으킨다고 보기는 어렵다. 내란 세력이라기보다 무능하고 개념 없는 세력이라고 하는 게 더 적당한 표현이 아닐까? 정청래의 내란 세력 척결은 문재인 정부의 적폐 청산을 연상시킨다.

국민의힘은 어리석고 이해가 안되는 계엄에 대한 원망과 한탄만 하고 있어서는 안 된다. 계엄을 막지 못한 데 대한 반성과 쇄신의 바탕 위에 보수 재건을 위한 플랜을 짜야 한다. 보수와 진보의 균형 잡힌 시각이 나라의 앞날을 위해 필요하다.

사법 리스크로 궁지에 몰려 있던 이재명에게 적시 계엄으로 대통령직을 헌납했고 그 결과로 혹독한 대가를 치르고 있으면서 아직도 윤 어게인을 외치는 얼빠진 정치가들을 어떻게 보아야 할까? 아마도 박근혜 탄핵에 동조한 김무성과 유승민의 전철을 밟지 않으려는 생각이 깔려 있는 듯하다.

박근혜와 윤석열의 탄핵 사유는 근본 내용이 다르다. 윤석열은 계엄 요건이 안되는 상황에서 계엄을 했고 탄핵을 당했다. 계엄 발표와 종료 과정에 있었던 사실 관계를 특검을 통해 밝혀내면 될 것이다.

지금 세계는 트럼프의 신관세 정책으로 자국에 유리한 경제 환경을 마련하기 위해 트럼프 대상 나라별로 적극적 방어(all court pressing)

를 펴고 있다. 다수 여당이 정치적으로 유리한 지형을 만들기 위해 내란 세력 척결을 외치고 심지어 야당의 정당 해산까지 거론하는 것은 정상이 아니다.

여야 모두 힘을 합치고 지혜와 인맥을 모아 우리의 앞날을 위해 적극적 방어를 해도 모자랄 판인데 나라의 앞날은 생각하지 않고 분열적 자해 행위를 하고 있지는 않은지 정치권은 스스로 돌아봐야 한다.

반대 세력의 척결에 힘을 쓰기보다는 좋은 일자리를 국민에게 제공하고 국민들이 편안한 삶을 영위할 수 있도록 힘을 모아 법과 제도를 개선하는 노력을 해야 한다. 노란봉투법과 같은 파업하기는 좋지만 회사 운영하기는 어려운 법을 만들면 유럽상의가 경고했듯이 좋은 일자리를 제공하는 국내외 기업이 한국을 떠날 수도 있다는 것을 명심해야 된다.

먹사니즘을 제대로 하기 위해서는 좋은 기업이 우리나라에 많이 생기고 양질의 일자리를 많이 창출하도록 해야 된다. 좋은 기업이 많이 생기고 기업 실적이 좋으면 주가는 저절로 올라갈 것이다. 정부와 국회는 시장에서 불공정 거래 행위가 발생하지 않도록 법과 제도를 개선하고 불공정 거래 발생 시 상응하는 벌칙을 부과하도록 해야 한다.

2 내가 틀릴 수도 있다는 지혜가 필요하다

2025-04-04

우리는 부지불식간에 나는 옳고 생각이 다른 상대방은 그르다고 생각한다. 옳고 그름에 대한 확신은 사회적 위험을 초래할 수 있다.

특히 나만 옳다는 확신은 나와 생각이 다른 사람을 배척하게 된다.

사회는 생각이 다른 사람들이 모여 사는 집단이다. 옳고 그름은 누가 판단하는가? 사회적 약속으로 재판관들이 법률과 양심에 따라 판단한다.

개별 재판관의 성향에 따라 동일 사건에 대해 옳고 그름의 판단이 다르게 나타나기도 한다. 집단으로 판결을 내릴 경우는 그나마 서로 다른 의견이 완충된다. 최근 이진숙 방통위원장 탄핵 사건에서 헌재의 판결은 4대 4로 인용과 기각이 엇갈렸다.

그러나 단독으로 판결을 내릴 경우는 특정 재판관이 전적으로 판단을 내리게 된다. 특히 정치적 사건에 있어서는 판사가 사건에 연루된 정치가의 생명줄을 쥐고 있다해도 과언이 아니다. 이재명은 공직선거법 위반 사건에서 1심에서 유죄 판결을 받았지만 2심에서는 무죄 판결을 받았다. 최종심에서 결론이 날 것이다. 권순일 전 대법관이 이재명의 공직선거법 위반 사건 최종심에서 결정적 역할을 하여 정치 생명을 구해줬을 때 김만배의 로비설이 나돌기도 했다.

판사의 판단이 절대적으로 옳다고 할 수는 없지만 그래도 따를 수밖에 없다. 대안이 부재하기 때문이다. 피의자 입장에서는 판사가 당사자에게 유리한 판결을 내리도록 좋은 변호사를 쓰는 것 이외에 다양한 시도를 할 가능성이 있다.

무소불위의 거대 야당이 광화문에 천막 당사를 치고 투쟁의 근거지로 삼는다고 한다. 누구를 대상으로 무엇을 투쟁한다는 건지 잘 이해가 되지 않는다. 이미 누구든 마음만 먹으면 탄핵할 수도 있고 어떤 법률도 국회를 통과할 수 있는데 무엇을 투쟁한다는 건가?

헌재나 법원을 대상으로 재판관의 판단에 대해 압력 수단으로 투쟁하는 목적이라면 천막을 걷는 게 나을 것이다. 국민의 눈에 곱게 비치지 않을 것이다. 거대 야당이 줄탄핵이나 예산 삭감으로 정부가 정상적 역할을 수행하지 못하면 그 피해는 국민에게 돌아온다.

현 정부가 일을 잘 하면 정권을 탈환하는 데 부정적 영향이 생기기 때문에 야당은 좋은 정책도 어깃장을 놓을 유인이 생긴다. 노무현 대통령은 지지층이 반대하는 미국과의 FTA를 국익을 위해 체결했다. 그 뒤에 집권한 이명박 정부는 FTA로 인한 미국 소고기 수입으로 광우병 파동을 겪었다.

노무현이 지금 인기가 높은 것은 지지층이 반대해도 국익을 위해 노력했다는 것을 국민이 뒤늦게 알아 주기 때문이다. 지지층만을 위한 정책이 아니라 나라 전체의 장기 발전을 위해 노력하는 큰 정치 지도자는 결국 국민이 인정해 준다. 지금 그런 정치 지도자가 필요하다.

모두 나만 옳다는 확신에 사로잡혀 있지는 않았는지 돌아봐야 한다. 윤석열 대통령은 계엄 선포로 해결책을 찾으려 했다고 한다. 윤석열과 이재명이 대표하는 여권과 야권의 현 체제에서 다수 야당의 줄탄핵과 예산 삭감 등으로 인한 국정 마비 우려가 있어서라고 말한다.

여권과 야권을 지지하는 국민들이 둘로 나뉘어 광장과 거리에서 서로 다른 목소리를 내고 있다. 상대편의 목소리는 들으려 하지 않고 내가 옳다는 확신에 차 있는 듯하다. 8개 사건에서 12개 혐의로 5개 재판을 받는 이재명 대표를 지지하는 강성 지지층은 이재명 대표가 대통령이 되면 어떤 혜택이 있을 것이라는 확신이 있는 듯하다. 현재 여론조사에 의하면 차기 대통령 후보로 이재명 야당 대표의 지지도가 높게 나온다. 어떤 의혹이 있어도 지지하는 콘크리트 지지층이 그만큼 두텁다는 것을 반영한다.

민주당은 윤석열 정부 출범 이후 모두 30건의 탄핵 소추안을 발의했고, 그중 13건을 국회에서 강행했다. 헌재 판결이 내려진 9건은 모두 기각됐다. 이 정도 되면 스스로를 돌아봐야 하지 않을까? 내가 옳다는 확신은 법원의 판결도 귀를 닫게 한다.

확신은 통합을 저해할 수 있다. 탄핵을 찬성하거나 반대하기 위해 모인 수많은 국민들은 자기 신념에 대한 확신의 기반 위에 모였을 것이다.

과거는 지나갔다. 우리는 현재에 있다. 미래는 불확실하다. 오늘을 살아가는 우리는 불확실한 내일을 맞아야 된다. 확신에 찬 오늘의 판단은 미래의 불확실한 관점에서 보면 바람에 흔들리는 갈대와 같다. 오늘 상대방에 대한 미움의 마음을 비워내고 관용과 이해의 마음을 담아 내일을 준비할 수는 없는 것일까?

3 2025 을사년, 원칙을 중시하고 상식의 화두를 깨우치자

2025-01-01

우리는 경제적으로 급속한 성장을 이뤘다. 정치적으로 자유민주주의에 기반한 체제를 이뤘다고 자부해왔다. 음악, 문학에서 세계 최고의 상을 받는 한국인이 나타났고 한국 음식과 영화도 해외에서 큰 관심을 끌고 있다. 후진국들은 한국을 롤 모델로 삼으려 한다.

성취에 취해 있던 우리 사회에 지난해 12월 3일 발생한 느닷없는 계엄 소동과 탄핵 과정은 우리 사회에 내재한 불편한 진실을 마주하게 했다. 혹시 원칙과 상식이 무너진 사회에 살고 있는 것은 아닐까.

빠른 경제 발전은 사회 양극화를 가져왔다. 민주화를 위한 학생

운동은 운동권 정치 세력의 부작용을 가져왔다. 정치권에서 이들 부작용 해결의 열쇠로 포퓰리즘을 내세우며 경제는 물론 사회 전반에 피해를 끼칠 가능성도 높아지고 있다. 양극화 완화를 위해선 복지 분야에 더 많은 예산을 투입해야 한다. 기업 활성화에 기반한 경제 발전 없이 세금을 더 걷기는 어렵다. 여전히 성장해야 해결이 가능한 문제들이란 얘기다.

새해에는 원칙을 중시하고 상식에 부합하는 사회를 만들었으면 한다. 대통령, 야당 대표 모두 법조계 출신이라 '법대로'만 얘기한다. 하지만 일상 모두를 법이 규율할 수는 없다. 인간으로서 양심의 호소와 상식에 기반한 판단에 보다 귀 기울여야 할 때다. 계엄이 대통령 권한이긴 하지만 야당에 경고하기 위해 계엄을 선포했다는 것은 상식에 어긋날 뿐이다.

주요 정치인 사살 명령을 우방국에서 들었다는 가짜 뉴스가 있었다. 주요 우방국은 금시초문이라 해명했다. 국격을 떨어뜨리고 나라 망신을 시키는 일이다. 국회 의석수를 많이 차지했다고 당대표 비위 수사와 관련된 인사를 무더기로 탄핵하는 것 역시 상식에 부합하지 않는다.

국방, 외교, 경제의 안정이 무엇보다 필요한 시기에 한덕수 권한대행은 헌법재판관을 바로 임명하지 않았다. 안 그래도 꼬인 정국을 더 꼬이게 만들었다. 총리가 탄핵됐지만 표결 정족수 논란은 이어지고 있다. 헌법재판소가 다른 결론을 내리면 그 책임을 누가 지겠는가. 대통령 탄핵 과정 중 검찰이 공소 내용을 흘리고 있는 점도 비상식적인 일이다.

미국은 누가 대통령이 되고 어느 당이 정권을 잡아도 자국 기업을 보호하고 외국 기업들이 미국에 투자하는 데 안간힘을 쓴다. 우리는 한국 대표 기업의 총수를 감옥에 보내는 데 열중한다. 국가 경제 발전을 위해 기업 경영 활동에 지장을 최소화하는 방향으로 법의 잣대를 들이대 보면 어떨까.

반면 기업이 소비자, 투자자에게 심각한 피해를 입혔을 때에는 더 엄격하게 법을 들이대야 한다. 상장사가 쪼개기 상장을 통해 대주주나 관계사에 자금을 지원해 소액주주가 계속 피해를 보는데 금융당국이 손쓸 도리가 없을 때가 많다. 말로만 밸류업 정책이 아닌 대주주의 횡포에서 일반투자자들의 피해를 막아줘야 한다. 그래야 기업인들이 소액주주 피해가 예견되는 무분별한 유상증자나 기업구조 개편을 자중하게 된다.

무엇보다 정치 양극화 해소가 중요하다. 적폐청산 이후 승자 독식의 정치 구조가 계속되고 있다. 대통령의 권한을 줄이고 국회의원 선출은 중선거구제로 개편하는 방안을 검토해야 한다. 대통령, 국회, 검찰, 기업, 노동단체 모두 원칙과 상식에 기반해 한 걸음 앞으로 나아가는 새해가 되길 기원한다.

4 정치권의 에너지는 제대로 사용되고 있는가

2024-11-13

11월은 국내외적으로 중요한 이슈들로 점철된 슈퍼 달이다. 대외적으로는 미국 대통령 선거가 끝났고 북한의 우크라이나 참전이 있었다. 대내적으로는 대통령의 담화 및 기자회견, 이재명 대표의 공직선거법 위반과 위증 교사 사건에 대한 선고 등 우리 사회에 파급효과가 큰 이슈들이 산재한 달이다.

국제 사회는 트럼프 대통령의 귀환에 따른 미국의 정책 변화가 세계에 미칠 영향을 주시한다. 우리나라는 미국과 중국, 러시아 대립의 최전방에 서 있다 해도 과언이 아니다. 강대국들 사이에서 최선의 외교적 선택이 무엇인지 끊임없이 고민해야 된다.

트럼프 당선으로 인한 미국의 고관세 정책 등에 대한 대응방안을 서둘러 마련해야 된다. 국제 사회도 미국의 자국우선주의 정책의 영향으로 국제적 협력이 움츠러들 가능성이 커졌다.

우리나라가 다른 나라에 줄 수 있는 걸 많이 확보해야 국제적 협력도 잘 할 수 있다. 원전, 방산, 반도체 등의 분야에서 국제 경쟁력의 확보는 경제 분야의 이슈를 넘어 국제 관계를 견고하게 하는 받침돌이 될 것이다.

과거 역사를 반추해 보면 국가별 이해 관계에 따라 과거의 적이 오늘의 친구가 되고 오늘의 친구가 미래의 적이 될 수도 있다.

국내 정치 상황을 살펴보면 여야 진영이 극단적 대결을 벌이고 있다. 민주당은 이재명 방탄을 위한 장외 집회를 개최하고 원내에서는 대통령의 재의 요구가 예견되는 반헌법적 법안도 서슴없이 밀어붙인다. 이러한 와중에 여당 내의 현재 권력인 윤석열 대통령과 미래 권력이라 할 수 있는 한동훈 국민의힘 대표의 충돌은 여당을 지지하는 보수 텃밭 지역까지 대통령에 대한 지지를 외면하게 하고 있다.

경제적으로 수출은 호조를 보이고 있지만, 세수 부족이 대두되고 소상공인들은 경제적 어려움을 호소하고 있다. 미국의 관세율이 높아지면 우리나라 수출 전선에 빨간불이 켜질 수도 있다.

반도체 패권을 위한 국가 간 경쟁이 치열하나 우리나라는 지원의 한계도 있지만 주 52시간 근로 시간 제약으로 인해 한쪽 팔을 묶고 경쟁해야 할 판이다. 의료대란은 신속히 해결해야 될 문제이나 이해관계집단의 합의를 구하기가 쉽지 않다.

윤석열 대통령은 7일 대국민 담화와 기자회견을 통해 현안에 대한 입장을 밝힌 바 있지만, 8일 발표된 한국 갤럽 조사에서 대통령 직무 수행에 대한 긍정 평가 비율은 17%로 지난주보다 2% 포인트 하락했다.

지금 우리나라에서 영향력이 큰 정치 지도자 세 분은 대통령과 여야 대표다. 대통령의 지지율이 떨어지면 다른 두 분의 정치적 입지가 강화될 수 있다.

하지만 세 분의 정치 지도자 모두 국민의 편안한 삶을 위해 협력해야 된다. 정치가에 대한 국민의 지지는 국민을 위한 실질적 헌신에 기반한다. 세 분이 모여 허심탄회하게 국정의 주요 현안에 대해 의견을 밝히고 국민들께 설명하는 자리를 만들면 어떠할까? 반도체 산업 지원 방안, 세수 부족 문제, 경기 활성화 방안, 의료 개혁, 우크라이나 지원, 트럼프 시대의 정책 변화 등에 대해 대통령이 정책 방향을 밝히고 여야의 지도자들이 의견을 나누고 국민들께 설명하는 자리를 만들면 정치권을 따갑게 바라보는 국민들의 시각이 달라질 수 있을 것이다.

김건희 여사의 특검, 이재명 대표의 사법적 판단은 국회와 법원의 결정에 따르면 될 것이다. 국가 발전과 국민의 편안한 삶을 위해 대통령과 여당은 물론이고 다수 야당의 동참과 건설적 역할이 요구된다. 대통령은 쇄신과 변화의 선두에 서야 한다. 또한 국민의 마음을 토닥이기 위한 노력과 자기 성찰이 필요하다. 국제 관계에 능동적으로 대처하고 국민의 편안한 삶을 위해 정치권의 에너지가 사용되길 기대한다.

5 새해에는 제 역할 하는 국회가 구성되길

2024-01-17

세월은 어김없이 흐른다. 새해는 시작됐고 청룡의 한 해도 어김없이 흘러갈 것이다. 올해 국가적으로 제일 중요한 행사는 4월 총선이다. 야당인 민주당이 국회를 장악해서 여당이 반대하는 가운데 단독으로 통과시킨 몇몇 법안들이 정부가 추진하고자 하는 정책 방향과 맞지 않아 대통령이 재의 요구를 하고 재투표 후에 법안이 폐기됐다.

양곡 관리법, 간호법, 노란봉투법, 방송법 등에서 본 바와 같다. 김건희 특검법은 재의 요구 후 언제 국회에서 다시 처리할지 논란 중이다. 야당에서는 권한 쟁의를 헌재에 청구하는 것을 검토하고 여당은 관례대로 빨리 재투표해야 한다고 주장한다.

이러한 일을 반복하는 것은 국가적 낭비다. 다수 야당이 제 역할을 하고 있는지 의문이 든다.

올해 4월 총선은 이러한 비효율적 국회 운영을 바꿀 기회다. 총선 결과가 현재와 같이 야당이 다수당이 된다면 국회와 정부의 대립 관계는 지속되고 이미 보아온 낭비적 국회 운영이 계속 행해질 가능성이 커진다.

격동하는 국제 정세하에서 국회 운영을 이렇게 낭비적으로 해도 괜찮은 것인가?

북한은 대놓고 남침 의도를 밝히고 연평도 근방에서 포사격 훈련을 보란 듯이 하였다. 핵무기와 미사일을 고도화하고 중국과 러시아는 이를 못 본 체하거나 뒤에서 도와주고 있다. 올해 11월 미국 대선 결과에 따라 미국의 한국 방위 정책이 바뀔 가능성도 있다.

이러한 북한의 도발에 대하여 국민에게 경각심을 일으키고 우리 군의 대응 태세가 완벽한지 세세히 살펴 국민의 불안감을 해소해서 안심하고 생업에 종사할 수 있도록 하는 책무가 국회에 있다.

우리 스스로 북한에 맞서 대한민국을 지킬 역량이 있는가? 미국 대선 결과 우리에게 최악의 상황에서도 우리를 지킬 수 있는 복안을 논의해야 된다.

국회에서 김건희 특검 법안을 내고 대통령은 재의 요구를 하고 또 이를 정치 쟁점화할 정도로 우리는 한가로운 상황인가? 김건희 여사 의혹이 있으면 국회가 나서기보다는 특별 감찰을 통하여 투명하게 국민에게 의혹을 밝히도록 하면 어떨까? 김정숙 여사에 대해 국고를 사용한 관광 의혹과 수많은 옷 관련 의혹이 제기되었지만 특검을 하지 않았다. 김건희 여사와 비교했을 때 결코 가볍지 않은 의혹이었다.

다수 야당의 책무는 막중하다. 국민이 다수당을 만들어 준 것에 보답하려면 다수당에 걸맞은 역할을 해야 한다. 자당 대표의 비리 방탄이나 재의 요구로 폐기되는 법안을 만드는 데 당력을 소모하기보다는 정부가 급변하는 세계 정세에 적절히 대응하는지, 북한의 도발에 맞서 우리 안보 태세가 적절한지, 민생 경제 대책을 제대로 하고 있는지 살피고, 정부 정책에 문제가 있을 시 시정을 요구해야 된다.

이재명 대표가 피습당한 일은 안타까운 일이다. 정치인이 마음에 들지 않는다고 해서 폭력을 행사해서는 안 된다. 이런 일을 벌인 사람은 이 대표 반대론자일 것이다. 하지만 결과적으로 이 대표에게 도리어 도움이 되었을 가능성이 크다. 이 대표 관련 재판이 미루어지고 피습 동정표를 얻을 가능성이 생겼다.

민주당은 이상민 행정안전부 장관에 대해 탄핵을 추진하였다. 탄핵을 추진하지 않았으면 이 장관은 새만금 잼버리 파행에 대해 책임을 지고 물러났을 가능성이 컸다. 탄핵 추진으로 업무에서 비켜나 있었기 때문에 책임을 묻기 어렵게 됐다.

지난 정부의 윤석열 검찰총장에 대한 핍박이 그를 대통령으로 만들었다고 해도 과언이 아니다.

상식과 정도에서 벗어나 권력을 휘두르거나 정책을 펴면 그 효과는 거꾸로 나타날 가능성이 크다. 부동산을 잡는다고 무거운 세금을 매기면 세금이 추가 원가가 되어 도리어 부동산 가격이 오를 가능성이 생기는 이치와 맥을 같이한다.

올해 선거에서 소소한 정치적 이득을 얻기 위해 정도에서 어긋난 방법으로 진영 간, 지역 간 편 가르기를 하고 국회의원의 특별대우를 바라고 정작 해야 할 일은 하지 않는 국회의원을 솎아내는 책무는 국민에게 있다.

공정과 상식은 우리 사회를 받치고 있는 주춧돌이라고 해도 과언이 아니다. 대부분 지역 의사회가 이재명 대표의 헬기 이송에 대해 비판 성명을 낸 것은 응급 의료 원칙을 지키지 못했기 때문일 것이다.

새해에는 증오정치를 청산하고 여야가 화합해 국가의 발전과 국민의 행복을 추구하고 원칙을 지키며 공정과 상식이 통하는 국회가 구성되길 기대해 본다.

6 다수 야당인 민주당은 제 역할을 하고 있는가?

2023-12-19

2023년이 저물고 있다. 국내 정치계 최대 이슈는 이재명 더불어민주당 대표의 사법 리스크와 방탄을 위한 사회적 비용 지불이었다고 해도 과언이 아니다.

세계 정세를 살펴보면 러시아와 우크라이나에 이어 하마스와 이스라엘까지 전쟁을 벌이며 미래의 새로운 전쟁 발생 가능성을 제기한다. 국제사회 제재에도 불구하고 핵무기 개발을 지속적으로 추진하고 있는 북한에 대한 경각심을 불러일으킨다.

우리나라 정치권에는 시급히 논의해야 할 다양한 이슈들이 존재한다. 저출산, 북한 핵 위협, 사교육 부담, 연금 고갈 우려, 중국과 미국 간 관계 설정을 비롯해 노사, 계층, 세대 간 갈등 등 더 이상 방치해서는 안 될 난제들이 즐비하다. 이러한 논의에는 야당의 건설적 비판이 중요하다.

하지만 당대표의 비리 혐의가 당의 발목을 잡는다. 당대표는 비리 혐의로 검찰에 불려 다니고 이를 수사하는 검사에 대해 민주당은 탄핵안을 통과시켰다. 마음에 들지 않는다고 해서 수사 검사를 탄핵한다면 제대로 수사를 할 수 있을 것인가 하는 우려를 자아낸다.

송영길 전 민주당 대표는 전당대회 돈 봉투 수사를 정치적 기획수사라고 비난한다. 검찰이 정당의 전당대회를 치르면서 돈 봉투를 돌린 것을 인지하고도 수사를 하지 말아야 한다는 뜻인지 궁금하다.

민주당은 전통과 역사가 있는 당으로 깨끗한 정당이라는 이미지가 있었다. 다수 야당인 민주당의 전·현직 대표들이 비위 혐의로 검찰에 불려 다니는 것에 대해 반성과 사과가 필요하지 않을까? 당대표가 처한 사법 리스크 때문에 야당 본연의 임무에 충실하고 있는지 의문이다.

민주당은 다수당으로서, 우리나라가 마주하는 국제 정세 변화에 대한 대처 방안, 경제 잠재력 향상 방안, 노동·교육·연금 개혁 방안 등에 관해 정부가 제대로 추진하고 있는지를 야당 시각에서 살펴보고 잘못 가고 있는 정책이 있으면 정부에 개선을 요구해야 된다.

하지만 민주당은 노란봉투법, 김건희 특검법 등 정치적 논란이 많은 이슈에 집착하고 있다. 대통령의 재의 요구권 행사가 예상되는 안건은 여야 합의로 처리될 필요가 있다. 다수 야당이 여당이 반대하는 가운데 단독으로 법안을 처리하게 되면 대통령에게 재의 요구 명분을 주게 되고 그 안건은 폐기될 가능성이 크다.

민주당이 정말 노동자 권익 향상을 위한 법을 만들려면 노동계뿐만 아니라 무분별한 파업과 경제성장 잠재력 하락을 우려하는 경영계와 여당도 동의할 수 있는 법안을 만들어야 할 것이다. 점진적 개선 방안이어야 실행될 가능성이 높다.

김건희 특검법도 정치적 의도가 다분하다. 10여 년 전(2009~2012년) 주식 투자 건에 대해 지난 정부 검찰이 수사를 해 선고가 난 사건을 민주당은 다시 특검을 하자고 한다. 영부인도 과거 잘못이 있으며 합당한 대가를 치러야 한다. 하지만 영부인이라고 해서 특검을 하고자 하는 데는 정치적 의도가 다분히 있어 보인다.

정치권에서 시급히 논의해야 할 이슈를 예로 들어보자. 12월 14일 통계청이 내놓은 '2022~2072년 장래 인구 추계'에 따르면 지난해 5,167만 명으로 추산된 한국 총인구는 2050년 4,711만 명으로 줄고

2072년에는 3,622만 명으로 줄어들 것으로 예측된다. 외국에서도 출산율 저하에 기인한 인구 감소로 인해 한국 미래를 우려하는 목소리를 내고 있다 .

출산율은 국가 존속을 위한 지표지만 출산은 개인의 선택에 따른다. 출산과 양육의 편익이 비용보다 더 크도록 사회 시스템을 다시 설계해야 된다. 출산과 육아로 인한 기회 비용과 사교육비를 포함해 부모가 부담해야 하는 비용은 증가하고 있다.

자녀가 있어야 노후에 봉양을 받을 수 있고 제사가 필수인 예전 사회에서는 비용 계산을 할 필요가 없었다. 자녀를 가질 때 편익이 양육 비용보다 클 수밖에 없기 때문이다. 이런 편익이 사라지고 비용은 증가하고 있는 현 시대에는 출산율 제고를 위해 국가와 사회가 비용을 보전할 수 있는 다양한 지원책을 제공해야 된다.

여야 정당이 우리가 마주하고 있는 다양한 이슈를 해결하기 위해 치열한 정책 경쟁을 벌이고 실행 방안을 마련하는 데 힘을 쏟아야 한다.

민주당은 대표의 방탄을 위해 쓰는 시간과 노력을 민생을 챙기고 국가 발전을 위한 고민과 정부 정책에 잘못된 점이 없는지 살피는 데 더 투입해야 된다.

7 국회의원의 윤리 의식과 정책실명제

2023-07-04

야당은 여당이 반대하고 대통령의 거부권이 예상되는데도 다수당의 힘으로 무리하게 밀어붙여 법률안을 통과시키고 예상대로 대통령은 거부권을 행사한다. 동 법안은 재의 후에 폐기 된다. 최근 양곡법과 간호법의 사례이다.

낭비도 이런 낭비는 없다. 국회의원 한 명당 들어가는 비용은 엄청나다. 보좌진들 월급과 사무실 비용까지 고려하면 엄청난 세금을 쓰고 있다. 이러한 비용을 쓰면서 국회의원이 국민에게 제공하는 서비스는 국민에게 필요한 제대로 된 법을 만들어 국민의 생활을 향상시키는 것이다.

기업 활동에 비유하면 불량이 예견되는 상품을 만들어 사용하지 못하고 폐기하는 것과 마찬가지다. 기업에서 이런 일이 반복되면 그 기업은 망할 수밖에 없다.

우리 국회는 어떠한가? 비용을 국민이 부담하니 망할 염려가 없어 마음대로 해도 되는 것인가?

기업 활동으로 생산하는 제품은 원재료비, 인건비, 금융비용이 주요 비용이다. 국회 활동으로 생산하는 법률의 주요 비용은 국회의원의 시간이다. 이 시간을 국민을 위해 제대로 사용해야 된다. 폐기가 예견되는 불량 법안을 만들고 근무 시간 중에 코인 투자를 하는 데 국회의원의 시간이 사용되어서는 안 된다.

진영에 관계없이 국회의원은 윤리적이어야 한다. 국회의원은 공익을 추구하는 직업이다. 그 직위를 이용해서 사익을 추구해서는 안 된다.

국회는 국민을 위한 정책 경쟁의 장소가 돼야 한다. 새로운 정책의 승패는 국가 발전과 민생에 크게 영향을 미친다. 예를 들어 지난 정부에서 여야 간에 의견이 엇갈려 논란이 많았던 정책으로 탈원전, 소득 주도 성장, 임대차 3법을 포함한 부동산 정책을 들 수 있는데 정책의 결과는 대체적으로 부정적이다.

최근 여야 간에 의견이 엇갈리는 또 다른 법안은 노란봉투법이다. 경영계와 노동계의 입장 차이가 크다. 다수당인 야당이 법률안을 통과시키면 법 실행 시 부정적 영향을 우려하는 대통령이 거부권을 행사할 가능성이 존재한다. 사전적으로 정책 효과에 대한 의견이 다르기 때문에 나타나는 현상이다.

새로운 중요한 정책의 설계 시 실제적인 정책의 설계자가 누구인지 실명제로 하면 정책 검토 시 정책 효과를 보다 더 진지하게 고민하지 않을까?

2020년 7월 30일 국회 본회의장에서 민주당 김태년 대표가 임대차 2법을 야당과 부동산 전문가들의 부정적 효과 가능성의 경고에도 불구하고 단독으로 통과시킨 뒤 주먹을 불끈 쥐고 환호하는 모습이 언론에 보도된 바 있다. 정작 이 정책의 실제 설계자는 누구인지 아리송하다. 주택 공급은 부족한데 전세 갱신 계약을 의무화하고 전세금 인상폭을 5%로 묶는 법 시행 후 우리 사회에 미친 부정적 영향은 너무 크다. 전세금 폭등과 최근 사회적 이슈가 되고 있는 전세 사기의 토양을 마련하였다고 할 수 있다.

사회적으로 크게 파급 효과를 미치는 정책이나 법안들은 사전적으로 다각도로 심도 있게 그 영향을 검토해야 된다. 전문가들의 의견 청취는 필수이다. 전문가들의 부정적 영향을 우려하는 목소리에도 불구하고 법안을 강행하는 정치가들의 무모성을 제어할 장치가 필요하다. 실제 정책을 설계한 사람을 사전적으로 밝히면 보다 책임감을 갖고 그 영향을 검토하지 않을까?

탈원전 정책으로 인해 전기값 인상은 불가피하고 한전의 엄청난 적자와 그 연쇄 부작용이 금융계와 산업계에 미친다. 하지만 이러한 정책을 실제 설계한 사람이 누구인지 일반 국민은 알지 못한다. 영화 한편을 보고 이러한 중차대한 정책을 시행하지는 않았을 것이다.

국민 생활에 심대한 영향을 미치는 중요한 정책에 대해 실제 그 정책의 설계자가 청와대 실장이나 수석, 내각의 장관, 국회의 정책위원장이나 국회의원, 또는 제 3의 인물이 있는지 국민은 알 권리가 있지 않을까? 중요 정책에 대한 정책 실명제를 진지하게 검토할 필요가 있다.

8 법은 법이고 정치는 정치다

2023-03-14

1981년 1월, 성철 스님은 조계종 종정에 추대돼 "산은 산이고 물은 물이로다"라는 법어로 국민의 마음을 흔들었다. 그 전해 전두환 신군부에 의한 10 · 27 법난으로 종단이 내분하는 상황이었다. 큰스님의 법어에 대한 해석이 분분하지만, "사물이나 현상을 감정이나 주변 환경의 개입이 없이 있는 그대로 바라보라는 것"이라는 해석이 마음에 와 닿는다. 본래 면목을 보라는 말과 일맥상통한다.

요즘 정치권은 혼란의 도가 지나치다. 동일 사안에 대해 지지층에 따라 옳고 그름의 기준이 달리 적용되는 현상이 나타난다. 정치적 이득을 얻기 위해 진실을 호도한다. 청렴하고 결백하고 진실을 추구하는 정치가를 찾기 어려울 지경이다.

옳고 그름의 기준이 흔들리는 것을 바로잡기 위해서는 사물이나 현상을 있는 그대로 바라볼 필요가 있다. 이재명 더불어민주당 대표는 지난달 23일 기자회견에서 "대장동 개발과 성남 FC 관련 사건은 수년 전 벌어진 일"이라며 "사건은 바뀐 게 없는데 대통령과 검사가 바뀌니 판단이 바뀌었다"고 주장했다.

바뀐 판단이 옳은지는 법원에서 결정한다. 그 첫 단계로 구속 적부 여부를 법원에서 판단하는데 그 심사 자체를 안 받겠다고 국회를 방탄막이로 활용했다. 억울하다고 하면서 억울함을 풀 수 있는 기회를 스스로 차버린 것이나. 더욱이 스스로 내려놓겠다고 공언한 국회의원의 특권을 이용했다. 말과 행동을 다르게 하면 말의 신뢰성을 떨어뜨린다.

대장동 사건의 본질은 단순하다. 이재명 대표가 성남시장으로 재직할 당시 민간업자에게 특혜를 주었는데, 특혜 제공에 있어 위법 사항이 있었느냐 여부다. 민간업자가 특혜를 받아 이례적으로 엄청난 이익을 취한 건 사실이다. 이러한 이익을 대가 없이 주지 않았을 것이라는 것은 합리적 의심이다.

박근혜 대통령은 측근의 딸이 경제적 편익을 보았다는 이유로 경제 공동체의 개념하에 탄핵을 당하고 구속됐다. 이재명 대표의 경우 정치적 공동체라고 할 수 있는 측근들이 관련 건으로 구속됐다.

이재명 대표의 법 위반 혐의가 법적 판단보다 정치적 영역에서 논의되는 것은 바람직하지 않다. 비위 혐의에 대해 법적 조치를 취하려고 하는데 다수당의 지위를 이용해 법적 처분을 막는다면 정치가 법의 운용에 간여하게 된다. 정치를 통해 법이 만들어지지만 운용은 법률가에 의해 행해진다. 정치가 법의 운용에 관여하면 부패한 정치가가 면죄부를 받을 가능성이 생긴다. 법은 공정하게 적용되어 억울한 피해자가 나오지 않도록 해야 하고, 범법자가 법망을 벗어나도록 해서도 안 된다.

이러한 상황에서 다수 야당인 민주당이 야당 대표가 되기 이전 개인적 법적 책임 문제를 덮기 위해 당력을 소모하는 게 바람직한가?

대통령제 국가에서 대통령의 권한은 막강하다. 이 권한에 대한 합리적 견제를 위해 건전하고 유능한 야당이 필요하다. 현 정부는 노동, 연금, 교육 개혁을 추진하고 있다. 개혁의 필요성이 인정되어도 개혁의 방향성에 있어 야권과 공감대를 형성하지 못하면 개혁은 난항을 겪을 것이다.

세계 경제와 군사 협력 질서가 변하고 있다. 미국과 중국과 새로운 환경에서의 관계 설정을 위해 여야가 머리를 맞대어 나아갈 방향을 마련하고 국민의 공감대를 형성해 나가야 한다. 또한 당장 발등에 떨어진 시급한 과제들이 있다. 일본과의 관계 개선, 저출산으로 인한 인구 감소문제, 날로 고도화되어가는 북한 핵문제 등은 미루어 둘 수 없는 과제들이다.

이러한 중차대한 시기에 민주당은 대표의 위법 혐의를 방탄하기 위해 본연의 임무를 소홀히 하고 있지는 않은지 돌아봐야 한다. 현 정부는 지난 정부의 정책 추진에서 교훈을 얻을 필요가 있다. 지난 정부의 주요 정책이라 할 수 있는 소득주도성장, 탈원전, 부동산 중과, 북한에 대한 환상에 젖은 외교를 추구할 때 당시 야당은 그러한 정책이 야기할 수 있는 문제점을 지적했다.

야당의 지적을 경청했다면, 저소득층의 일자리 감소, 원전 생태계 붕괴와 한국전력의 엄청난 적자, 많은 국민들이 겪은 부동산으로 인한 고통, 북한과의 악화된 관계 등 우리 사회가 치르고 있는 엄청난 사회적 비용을 경감할 수 있었을 것이다. 현 정부는 야당의 건전한 비판을 경청할 열린 자세를 견지해야 된다.

지금 야당의 역할은 대표의 방탄에 몰두할 것이 아니고 국정 파트너로서 정부 정책에 잘못된 점이 없는지를 살피는 것이다. 법은 공평하게 적용하고 정치는 상대를 배려하면서 해야 된다. 법의 영역과 정치의 영역이 제 역할을 해야 된다. 법은 법이고 정치는 정치이다.

9 정책 경쟁을 저해하는 '묻지마 지지'

2023-02-08

새해가 시작된 지 벌써 한 달이 넘게 지났다. 시간의 빠름을 새삼 느낀다. 올해 겨울은 유난히 춥다. 난방비 폭등과 부동산 폭락의 여파로 서민 가계의 부담은 커지고 전세금을 돌려받지 못해 전전긍긍하는 세입자가 늘고 있다.

입으로는 민생을 챙기겠다고 지지를 호소하면서 범죄 혐의가 있는 대표의 방탄에 골몰하는 거대 야당과 차기 공천권 행사의 주도권이 걸려있는 대표 선출에 정신이 팔린 여당 모두 민생보다는 자기 밥그릇 챙기기에 몰두하는 모습이다.

국민 무서운 줄 모르는 이러한 행태의 이면에는 '묻지마 지지층'이 존재한다는 믿음이 있는 듯하다. 잘하든 못하든 지지를 받으면 잘하려고 노력할 유인이 줄어든다. '묻지마 지지'의 폐해다. '묻지마 지지'는 비판적 사고의 부재에 기인한다. 비판적 사고의 활성화를 위해서는 정확한 정보 입수가 필요하다.

정치 분야에서 보수든 진보든 '묻지마 지지층'이 존재한다. 지지를 받는 정치가는 좋겠지만 이러한 지지층이 느는 건 사회 발전을 위해서는 바람직하지 않다. 정확한 정보에 기초한 비판적 사고를 하는 국민이 많아질수록 정책 경쟁이 활성화되고 정치의 품격이 높아질 것이다.

여야가 민생을 챙기기 위한 정책으로 경쟁하는 정치권 풍토 조성이 필요하다. '묻지마 지지'보다는 제시된 정책의 효과를 꼼꼼히 따져보는 비판적 사고를 지닌 국민이 많아질수록 정치권은 국민의 눈치를 더 보게 될 것이다.

지난 정부에서 민주당은 검수 완박 관련 입법, 임대차 3법, 소위 김여정 하명법이라는 전단 금지법 등을 당시 야당의 반대에도 불구하고 다수당의 힘으로 입법화하였다.

검경 수사 조정으로 인해 검찰이 마약사범의 수사에 제약을 갖게 됐고, 마약 사범 수는 증가했다. 경찰청 수사본부 발표에 의하면 지난해 검거된 마약 사범 수는 1만 2,378명으로 전년 대비 11.6% 증가했다.

임대차 3법으로 인해 전세가는 폭등했다. 그 이후 금리 인상기에 부동산은 하락하고 전세가는 폭락하게 되어 깡통 전세까지 나타났다. 시장의 전세가가 비교적 안정적인 상승과 하락의 사이클을 따라갈 수 있던 상황에서, 폭등과 폭락을 야기시킨 임대차 3법은 다수의 임차인과 임대인에게 피해를 끼치는 결과를 초래하였다.

북한은 국민들이 정확한 외부의 정보를 전달받는 것을 두려워한다. 독재 정권은 '묻지마 지지'를 요구하고, 정권에 대한 비판적 사고를 우려한다. 북한은 핵무기와 미사일 개발에 열을 올리고 남한을 위협하고 있다. 우리 스스로 전단 금지법을 만들어 북한 국민들에 대한 정보 제공을 막는 것이 타당한 것인가.

정책은 입법을 통해 구현된다. 상기 입법의 부정적 효과에 대한 경고음은 그 당시 야당의 반대 목소리에 이미 나타났다. 그런데도 불구하고 묻지마 지지층을 등에 업고 다수의 힘을 이용하여 입법화를 진행하였다. 입법의 결과 부작용이 나타났고 많은 국민들이 피해를 입게 되었다.

윤석열 정부는 노동, 교육, 연금 개혁을 3대 국정 과제로 내세웠다. 우리 사회에서 이에 못지않게 개혁이 필요한 분야가 정치 분야이다.

정치 개혁의 주체는 국회가 당연한 것으로 인식되지만 지난번 선거법 개정 논의 과정에서 보았듯이 정당이나 개별 국회의원 간에 이해관계가 얽혀 있어 선거제도 개편은 난제 중 난제이다. 연동형 비례대표 제도의 도입은 양당의 위성 정당 창당으로 그 의미가 퇴색되고 말았다.

국회의원 수를 줄이고 특권을 내려놓는 개혁은 당사자가 하기는 어렵다. 차라리 국회의 동의를 받아 민간 전문가들로 구성된 정치 개혁 위원회를 만들어 위원회에서 정치 개혁을 위한 방안을 만들고 국회 동의를 받도록 하면 어떨까.

정부 정책의 타당성을 검증하고 나라 발전을 위한 비전과 방안을 제시할 수 있는 양심적이고 실력 있는 정치가가 많이 나와야 한다.

지금은 저출산이 심각한 사회 문제지만 한때는 정부가 산아제한 정책을 적극적으로 펼쳤다. 산아제한 정책은 1996년에 멈추었다. 장기적 안목을 지니고 정책 효과에 대한 고민을 제대로 했더라면 산아제한 정책은 진작 폐기됐어야 했다. 실기하지 않았다면 지금 출산율을 높이기 위해 그만큼 많은 사회적 비용을 부담하지는 않았을 것이다.

지난 정부에서 추진했던 소득주도성장, 탈원전, 부동산 중과세 정책은 의도했던 정책 목표를 달성하지 못했고 심각한 부작용을 일으켰다. 새로운 정책 추진 시 지지 세력의 '묻지마 지지'에 기대지 말고 정책의 효과에 대한 과학적 접근이 선행돼야 한다.

'묻지마 지지'보다는 정책 효과를 제대로 확인해 보려는 비판적 사고를 갖는 국민이 늘수록 정책 설계자들은 더 신중히 정책을 검토할 것이다.

10 경제 정책, 공감대 형성 최우선돼야

2022-11-29

경제가 어렵고 정치는 어지럽다. 이태원 참사 후유증으로 사회적 갈등도 심각하다. 어려운 시기에 국민의 상처 난 마음을 위로하고 보듬어야할 가톨릭, 성공회의 성직자가 대통령 해외 순방 비행기에 이해하기 어려운 기원을 하는 일이 벌어졌다. 제1야당 대표의 측근들이 대장동 관련 검찰 조사를 받고 구속됐다. 북한의 ICBM 발사는 남북관계를 더 꼬이게 하고 있다. 가히 난세라 할 만하다.

천정부지로 치솟는 금리가 경제 이슈를 빨아들이는 경제 블랙홀이라면 대장동 수사는 정치 자금 연관성 때문에 정치 이슈를 빨아들이는 정치 블랙홀이 될 수 있다. 이태원 참사는 사회적 이슈의 블랙홀이 되어 대통령의 시간을 추모 현장에 투입하여 민심을 다독거릴 수밖에 없게 한다.

경제, 정치, 사회적 측면에서 어떤 사건이 발생하면 진영 간에 사건을 보는 시각이 확연히 다르다. 적어도 경제 정책에 있어서는 정책의 효과에 있어 여야 간의 공감대 형성이 필요하다. 정부가 최근 내놓은 경제 정책이 제대로 집행되지 못하는 이유는 정책 효과에 관해 야당의 공감대 형성이 안 됐기 때문이다.

경제적 의사 결정을 위해서는 수익과 비용의 비교는 필수 사항이다. 금리가 올라가면 금융비용이 상승하여 투자나 소비 의사 결정에 영향을 미친다. 최근 기업들의 투자 규모가 축소되는 것은 이자율 상승과 무관하지 않다.

코로나19로 인한 경제 침체를 극복하기 위해 푼 자금으로 인해 인플레이션 우려가 생겨 미국이 금리를 급격히 올리는 정책을 취하고 있고 중국과 일본을 제외한 대부분의 주요 국가들이 유사한 정책을 펴고 있다.

한국의 경우 한·미 간의 금리 차이가 커지면 해외 투자자들이 국내 시장을 떠날 것이란 우려로 인해 미국의 금리 인상에 민감하게 반응하고 있다. 돈은 이익이 높은 곳을 찾아 간다. 높은 이자 수익률을 추구하는 투자자도 있고, 기업의 장기 성장 전망에 근거하여 투자하는 경우도 있다.

국회에서 낮잠을 자고 있는 반도체 육성을 위한 K칩스법과 노동계의 강경 투쟁을 부추길 노란봉투법의 통과 여부는 외국 투자자들의 한국 투자 시 고려 요소가 될 것이다. 또한 북한의 ICBM 도발이나 중국 시진핑 주석의 3연임 같은 국제 변수도 해외 투자자금의 한국 투자에 영향을 미칠 것이다. 해외 투자자는 투자의사 결정 시 다양한 요소를 고려한다.

한국경제연구원은 "금리 인상에 따른 민간 부채 상환 부담 분석" 보고서에서 최근 금리 인상 여파로 올해 9월 말 대비 내년 말까지 민간 금리 부담 증가액이 33조 6,000억 원에 이를 것으로 전망했다.

기업 대출은 16조 2,000억 원, 가계 대출 17조 4,000억 원의 부담이 증가한 것이다.

정부는 이러한 점을 감안하여 법인세, 부동산세 등을 완화해 민간의 부담을 완화해 주고자 하는데 제1야당은 부자 감세라고 반대하고 있다. 한국개발연구원(KDI)은 법인세 감면의 혜택이 많은 국민들에게 돌아간다고 분석한 바가 있다.

정부의 국민 부담 완화를 위한 정책에 야당이 부자 감세라고 반대하려면 그 정책의 효과에 대해 제대로 검토를 한 후에 반대를 해야 된다. 종부세 완화 방안에도 야당이 반대를 하여 120만 명의 국민이 종부세를 납부해야 한다고 한다. 부동산 값은 떨어지고 납부해야 할 이자는 올라가는데, 언제까지 징벌적인 종부세를 납부해야 하는가. 특히 현금 수입이 없는 은퇴 계층의 고통은 더 심각해진다. 야당도 정부 정책에 대해 사사건건 반대만 하지 말고 지금 같이 어려운 시기에 대승적 견지에서 국민의 부담을 덜어주는 정부 정책에 대해서는 전향적으로 검토해야 하지 않을까.

다수의 국회 의석을 가진 상황에서 정권이 교체된 의미는 현 제1야당이 여당이었을 때의 정책에 국민이 반대 의사를 표한 것이라고 해도 무방할 것이다. 지금 다수당이라고 해서 계속 국민 편익을 외면하는 정책을 고집해서는 안 된다. 이미 국민이 대선을 통해 한번 심판을 내리지 않았는가.

야당은 정부의 정책을 따지는 것은 필요하나 필요 정책에 대해 공감하는 것 역시 필요하다. 무조건 반대만이 능사가 아니다.

금리 인상 또한 마찬가지다. 미국이 올린다고 우리가 바로 따라 올리는 것만이 능사는 아니다. 해외 자금 유출이 걱정이라면 반 박자

늦게 실제 외국인 투자 동향을 보아가면서 올려도 된다. 해외 투자자들은 다양한 요소를 고려해서 투자를 한다. 급격한 금리 인상으로 우리 경제와 국민들에 미치는 영향도 제대로 고려돼야 한다.

부자 감세가 경제에 도움이 되고 국민의 삶의 질을 향상 시킨다면, 야당에서 주장하는 부자 감세라서 반대하는 정책들에 대해 정부는 연구 결과에 기반하여 논리적으로 야권을 설득하고 공감대 형성을 만들기 위한 노력을 해야 된다.

지금과 같은 어려운 시기에 상대방 탓만 하여서는 문제 해결이 되지 않는다. 종교계에서 일부의 일탈이겠지만 지극히 편향된 사고를 가진 성직자가 있고 노동계를 포함하여 우리 사회가 처한 어려움은 아랑곳하지 않고 무리한 주장을 하는 세력이 있다.

야당의 역할이 중요한데 제1야당 대표의 사법 리스크는 제대로 된 야당 역할을 하는 데 방해 요인이 된다. 정부와 여당은 난국을 타개하기 위해 국민이 공감할 정책을 설계하고 야권의 공감대를 이끌어 내기 위한 노력을 해야 된다.

11 국회 개혁이 필요하다

2022-09-26

새 정부가 출범한 지 4개월이 지났는데도 일부 부처 장관이 아직 임명되지 못하였다. 국회 청문회 때 전문성이나 능력 위주 검증보다는 낙마 자체를 목적으로 하는 신상 털기식 검증은 유능한 인재를 내각에 참여하게 하는 데 걸림돌이 된다. 유능하면서 흠결이 없는 인물을 찾기가 쉽지 않아 보인다.

미·중 사이에서 우리의 위치 설정, 러시아의 우크라이나 침공으로 인한 국제 관계 변화 대처, 코로나19 대응 등 새 정부가 대처해야 할 중요한 현안이 많다. 유능하고 전문성 있는 인물들로 꾸려진 내각에서 국가적으로 중요한 현안들을 활발히 논의해야 한다.

개인 사생활을 신상 털기식으로 검증하는 현 청문회 제도는 국가적으로 필요한 유능한 인재들로 하여금 필요한 자리에 나아가게 하는 것을 망설이게 한다.

향후 청문회 제도에 대한 개선이 필요해 보인다. 능력이나 전문성 위주로 검증을 하고 사생활 영역에 속하는 부분은 망신 주기식 검증이 아니라 별도의 비공개 검증을 통하여 후보의 적합성을 판단해 보면 어떨까?

현재 경제 상황이 심상치 않다. 금리, 환율, 물가는 급등하고 외환보유액은 감소하고 있다. 코로나19 여파로 어려움을 겪었던 중소 자영업자들은 더 큰 위기에 처할 수 있다. 주식시장 하락으로 개미 투자자들은 손실이 커지고 있다. 투자 손실은 소비 여력을 감소시켜 경제에 부정적 영향을 미칠 것이다.

이러한 와중에 불어닥친 강력한 태풍은 위기 대응의 총책임자인 대통령의 어깨를 더 무겁게 하고 있다.

경제적 상황은 국가 비상 시기라 해도 과언이 아니다. 이러한 중차대한 시기에 여야가 머리를 맞대어 경제 위기를 극복하기 위한 지혜를 모아야 한다.

하지만 여야 모두 경제와 민생은 뒷전이고 권력 다툼에 매몰된 모습이다. 여당은 내분으로 지도부를 꾸리는 데 애를 먹고 있다. 다수당인 제1야당은 당대표의 과거 이런저런 잘못에 대하여 검찰 조사가 이루어지고 있어 당대표에 대한 사법 처리 가능성을 차단하는 데 신경을 집중하고 있다.

정치 분야가 스스로 문제를 해결하기보다는 툭하면 사법부에 판단을 맡긴다. 그만큼 토론을 통한 합의 능력이 부족하다는 것을 나타낸다.

여당뿐만 아니고 야당도 정부의 위기 극복을 위한 노력에 적극 협조해야 된다. 현재 국가적 위기 상황을 일으키는 대내외적 환경은 개선될 징후가 보이지 않는데, 민생은 뒷전이고 국민들이 이미 선택한 대통령과 영부인을 흠집 내기 위하여 다수당인 제1야당이 대통령을 고발하고 특검법을 발의하는 것이 적절한 것일까?

제1야당이 소속 의원 전원 명의로 김건희 특검법을 발의하였다. 국회의원은 독립된 헌법기관이다. 정당은 의사 결정을 위해 다양한 의견이 조율되어 합리적 결론에 도달해야 되는데 공천권을 행사하는 지도부 의견에 반기를 들기 어려운 것이 현실이다. 현 정당 지배구조의 개선이 필요하다.

민생은 뒤로하고 권력투쟁에만 매몰된 정치꾼의 행태를 국민이 기억하고 있다가 선거에서 의견을 표출해야 한다. 우리 국회에도 국가의 앞날과 국민을 생각하는 참된 정치가가 많이 나와야 한다.

민생 챙기기보다는 공천을 받기 위해 공천권자에게 줄서기가 더 중요한 현 시스템을 대폭 수술할 필요가 있다. 국회 스스로 이러한 문제를 인지하고 제도 개선을 위한 노력을 해야 된다. 국회에서 제도 개선을 위한 노력이 없다면 범정부 차원에서 국회 개혁 위원회를 만들어 여야 간 정쟁보다는 민생 챙기기 경쟁을 할 수 있도록 국회의원 선거 시스템을 바꿀 필요가 있다.

잘못된 행동으로 당 윤리위원회에서 문책을 받은 여당의 전 대표가 당 지도부 선출을 지속적으로 방해하고 선거 기간 동안 국민에게 지지를 호소한 대통령을 비방하는 모습은 좋아 보이지 않는다.

과거 이런저런 잘못으로 검찰에 기소된 자당 대표를 지키기 위한 제1야당의 행태는 법치주의의 앞날을 어둡게 한다. 국회는 법을 만들고, 검찰은 법에 따라 기소 여부를 결정하고, 법원이 최종 판단을 한다. 정당이 검찰이나 법원의 활동에 제동을 걸려고 해서는 안 된다.

정치공학적 사고로 자신과 동류 집단의 이해관계만 생각하고 국민은 안중에도 없는 듯이 행동하는 정치꾼이 활개 치는 정치권에 국가의 앞날과 국민을 위해 진정 고민하는 인문학적 소양을 지닌 정치가가 득세할 수 있는 제도적 토양 조성이 필요하다.

12 최적 규제가 필요하다

2022-06-10

새로운 정부가 출범하면 일반적으로 규제 완화를 추진한다. 이번 정부도 예외는 아니다. 윤석열 대통령은 기업 활동을 방해하는 규제를 모래주머니에 비유하였다. 하지만 과거의 예를 보면 규제 개혁은 일반적으로 용두사미에 그치는 경향이 있다. 기존의 규제는 나름대로 필요성이 있어 생산되었기 때문이다. 기업 활동을 어렵게 하는 모래주머니에 환경 개선, 노동자 복지 같은 사회적 가치가 있는 규제가 들어 있다.

지난 정부는 이념에 근거하여 기업의 부담을 제대로 고려하지 아니하고 규제를 생산한 바 있다. 이러한 규제들은 재검토할 필요가 있다. 예를 들어 중대재해법이나 주 52시간제 같은 것들이다. 불필요한 규제나 적정 수준 이상의 강한 규제는 경제 활력을 떨어뜨리고 눈에 보이지 않는 사회적 비용을 발생시킨다.

어떤 규제가 존재하면 그 규제를 만든 역사적 배경이 있다. 규제 개선을 위해서는 현재의 규제에 대한 필요성 및 적정성 여부의 판단이 선행되어야 한다. 환경 변화에 따라 기존의 규제가 필요 없다면 없애면 되고, 규제 수준이 높으면 낮추면 된다. 이러한 규제를 발굴하여 적정 수준의 규제를 유지하려는 노력이 필요하다. 특히 기업의 투자 활동을 저해하는 규제는 적극적으로 완화할 필요가 있다.

또한 규제 의도에 부합되지 않게 규제 결과가 나타나는 경우도 있다. 이러한 규제는 적극적으로 재검토해야 된다. 예를 들어, 중대재해법의 시행으로 중대 재해가 줄어들었는가? 부동산 3법이나 부동산 규제의 결과 부동산 가격이나 전세 가격이 안정되었는가? 대북전단 금지법으로 북한과의 관계가 좋아졌는가? 검수 완박으로 국민의 법적 편익이 증진되는가? 규제 의도와 다르게 규제 결과가 나타나는 것은 졸속 규제일 가능성이 높다. 규제 영향을 충분히 검토하지 않고 이념적 잣대로 규제를 설계하게 되면 사회적 비용만 크게 발생할 수 있다. 향후 새로운 규제의 설계 시 규제 목적을 분명히 하고 그 효과에 대해 공청회를 통해 관련 전문가들의 의견을 충분히 반영하도록 해야 된다.

규제의 변화는 규제적 측면에서 이해관계자의 균형 상태를 새로운 균형 상태로 이동시키는 것이다. 이해관계자 간에 유리한 측과 불리한 측의 갈등 요소가 존재할 가능성이 크게 된다. 특히 가격규제는 신중해야 된다. 부동산 관련 규제로 임차인과 임대인의 갈등을 키우고 부동산 가격과 전세 가격의 폭등을 가져왔다. 이념적 규제가 얼마나 무모한가를 보여 준다.

현재 존재하지 않는 새로운 규제의 생산 시에는 규제의 영향에 대해 다각적이고 세심한 검토가 필요하다. 규제는 다양한 이해관계자의 입장을 고려하여 사회적 목적을 달성하기 위해 지켜야 할 행위 수준을 정하는 문제이다. 그렇다면 생산과 소비활동에 있어 규제의 이해 당사자는 누구인가? 소비자, 기업, 규제 당국 모두가 이해 당사자이다. 이들의 관점에서 규제방향을 살펴본다.

첫째, 소비자들은 규제를 통해 가급적 보호를 많이 받기를 원할 것이다. 유통기한이나 품질 보장 같은 소비자 보호 규제를 요구한다.

둘째, 기업은 가능한 한 규제 완화를 원한다. 영업활동을 위한 진입 규제나 영업활동 및 투자에 관련된 다양한 규제가 존재한다. 영업활동 규제에는 양면성이 존재한다. 낮은 규제는 영업활동은 편리하지만 소비자 보호가 잘 안될 우려가 있다. 상품이나 서비스의 가격에 대한 규제는 기업의 영업활동을 제한하는 규제가 될 수 있어 시장에서 기업들 간의 경쟁을 통하여 가격이 결정되도록 하는 것이 바람직하다. 특히 가격 규제는 기업의 경영활동에 대한 규제이기 때문에 기업의 경영 실패 시 가격 규제를 가한 규제당국의 책임문제가 제기될 수 있다. 투자 규제는 가급적 완화할 필요가 있다.

셋째, 규제를 만드는 규제 당국은 가급적 규제를 많이 만들 유인이 있다. 규제가 많이 있어야 규제 당국은 힘이 있게 된다. 또한 규제 미비로 인한 문제의 발생 시 책임을 피할 수 있기 때문이다.

적정 수준의 규제를 설계하기 위해서는, 규제를 설계하는 규제 당국이 스스로를 통제하면서 소비자와 기업의 이해관계를 적절하게 조율해 나갈 필요가 있다. 특히 국제경쟁이 치열한 반도체 같은 분야에서는 관련 기업의 발목을 묶어 경영활동을 제약하는 규제는 가급적 완화하도록 해야 된다.

규제를 대폭 완화하기 위해서는 규제의 원칙만 정하고 이의 준수 여부를 감독하면 된다. 예를 들어 환경 보호, 노동자의 권익 증진, 고객과의 이해 상충 방지 같은 원칙만 정하고 구체적인 규제를 열거하지 않는 방식이다. 이러한 규제 방식이 도입되기 위해서는 기업 종사자와 규제 감독자의 전반적 질적 향상이 필요하다. 또한 기업의 적극적인 ESG 경영이 필요하다.

바람직한 규제 체계란 효율성(efficiency)이 제고되고 안정성(stability)이 유지되며 형평성(fairness)이 제고된 체계이다. 시장의 자율성과 창의성을 보장하는 경쟁의 효율적인 틀을 제공하는 최소한의 규제여야 하며, 경쟁에서 발생할 수 있는 제도의 안정성을 위협하는 요인이 고려되어야 하며, 효율성과 안정성 사이의 균형을 유지해야 한다. 최적의 합리적 규제를 찾아 이해 관계자의 공감대를 이루어 나갈 적에 규제 개혁을 이루어 낼 수 있을 것이다.

13 정책 성공의 필요 조건

2022-04-04

새 정부에 대한 기대와 우려가 교차한다. 0.73% 포인트 차이로 승리한 당선인은 본인을 반대한 국민이 거의 과반에 이른다는 사실을 늘 염두에 두고 겸손한 마음으로 반대한 국민의 마음을 헤아리는 데 더 많은 신경을 써야 한다.

대통령 직선제 개헌 이후에 같은 당에서 두 번씩 돌아가며 대통령이 선출되었다. 국민은 보수와 진보 정권에 각각 10년씩 통치를 맡겼는데 이번 선거를 통해 5년 만에 정권이 교체되었다.

현 여권이 국회와 지방 권력에서 우위에 있는 가운데 치른 대선에서 국민이 5년 만에 정권을 교체한 배경은 무엇일까? 여러 이유가 있을 수 있지만, 현 정부의 현상 진단 능력에 대하여 불신임을 내렸다고 할 수 있다.

대선에서도 주요 이슈가 되었던 부동산 정책을 살펴보자. 현 정부는 부동산 가격 상승의 원인을 투기 때문이라고 진단하고 투기를 막기 위한 다양한 정책을 펼쳤다. 부동산 가격 상승은 부동산 수요가 공급을 초과할 때 나타난다. 투기 수요도 일종의 수요지만 일반적 수요가 공급을 초과하기 때문에 나타나는 현상이라고 보는 것이 타당할 것이다.

투기는 단기 차익을 위해 매수하는 행위인데 10년 이상 장기 보유하거나 상속을 받아 다주택자가 된 경우에도 투기꾼 취급을 하여 징벌적 세금을 부과하였다. 보유세와 거래세에 대하여 부과한 과도한 세금은 부동산의 원가 구성 요소가 되어 부동산 가격을 상승시키는 한 요소가 된다. 또한 다주택자의 거래 차익에 중과를 하여 시장에 공급을 할 유인을 감소시켰다. 1가구 2주택인 경우 한 채를 팔아 1주택이 됐더라도 장기 보유 혜택의 기산을 다시 시작하게 하여 시장에 공급을 어렵게 하였다. 부동산 원가가 상승하고 공급이 감소하면 가격은 상승한다.

20여 차례의 대책에도 부동산 가격이 폭등한 배경에는 잘못된 진단에 근거하여 유사하면서 강화된 처방을 잘못한 결과라고 할 수 있다. 비유하자면 머리가 아픈 사람에게 배가 아프다고 진단하고 복통약을 지속적으로 투약하면 두통이 낫지 않고 부작용이 생기는 것과 같은 이치다. 현 정부에서 부동산 정책의 실패는 부동산 가격 상승의 원인 진단을 잘못한 데서 시작되었다.

새 정부에서는 제대로 된 진단에 근거하여 대책을 세우기 바란다. 다주택자를 투기꾼으로 몰아 징벌적 세금을 부과하기보다는 다주택자의 순기능도 살펴보아야 한다. 다주택자는 무주택자에게 임대주택을 제공한다. 또한 부동산 하락기에는 매수하고 상승기에는 매도하여 가격 안정에 기여한다. 투기를 근절한다는 명분으로 다주택 보유를 억제하기보다는 시장 안정을 위해 다주택 보유를 활용하는 방안도 고려해 보아야 한다. 다주택자가 주택을 매각하여 발생하는 차익에 대하여 합리적인 세금을 부과할 필요가 있다. 기존에 납부한 종합부동산세를 매각 시 발생하는 양도소득세에서 차감해 준다면 조세저항이 줄어들 것이다.

장기적으로 대량의 물량을 공급하는 정책은 그 부작용을 면밀히 살펴보아야 한다. 인구는 감소하는데 물량을 장기적으로 대량 공급하면 또 다른 문제를 야기할 수 있다. 재건축 규제를 완화하고 부동산 세제를 합리적으로 개편하는 데 초점을 맞출 필요가 있다.

새로운 정책을 수립할 때 첫 단추를 잘 채우기 위해서는 관련 현상에 대한 제대로 된 진단이 필요하다. 현 정부에서 북한과 관계 개선을 위해 인내하며 노력을 하였다. 하지만 북한은 개성공단 사무소를 폭파하고 우리 대통령을 조롱하였다. 북한은 지속적으로 미사일 도발을 하는데도 현 정부는 평화 협정을 추진하였다. 하지만 북한은 ICBM 도발을 하고 핵실험 재개 징후를 보이고 있다. 북한의 핵무기 개발에 대응하기 위한 제대로 된 진단이 필요하다.

지난 대선에서도 논란이 되었던 탈원전 정책은 어떤 진단에 근거하여 추진한 것일까? 「판도라」라는 영화에 나오는 원전의 위험성이 탈원전 정책 추진의 진단 근거로 거론된다. 세계적으로 원전 위험 사례가 있는데도 불구하고 왜 각국이 원전을 지속하고 있는지를 살펴보아야 한다. 특히 우리나라는 산업적인 측면에서 국제적인 원자력 기술을 보유하고 있고 에너지 수입이 경제에 미치는 영향이 크다. 또한 북한은 핵무기를 개발하고 있다. 제대로 된 진단을 위해서는 과학적 사실에 기반하여 판단하고 영화와 현실을 혼동해서는 안 된다.

새 정부가 추진하는 대통령 집무실 이전은 올바른 방향인가? 현 대통령을 포함하여 이전 대통령들도 집무실 이전을 추진하였다. 이전 필요성에 대한 공감대는 형성되어 있다. 이전에 부수되는 경호, 안보, 국민 불편 같은 문제가 해소되면 대통령이 국민에게 다가가기 위한 이전은 시도해볼 만하다.

정부의 정책 관련 진단을 제대로 할 수 있는 유능한 전문가를 적재적소에 배치하는 것이 정책 성공의 필요조건이며 첫걸음이다. 전문성이 결여된 정치가나 이념으로 무장되어 종합적 판단 능력이 결여된 인사가 중요한 정책을 진단하고 설계하는 것을 경계해야 된다. 새 정부의 성공을 기원한다.

14 정책과 공약의 종합적 판단과 숙고가 필요하다

2022-02-03

새로운 해가 시작되고 약 한 달이 흘렀다. 그 정도 기간 후에는 대선이 있다. 이번 대선은 어느 때보다 중요하다. 현재 나라가 총체적 난국에 처해있다고 해도 과언이 아니기 때문이다.

대내적으로는 코로나19로 인한 소상공인의 곤경, 꿈과 희망을 잃은 청년 세대의 좌절, 부동산 폭등과 임대차 3법으로 인한 많은 국민들의 거주 이전의 자유 제약, 중대재해처벌법과 노동이사제 같은 친노동 정책에 기인한 기업인들의 불안, 북핵 위협 가중 등에 더해 세대 및 계층 간 갈등이 심화되고 있다.

대외적으로는 미·중 경쟁으로 인한 경제와 군사 동맹 질서의 개편, 기후변화 위기를 극복하기 위한 범세계적 에너지 체계 개편 등 국가의 앞날에 지대한 영향을 미칠 국제 환경 변화가 이뤄지고 있다.

이러한 난제들을 잘 풀어나가고 국제 환경 변화에 제대로 대처할 수 있는 국가 지도자를 선택하는 것은 국민의 몫이다. 이러한 난국을 잘 극복하면 한국은 경제·문화적 측면에서 한 단계 도약하고 국제 위상은 상승할 것이다. 모든 나라가 코로나19로 어려움에 처해 있는 가운데 우리가 대처를 잘하면 위기를 기회로 바꿀 수 있다. 그러한 역할을 할 수 있는 지도자를 뽑는 것이 중요하다.

현재 우리가 당면하고 있는 난제를 해결하는 데는 창의적인 생각과 정책의 결과를 종합적으로 판단하고 숙고할 필요가 있다. 예를 들어 부동산 정책과 기본소득 공약을 살펴보자.

현재 여권 후보자까지 실패했다고 인정하는 부동산 정책도 보유와 차익에 대한 중과세로 부동산 수요가 줄어들 것이라는 측면만 고려하고 종합적인 판단과 숙고를 못한 결과다.

세금은 부동산 원가의 일부분을 구성하고 양도소득세의 증가로 인한 공급 감소를 고려하면 부동산 가격 안정을 목표로 한 정책이 그 반대의 결과를 나타내는 것은 당연한 귀결일 수 있다.

현재 주요 후보들이 경쟁적으로 제시하는 몇백만 가구의 주택 공급 대책도 그 결과에 대해 보다 신중히 검토할 필요가 있다. 인구는 줄어드는데 대규모 주택을 공급하면 장기적으로 주택 가격이 폭락해 사회 전반에 미치는 부정적 영향을 고려해야 된다.

지금 필요한 것은 양도세 부담 완화를 통해 부동산시장에 기존 보유자가 주택을 공급할 수 있는 여건을 마련해 주는 것이 중요하다. 주택은 필수재이면서 투자 대상이다. 양도소득세를 완화해 다주택자의 주택이 시장에 공급될 수 있도록 해야 한다. 다주택자를 투기꾼으로 모는 것은 바람직하지 않다. 투기는 단기 차익을 추구한다. 10년 이상 보유하고 있거나 상속을 받아 다주택자가 된 사람에게도 징벌적 수준의 세금을 부과하는 것은 재고돼야 한다.

주식시장에 투자해서 이익을 보는 것에 대해서는 징벌적 세금을 매기지 않는다. 부동산 시장에서 오래전에 투자한 것에 대해 가격이 올랐다고 사후적으로 징벌적 세금을 부과하는 것은 정당하지 않다. 주식시장이나 부동산시장이나 손해볼 수도 있고 이익을 볼 수도 있다. 손해볼 수 있는 위험에 대한 보상으로 이익을 본 것인데, 손해 본 경우는 무시하고 이익 본 경우에만 징벌적 세금을 부과하는 것은 합당한 처사가 아니다. 부동산시장의 위기는 제대로 된 정책을 만들 기회를 제공한다.

다음으로 기본소득 공약을 살펴보자. 우리 사회가 처한 어려움을 헤쳐 나가고 국민의 행복 증진과 국가의 발전을 위한 다양한 아이디어들이 공약 형태로 제시된다. 공약이 채택되면 정책화돼 사회의 변화에 큰 영향을 미친다. 모든 공약을 모두 정책으로 실현하기에는 한계가 있다. 특히 재정 투입이 필요한 공약은 세금을 더 걷거나 국가 채무가 늘어나기 때문에 보다 신중하게 정책을 설계해야 된다.

표를 얻기 위한 선심성 공약은 국민을 달콤하게 현혹할 수 있지만 재정을 파탄 내어 국가적 위기를 초래할 수도 있다. 아르헨티나와 베네수엘라 같은 나라들에서 이미 목도한 바 있다. 공짜로 국민들에게 무언가를 해 준다는 공약은 위험하다. 세상에 공짜는 없다.

국가가 국민들의 기본 생활 보장을 위해 돈을 나눠 주겠다는 공약은 인민의 생활을 국가가 보장한다는 공산주의 구호만큼 현혹적이다. 하지만 국가는 부도 위기에 처하고 다 같이 못사는 나라로 전락할 가능성이 크다. 재정에 한계가 있고 국민들로서는 열심히 일할 의욕이 없어지기 때문이다.

기본소득 공약은 재원의 지속 가능성과 부작용에 대한 검증이 필요하다. 소득주도성장과 같이 실험적 정책을 함부로 해서는 안 된다. 정책 실패 시 국가에 미치는 부정적 영향이 너무 크다.

기업주도성장을 통해 양질의 일자리를 제공하고 성장의 결과에 합리적인 세금을 부과해서 취약계층을 지원하는 재원을 마련하는 정책이 필요하다.

15 핵심 공약은 경제 정책이다

2021-10-29

각 당에서 국민 마음을 얻기 위해 여러 분야의 다양한 공약을 개발하고 있다. 정치, 사회, 경제, 문화, 국방, 외교, 환경 등 모두 중요하지만 경제를 어떻게 이끌어 나갈지는 특히 중요하다. 국민이 편안하게 잘 살려면 제대로 된 경제 정책을 펴는 것이 중요하다. 부동산 정책이나 에너지 정책도 경제 정책의 한 분야라고 할 수 있다.

새로운 공약 개발 시 다른 나라의 유사한 정책과 그 정책의 결과를 살펴볼 필요가 있다. 남북문제는 우리에게 특수한 문제이지만 그 외 분야는 다른 나라들도 기본적으로 정책 선택 시 비슷한 고민을 한다.

예술 분야에서의 창의적인 새로운 시도는 바람직하다. 성공하면 새로운 장르의 개척자가 될 수 있고 실패하더라도 사회에 미치는 부정적 효과는 크지 않다. 기업의 새로운 기술 개발도 마찬가지다. 성공하면 기업이 크게 도약할 수 있고 실패하더라도 기업의 비용으로 한정된다. 새로운 시도는 성공보다 실패의 가능성이 높다. 그럼에도 불구하고 예술가나 기업인이 새로운 시도를 추구하는 것은 성공 시 얻는 보상이 크기 때문이다.

하지만 사회 전반에 영향을 미치는 새로운 실험적 정책은 보다 신중해야 한다. 실패 시 발생하는 사회적 비용이 엄청나게 클 수 있기 때문이다.

예를 들어 현 정부에서 추진한 소득주도 성장, 탈원전 및 주택 관련 정책은 결과적으로 엄청난 사회적 비용을 유발했다. 소득 주도 성장을 위해 최저 임금을 급격히 인상한 결과 저임금 일자리가 사라져 일자리가 필요한 취약계층은 갈 곳을 잃고 저임금으로 버티던 많은 영세 기업이 몰락하게 됐다.

탈원전 정책으로 관련 산업 생태계가 붕괴되고, 비싸고 오염도가 높은 에너지원을 사용할 수밖에 없게 돼 전기료 인상이 불가피하게 됐다. 기후변화에 대비하기 위해 화석 연료 사용을 줄일 수밖에 없다. 대안은 무엇인가? 태양광이나 풍력 같은 대체 에너지원은 한계가 있다. 원전을 이용하지 않고 이러한 난제를 해결할 수 있을까?

주택 보유에 대한 중과세 정책 이후 주택가격이 급격히 올라 무주택자로부터 주택보유자에게 눈에 보이지 않는 부의 전이 현상이 발생했다. 세금도 부동산 같은 재화의 원가를 구성한다면 원가가 올라가 주택 가격도 인상될 수밖에 없고 결과적으로 그 부담은 무주택자에게 돌아가게 된다. 임차인을 위한다는 새로운 부동산 법으로 전셋값이 올라 임차인은 더 높은 주거비용을 지불하게 됐다.

거의 모든 새로운 정책은 선의로 시작되지만 긍정적 효과와 부정적 효과의 양면성이 있다. 의욕에 넘치거나 무지해 부정적 효과를 간과하기 쉽다. 정책 설계 시 선한 의도로 출발했다 하더라도 정책 실패의 책임은 피할 수 없다. 사회적 비용의 발생과 국민의 고통을 책임져야 하기 때문이다. 대장동 개발 사업 설계 책임도 마찬가지다.

여당의 대선 후보는 후보 수락 연설에서 "다른 나라가 하지 않는다는 것이 우리가 하지 못할 이유는 될 수 없다"며 기본소득 공약 추진 의지를 내비쳤다. 우리보다 부자인 나라에서도 기본소득 정책을 시행하지 않는 이유를 살펴봐야 한다.

아르헨티나와 베네수엘라 같은 나라는 천연자원이 풍부하고 한때는 잘사는 나라였다. 하지만 과도한 복지 정책 시행 이후 국민들은 엄청난 경제적 고통에 시달리고 있다. 국민을 잘 살게 해 주겠다는 정치가의 선의가 결과적으로 국가를 망가뜨리고 국민을 고통에 몰아넣는 이유는 무엇인가?

경제 주체로서 국가 운영의 기본 원리는 가계와 크게 다르지 않다. 가계가 소득보다 지출을 많이 하게 되면 언젠가는 파산을 할 것이다. 국가도 마찬가지다. 국가의 세수는 한정이 있는데 그 이상의 과도한 복지를 추구하면 결국 국가는 파산하고 국민은 엄청난 고통을 겪게 된다.

부자 나라에서도 기본소득 정책을 주저하는 주요 이유는 세수에 한계가 있고 국민들의 일할 의욕을 감퇴시키기 때문이다.

세상에 공짜는 없다. 국민들에게 공짜로 무엇을 해 주겠다는 공약보다는 신바람이 나게 일할 수 있는 양질의 일자리를 공급하겠다는 경제 공약을 기대해 본다. 청년들에게 꿈과 희망을 주기 위해서는 단기적인 지원보다는 기업 주도의 경제 성장 정책이 필요하다.

물론 우리가 보듬어 나가야 할 국민에 대해서는 사회 안전망 구축이 필요하다. 그러한 구축 비용의 부담은 열심히 일하는 국민이 존재하기 때문에 가능한 것이다.

16 최적의 정책과 규제가 필요하다

2020-12-02

정부와 국회의 주요 역할은 정책과 규제를 설계하는 일이다. 이러한 정책과 규제는 국민의 필요와 국가 발전을 위한 정책당국자들의 철학이 반영되어 설계된다. 정책과 규제는 추구하는 목표가 있다. 그런데 정책과 규제의 효과가 추구하는 목표와 다르게 나타나는 경우도 종종 있다. 중요한 정책이나 규제의 효과가 추구하는 목표와 다르게 나타나면 사회적 비용이 크게 발생하기 때문에, 정책당국자들은 설익은 정책이나 규제를 섣불리 실행부터 하기보다는 그 영향이나 효과를 사전에 면밀히 검토하고 분석할 필요가 있다.

또한 새로운 정책이나 규제의 설계 시 다양한 이해 관계자들의 입장을 조율할 필요도 있다. 새로운 정책이나 규제가 잘 정착하기 위해서는 이해 관계자들의 협조가 필요하고 억울하다고 생각하는 이해 관계자의 저항 우려도 있기 때문이다.

예를 들어 금융규제를 생각해 보자. 금융규제의 이해 당사자는 금융소비자인 전 국민이라고 해도 과언이 아니다. 또 다른 이해 당사자로는 금융회사나 금융규제당국을 들 수 있다. 이들의 관점에서 규제 방향을 살펴보자.

금융소비자들은 가급적 보호를 많이 받기를 원할 것이다. 소비자 보호를 잘하기 위해서는 많은 규제가 필요할 것이다. 금융회사는 가능한 규제 완화를 원한다. 영업활동을 하기 위한 진입 규제나 업무의 범위, 건전성 규제와 같은 다양한 규제가 존재한다. 영업활동 규제에는 양면성이 존재한다. 낮은 규제는 영업활동은 편리하지만 금융소비자 보호가 잘 안 될 우려가 있다. 규제를 만드는 규제 당국은 가급적 규제를 많이 할 유인이 있다. 규제 미비로 인한 문제 발생 시 책임을 피할 수 있기 때문이다. 이러한 상이한 입장을 조율하여 이해 관계자들이 수긍할 수 있는 규제를 설계함이 필요하다.

언론 보도에 의하면 전세난으로 세입자들이 큰 어려움을 겪고 있고 부동산 가격의 안정이 이루어지고 있지 않다고 한다. 세입자 보호와 부동산 가격 안정을 위해 최근 부동산 관련 법을 제정하고 여러 차례 정책을 발표한 바 있는데, 그 효과는 목표와 다르게 나타나고 있는 것처럼 보인다.

왜 이러한 현상이 나타나는 것일까? 부동산 정책과 규제에 대한 효과 분석과 이해 관계자들의 입장 조율에 미비점은 없는 것일까?

부동산 관련 주요 이해 관계자는 임대의 관점에서는 임대인과 임차인으로 나누어 볼 수 있고, 가격 규제의 경우에는 다가구 소유자와 무주택자로 나누어 볼 수 있다. 세금 정책이 관련되어 있기 때문에 세무 당국도 주요 이해 당사자가 된다고 할 수 있다.

임차인을 보호하기 위해서 임대기간을 늘리고 임대가격 상승을 제한하는 규제를 하면 어떠한 현상이 나타날까? 임대인의 입장에서는 본인이 부담하는 세금이나 금융비용 등을 고려하여 임대 수익을 추구하기 때문에 미래의 임대가격 상승 제한분이나 증가된 세금 부담을 임차인에게 전가하려 할 것이다. 규제로 인해 적정한 임대 수익을 볼 수 없다고 생각하는 경우에는 임대인 역할을 그만두려고 할 것이다. 임대인이 줄어들수록 임차가격은 상승할 것이다. 임차인을 보호하기 위한 규제가 임차인의 부담을 무겁게 하는 결과를 초래할 수도 있게 된다. 기본적으로 다가구 주택자가 임대인이 된다. 다가구 주택자의 부담을 무겁게 하면, 그 부담은 임차인에게 전가될 가능성이 많다.

부동산 정책의 목표가 임차인 보호, 부동산 가격 안정, 세수 증대에 있다면, 정책 목표의 우선순위를 정할 필요가 있다. 임차인 보호와 부동산 가격 안정에 우선순위를 둔다면, 현재 다가구 부동산 소유에 대한 중과세 정책은 재고할 필요가 있다. 중과된 세금이 부동산 가격이나 임차인에게 전가될 가능성이 크기 때문이다.

정책이나 규제의 개선을 위해서는 현재의 정책과 규제에 대한 필요성 및 적정성 여부의 판단이 선행되어야 한다. 국제적 규제 기준과 국내외 경제 상황을 고려하고, 경제 발전과 국민 생활 안정에 대한 규제 당국의 철학에 기반하여 기존 규제의 필요성 및 적정성에 대한 판단이 이루어져야 할 것이다.

사회적 비용을 줄이기 위한 최적 정책과 규제의 설계를 위해서는 우리가 처한 경제 환경과 이해 관계자들의 입장을 이해하고 규제나 정책의 효과를 충분히 고민하는 정책당국의 역할이 필요하다. 다양한 이해관계를 조율하고 효과를 충분하고 세심히 관찰하고 파악하는, 오케스트라의 지휘자 같은 정책 당국의 섬세한 역할이 요구된다.

17 합리적 정책 대응은 빠를수록 좋다

2020-04-07

코로나19 문제가 나타난 이후 발생의 진원지인 중국뿐만 아니라 바이러스가 전파된 주변 국가들이 국가적 차원에서 이에 대처하기 위한 노력을 기울이고 있다. 이러한 재난에 대해서는 정부의 정책 대응 시기가 중요하다. 중국 지방정부는 쓸데없는 혼란을 키운다는 생각으로 적절한 시기에 대응을 못한 측면이 있다. 나라별 정책 대응의 시기가 상이한데, 우리나라의 경우는 중국과의 관계나 경제 파급 효과 등으로 선제적인 조치를 취하고 있지 않는 것으로 보인다.

이러한 정책대응 시기의 문제는 바이러스 유입 차단에 국한된 문제가 아니다. 예를 들어 기후변화 문제를 구체적으로 살펴보자. 기후변화로 인한 전 세계적인 피해가 발생하고 있다. 특히 연초 호주 산불 문제는 시사하는 바가 크다. 지구촌이 합심하여 이 문제를 적기에 슬기롭게 잘 대처하지 못하면, 문제 해결을 위한 비용이 엄청나게 증가할 뿐만 아니라 해결할 수 있는 기회 자체를 잃어버릴 수도 있다.

호주 정부에서 대응정책 실패를 인정했듯이 자연 재해도 따지고 보면 적기에 대응하지 못한 인재의 성격을 띠고 있다. 지구온난화를 유발하는 대기 중 온실가스가 산업혁명 이래 화석 연료(석탄·석유·가스)의 연소, 산림 파괴 등 인간의 여러 활동에 기인하여 크게 증가하였다. 우리나라의 경우에는 탈원전 정책으로 화석연료를 더 많이 사용할 수밖에 없을 것이다. 이를 보완하기 위해 태양광과 같은 대체에너지 개발이 필요한데, 에너지 생산 비용이 많이 들고 생산량의 한계가 있다.

기후변화 대처를 위한 새로운 정책 수립 시 고려해야 할 요소는 무엇일까? 새로운 정책의 목적과 효과를 상식과 합리성에 기초하여 구체적으로 살펴볼 필요가 있다. 효과 측정 시에는 정책 수행을 위한 비용 산정과 정책의 결과로서 나타나는 편익을 계량화하여 편익이 비용을 능가해야 한다. 즉, 기업의 영업활동뿐만 아니고 정부의 정책 활동도 남는 장사를 해야 될 것이다. 비용 집행 시 효율적으로 비용을 집행하는 것은 기본이다. 언론 보도에 의하면 원자력발전소를 수리하는 데 엄청난 비용을 들여 고쳐놓고, 사용하지도 않고 해체하는 데 엄청난 비용이 들어간다고 한다. 일반 기업이 이런 식으로 사업을 운영한다면 절대 남는 장사를 할 수 없을 것이다. 정부도 남는 장사를 하기 위해서는 비용의 사용에 보다 신중을 기해야 된다.

환경 개선은 일반적으로 편익이 모든 국민들에게 미친다. 예를 들어 미세먼지가 줄어들면, 해당 지역의 모든 국민들이 더 깨끗한 공기를 마실 수 있어 편익이 증진된다. 기후변화 이슈는 정부가 빚을 내서더라도 가급적 빨리 시행해야 될 정책이다. 왜냐하면 그 편익이 후세대에게도 미치고, 지금 하지 않고 미루면 후세대는 더 큰 비용을 부담해야 하기 때문이다. 이러한 관점에서 탈원전 정책의 목적과 효과에 대해 전문가들의 보다 치밀한 고민이 요구된다. 원자력 에너지는 비용이 저렴하고 청정하다. 하지만 사고가 나면 치명적이다.

기술 발전으로 사고가 날 가능성이 거의 없으면 기후변화 대응의 관점에서 탈원전 정책을 재고해 볼 필요가 있다. 원전 사고의 확률이 비행기 추락 확률이나 벼락 맞을 확률보다 낮다면 국민들도 그 위험을 받아들일 것이다. 왜냐하면 비행기 추락위험이 있지만 확률이 아주 낮고 편익이 크기 때문에 비행기를 탄다. 마른하늘에 날벼락이라는 말이 있다. 확률이 아주 낮아서 신경 쓰지 않고 외출을 하는 것이다. 만약 사고가 나면 피해는 엄청나다. 하지만 호주의 경우에서 보는 바와 같이 기후변화로 인한 피해도 원전사고 못지않은 피해를 발생시킬 수도 있다는 점을 명심해야 한다. 기후변화 대응 정책은 빠를수록 바람직하고, 걸림돌이 되는 탈원전 정책의 재고를 위한 면밀한 검토가 필요하다.

II 시대 정신과 지도자 자질

1 지금의 시대 정신은 무엇인가?

2025-03-17

과거를 돌아보면 한국은 이런 저런 위기 속에서도 슬기롭게 위기를 극복해 여기까지 왔다. 시대 정신에 걸맞은 지도자가 나라를 이끌어 지정학적으로 우리에게 운명처럼 주어진 미국과 중국이라는 두 강대국의 갈등 최전방을 헤쳐 나왔다.

전쟁의 폐허에서 미국과 상호방위 조약을 맺은 이승만은 국가 존망의 위기에서 국가 생존의 초석을 놓았다. 이승만은 외교는 귀신같이 잘하는 반면 내치는 잘못 했다는 비판을 받지만 그 당시의 시대정신은 외교를 통한 국가 존립의 확보였다.

박정희 시대에 이룬 비약적인 경제적 부흥을 바탕으로 김영삼, 김대중 시대를 거치면서 정치적 민주화를 이뤘다. 그 이후 여러 정부를 거치며 문화적 성장의 토대를 마련하면서 K-컬처가 전 세계적으로 각광받고 노벨 문학상까지 받게 됐다. 부침은 있었지만 우리 국민은 국가 발전을 위해 쉼 없이 달려 왔다. 민주화를 이뤘기 때문에 윤석열 대통령이 계엄을 선포해도 국회에서 해제될 수 있었다.

지금 우리는 국내외적으로 삼각 파도를 맞고 있다 해도 과언이 아니다. 자칫 잘못하면 이 파도에 휩싸여 남미의 몇 나라가 과거 그랬던 것처럼 나락으로 떨어질 수도 있다는 위기감이 존재한다. 이러한 어려운 상황을 극복하고 다시 대한민국 호(號)를 순항시킬 지도자가 필요하다.

지금의 시대 정신을 파악하고 이 시대 정신을 구현할 수 있는 지도자를 세우는 일이 급선무다. 현재 우리의 시대 정신은 무엇이고 어떤 지도자가 이 시대 정신에 부합할까?

지금의 시대 정신을 파악하기 위해서는 대내외적으로 우리가 처한 환경을 살펴볼 필요가 있다. 대외적으로는 힘의 우위에 의해 국제질서가 재편되고 있다. 트럼프의 미국 위주 관세 정책은 중국을 포함해 국제적으로 큰 마찰음을 낼 것이다. 종국에는 미국 소비자들의 불만이 관세 정책을 유연하게 하는 데 기여할 가능성이 높다.

중국은 트럼프가 동맹국을 홀대하는 틈을 타 우리에게 은근히 유화의 손길을 내비치고 있다. 비자 면제, 한한령 해제, 시진핑의 한국

방문 가능성 등이 그것이다. 전쟁 당사국인 우크라이나의 의견을 무시하고 트럼프는 전쟁을 끝내기 위해 러시아와 담판을 하려 한다. 약소국의 비애다.

반도체 산업과 AI 산업 발전은 향후 국가의 위상을 나타내는 잣대가 될 것이다. 세계를 경악시킨 생성형 인공 지능(AI), 챗GPT 혁명이 시작된 지 2년 여가 지나며 미국과 중국을 중심으로 AI 우위 확보를 위한 경쟁은 치열해지고 있다. AI 분야의 발전 속도는 가속 페달을 밟고 있는 듯하다. 우리는 어떤 전략을 가지고 AI 경쟁에 임해야 할까?

대내적으로는 윤석열 대통령의 계엄 이후 진영 간 갈등이 정신적 내전 수단으로 치닫고 있다. 비이성적 예산 삭감과 줄탄핵을 통해 국정을 마비시키는 다수 야당의 횡포를 우리는 목도한 바 있다. 문재인 정부는 적폐 청산이라는 미명하에 전임 이명박, 박근혜 정부에서 일했던 많은 보수 성향 인사들을 탄압했다.

나라 발전을 위해 상대방의 의견을 경청해 협력하기보다는 상대 진영을 흠집내고 죽기 살기로 싸우는 정치 세력의 행태를 바로잡을 백마 탄 초인을 목마르게 기다리게 된다. 누가 이 상황을 바로 잡을 수 있을까?

인도의 시성 타고르는 한국을 동방의 타오르는 횃불이라 했고 탄허 스님은 한국의 대운이 열릴 것이라 했다. 국가 건립, 경제적 발전, 정치적 민주화, 문화적 융성의 길을 걸어온 대한민국이다.

혼란스러운 국제 정세를 잘 헤쳐 나간다면 위기를 기회로 활용해 아시아의 지도자 국가로의 도약도 꿈꿀 수 있다. 예를 들어, 인구 대국인 인도와 협력해 중국과 미국에 대응하는 새로운 지역 리더로 부상할 수도 있을 것이다. 대내외적 어려움을 극복하고 국민을 단합해 한 단계 전진할 수 있게 만드는 백마 탄 초인을 기다린다.

2 시대정신의 구현이 요구된다

2021-08-24

정치는 시대정신을 구현하는 중요한 수단이다. 시대정신을 먼저 알아차리고 이를 구현하기 위해 노력하는 정치가가 성공할 가능성이 높다. 시대정신의 사전적 의미는 어떤 시대에 살고 있는 사람들의 보편적인 정신 자세나 태도이다. 현 시대 한국 국민들이 보편적으로 추구하는 가치는 무엇인가? 현 시대의 시대정신을 살펴보기 위해 과거의 시대정신을 반추해볼 필요가 있다. 어떻게 보면 그 시대의 시대정신을 잘 구현할 수 있는 사람을 정치 시스템을 통해 지도자로 불러낸다고도 할 수 있다.

이승만 시대의 시대정신은 건국과 나라를 지키는 것이었다. 미국에서 공부한 이승만은 미국을 이용해 나라를 지켜냈다. 박정희 시대의 시대정신은 '잘 살아 보세'였다. 박정희는 개발 독재를 통해 잘사는 나라의 기초를 마련했다. 부족한 자본을 강제저축으로 모으거나 외자를 들여 전략적으로 필요한 분야에 배분했다. 고속도로를 만들고 산업화 시대를 열었다. 독재는 바람직하지 않지만 그 시대의 상황이 개발을 필요로 하면 국민은 효율적 개발을 위한 독재를 받아들였다. 김영삼 시대는 산업화에 의한 경제적 성취를 바탕으로 민주화에 대한 열망이 큰 시기였다. 김영삼 시대 이후 문민화가 이뤄지면서 본격적인 민주화가 시작됐다.

우리는 시대정신을 크게 건국, 산업화, 민주화로 나눠볼 수 있을 것이다. 차기 대통령이 유념해야 할 시대정신은 무엇일까? 서울·부산 시장 선거와 야당 대표 선출 당시 국민이 보여준 뜻에 그 실마리가 있다고 생각한다. 지금은 대전환의 시대다. 앞선 선거에서 표출된 민심은 부동산과 청년 문제에 좌우됐다. 서울·부산 시장 선거에서 야당이 이긴 것은 부동산 정책의 실패에 기인한 바가 크다. 야당 대표 선거에서 30대 대표가 당선된 것은 과거의 틀에서 벗어난 새롭고 혁신적인 정치에 대한 요구가 반영됐다.

이런 현상은 캐나다, 프랑스, 오스트리아 등 해외에서는 이미 나타나고 있다. 과학 기술과 혁신적인 융합 경제의 발달로 국제관계나 경제 발전 정책을 제대로 개발하고 이행할 새로운 인물을 시대가 요구하고 있다고 해도 과언이 아니다. 기존의 방식에 경직돼 있는 사고로는 새로운 국제 관계나 경제적 흐름을 이해하고 최적의 정책을 설계하는 데 한계가 있다.

또한 코로나19와 정부 주도의 일자리 정책 등으로 나랏빚이 크게 늘었는데, 이를 갚아야 할 청년 세대의 불안감에 공감을 표시하는 국민이 청년 세대에게 그 해결책 마련을 위한 기대감을 표출하고 있다.

부동산과 청년 문제는 갈등 요인을 포함한다. 부동산 문제는 계층 간의 갈등이 존재하고, 청년 문제는 세대 간의 갈등이 존재한다. 갈등을 완화하려는 노력이 필요하다.

부동산 가격의 급격한 상승은 계층 간의 갈등을 일으킨다. 부동산이 없는 사람으로부터 있는 사람에게 눈에 보이지 않는 부의 전이(wealth transfer) 현상이 발생한다. 부동산 가격 안정을 위해 진정어린 노력을 해야 하는 이유다. 부동산 가격 안정을 위해 무거운 세금을 부과하는 정책은 이해하기 어렵다. 세금은 원가 요소가 돼 부동산 가격을 끌어올리고 종국에는 부의 전이 현상을 야기할 것이기 때문이다.

세대 간의 갈등은 국가 채무가 급격히 증가하면 발생할 수밖에 없다. 다음 세대가 빚을 갚아야 하기 때문이다. 현재 세대가 연금을 많이 받아 다음 세대의 연금이 고갈된다면 또 다른 세대 간 갈등의 원인이 된다. 연금 개혁이 필요한 이유이기도 하다.

현 정부의 대표 정책이라 할 수 있는 소득주도성장, 부동산 중과, 탈원전 정책 등은 정치적 성향에 따라 찬반이 엇갈린다. 진영 중심으로 경직적 사고를 하기보다는 국민 편익 관점에서 객관적으로 정책의 결과를 평가해야 한다. 국민 편익 증진을 위해서는 진영을 넘어 새로운 리더십이 필요하다는 시대적 요구도 존재한다.

갈등을 부추기는 정책이 아니라 갈등을 완화하는 정책이 국민들의 호응을 받고 시대정신에 부합할 것이다. 계층·세대·진영 간 갈등을 완화하는 정책을 제시하는 지도자에게 현명한 국민은 마음의 문을 열 것이다.

3 지도자를 잘 뽑을 국민의 책무

2025-04-28

바야흐로 꽃의 계절이다. 영산홍을 비롯한 길거리 봄꽃들이 자연의 아름다움을 전한다. 하지만 국내외 정세 혼돈은 이 아름다운 선물을 즐길 마음의 여유를 빼앗아 간다.

대외적으로 트럼프는 신관세 정책을 통해 기존 국제 경제 질서를 흔들고 있다. 국제 경제 질서가 재편되어 가는 와중에 국내의 정치적 혼란은 우리의 외교적 대응을 더디게 할지 모른다는 우려를 낳는다.

새로운 대통령을 선출할 시간이 얼마 남지 않았다. 보수 진영 대통령이 탄핵을 당해 진보 진영 당선 가능성이 높아졌다. 하지만 정치계의 지형은 주식 시장처럼 무엇도 확실하지 않다. 우리 사회는 보수와 진보라는 양 수레 바퀴의 균형을 통해 앞으로 나아가고 있다. 협치를 할 수 있게 하는 개헌이 필요한 이유이다.

다수 민주당의 유력한 대통령 후보인 이재명 전 대표는 내란 종식이 우선이라는 이유로 국회의장의 개헌 제의를 반대한다. 우리 사회는 진보와 보수가 두 바퀴로 조화롭게 굴러가야 된다. 외바퀴로 굴러가는 수레는 넘어지기 십상이다.

윤석열은 대통령에 당선되어 31개월을 재임하고 12월 3일 계엄 자충수를 두어 대통령직에서 파면됐다. 정치는 더 많은 국민의 지지를 얻기 위해 말이나 행동을 통해 설득하는 것이다. 무력을 쓸 시도는 규칙 위반이다. 윤석열 대통령이 탄핵을 당한 것은 규칙 위반 때문이라고 할 수 있다.

민주당에서 대통령이 나오면 국회와 행정부를 다 장악하게 되어 무리한 정책이나 법안도 제어할 수단이 없게 된다. 국민의힘에서 대통령이 나오면 윤석열 정부에서 경험했듯이 민주당의 의회 폭주로 행정부를 마비시킬 가능성이 크다. 진퇴양난이다.

호랑이처럼 무서우면서도 변덕스럽고 지혜로운 국민의 마음을 얻기 위해서는 현재의 시대 정신을 바로 알고 거기에 부합하는 정치가 필요하다. 정치의 최고봉인 대통령은 오케스트라의 지휘자와 같다. 섬세하게 국민의 마음을 살피고 경제, 사회, 국방, 외교, 문화 등 사회의 모든 분야를 조화롭게 발전시켜 국민의 편안한 삶을 추구하도록 해야 된다.

오케스트라 지휘자는 단원들의 존경과 신뢰를 받아야 한다. 지금 여론조사에서 앞서가는 민주당 이재명 전 대표조차 국민의 신뢰와 존경을 받기에는 과거의 행적이 발목을 잡고 있다. 진보와 보수를 통틀어 국민이 존경하고 마음을 열 수 있는 정치가를 찾기 어려운 현실이다.

대통령은 국민 모두를 대표한다. 진영 간의 갈등의 골이 깊은 우리 사회의 경우 서로 생각이 다른 국민들을 화합하게 하는 책무가 대통령에게 있다. 문재인 정부는 적폐청산이라는 미명으로 이전 정부에서 국가에 봉사한 수많은 공직자를 탄압했다.

민주당이 내란 종식을 빌미로 적폐청산과 같은 상대방을 억압하는 정치를 재개할까 우려된다. 전임 정부에서 일했다고 공직자에게 분풀이를 하면 국민 화합과 국가 발전에는 도움이 되지 않는다.

새롭게 탄생할 대통령에 대한 기대와 우려가 교차된다. 차기 대통령의 제일 중요한 덕목은 무엇일까? 대통령 탄핵으로 진영 간 갈등이 너무 크다. 국민의 마음을 다독이고 국민을 화합시킬 지도자가 필요하다.

경제 운용에 있어 정부와 민간의 역할에 관해 이견이 있을 수 있다. 경제 양극화 해소를 위해 정부가 직접 투자를 해서 양극화 해소에 기여할 수 있을까? 경제적으로 남한이 북한보다 훨씬 발전한 근본 이유가 남한은 민간 주도의 경제이고 북한은 국가 주도의 경제라는 점을 간과해서는 안 될 것이다.

차기 대통령은 진영 간의 화합, 미국과 중국 간 새로운 국제 경제 질서에서 대한민국의 위상 정립, 민간 주도의 경제적 발전을 추구해야 된다. 이러한 목표를 이루기 위한 능력과 인품이 있는 분을 차기 지도자로 세우는 것은 국민의 몫이다.

4 차기 대통령님께 드리는 고언

2022-03-07

우리나라에서 대통령이 된다는 것은 어떤 의미를 가질까? 아마도 세상을 다 얻은 것 같을 것이다. 하지만 김영삼 전 대통령이 국민에게 고백했듯이 영광의 순간은 짧고 고뇌의 시간은 길지 모른다.

우리나라 대통령의 역사는 망명, 시해, 구속, 자살, 탄핵으로 얼룩져 있다. 국민들로부터 퇴임 이후에도 전폭적으로 존경받는 대통령은 국가의 큰 인적 자산이다. 국가가 어려움에 처하면 국민들을 단합시키는 구심점 역할을 할 수도 있다.

우리나라는 단기간에 경제적으로 크게 발전하고 민주화를 이뤘다. 그러한 성취를 이루기 위해 대통령들의 역할이 컸다.

국가에 크게 기여하였지만 무리하게 임기를 연장하거나 자녀들 문제가 국민들의 마음을 돌리게 했다. 역사에 가정은 없지만 교훈을 얻기 위해 몇 가지 가정을 해 본다.

이승만과 박정희 전 대통령의 경우 헌법이 정한 임기를 무리하게 연장하지 않았더라면 국민들이 존경하는 지도자로 남았을 가능성이 크다. 전두환 전 대통령은 정통성이 부족했지만 임기를 연장하지 않았다. 전두환 대통령은 5·18 광주 항쟁으로 일부 비난을 받았지만 전직 대통령으로 예우를 받고 국내에서 수를 누릴 수 있었다. 김영삼과 김대중 전 대통령의 경우 자녀 비리만 없었더라면 국민들의 지지를 더 받을 수 있었을 것이다.

이승만과 박정희 전 대통령은 왜 무리하게 임기 연장을 추진했을까? 아마도 국가 발전을 위해서는 본인의 임기를 연장해야 된다는 확증 편향이 존재했을 가능성이 크다. 자신의 가치관과 신념에 부합하는 정보에만 주목하고 그 외의 정보는 무시하는 사고방식은 국가 경영의 위험 요소다.

현 정부의 실책으로 거론되는 부동산 정책과 탈원전 추진, 고위공직자범죄수사처(공수처) 설치로 대변되는 검찰 개혁, 실험적 경제 정책인 소득주도성장 정책, 일방적으로 굽히고 들어가는 대북 정책, 표현의 자유를 위협하는 소위 비난금지법 등을 추진한 이면에도 그러한 정책들에 대한 정책 결정자의 확증 편향이 존재했을 가능성이 있다.

확증 편향적 사고는 상대 세력과 타협을 통해 수정할 수 있지만 타협이 필요 없을 정도의 힘을 가진 경우에는 수정하기 어렵다. 국회 다수 의석을 가진 집권 여당이 부동산 관련 법, 공수처 설치, 대북전단금지법 등을 야권의 반대 목소리를 무시하고 일방적으로 통과 시킨 데서 나타난다.

정치의 영역에서 나만 절대적으로 옳다는 생각은 위험하다. 반대 목소리를 경청하고 타협하는 자세가 필요하다. 특히 우리나라는 결선투표제가 없어 과반 이하 국민의 지지로 대통령이 당선될 수 있고 절대 권력을 행사한다. 야권과 협치가 필요한 이유이다.

차기 대통령이 유념할 몇 가지 사안을 제시한다.

국민 화합 정책을 추진해야 한다. 현 정부에서 진영 간의 갈등은 거의 정신적 내전 수준이었다. 김대중 전 대통령은 자신의 목숨까지 위협했던 전두환 전 대통령을 예우하고 비서실장을 포함한 핵심 자리에 상대 진영 인사를 발탁해 국민 화합을 추구했다. 이러한 화합 정신을 바탕으로 국제통화기금(IMF) 금융위기를 극복할 수 있었다.

미래로 나아가야 한다. 청와대 주도의 적폐 청산은 바람직하지 않다. 정치 보복으로 비칠 수 있기 때문이다. 전 정부에서 일했다고 해서 표적 수사로 죄가 나올 때까지 탈탈 털어 구속시키는 것은 옳지 않다. 과거에 얽매이기보다는 미래를 위해 5년간의 시간을 유용하게 사용해야 한다.

시장 원리를 존중해야 한다. 이념에 사로잡히면 시장 원리가 부당하게 보인다. 예를 들어 신용도가 낮은 사람은 취약계층인데 더 높은 금리를 부과하는 것을 정의롭지 않다고 보는 것이다. 만약 신용도에 반해서 금리를 부과하면 금융시장은 순식간에 붕괴될 것이다. 빌린 돈을 안 갚을수록 더 낮은 금리를 부과하면 아무도 빌린 돈을 갚지 않을 것이기 때문이다.

대내외적으로 신뢰를 잃어서는 안 된다. 시간과 장소에 따라 말이 달라지면 신뢰를 얻기 어렵다. 전 정부에서 한 다른 나라와의 약속을 현 정부에서 깨면 국제 사회에서 한국의 신뢰도는 훼손된다. 신뢰 자본은 눈에 보이지 않지만 개인이나 국가가 쌓아 나가야 할 소중한 자산이다.

기업주도성장 정책이 필요하다. 정부는 기업 활동에 걸림돌이 되는 규제를 완화하고 투자가 원활히 이뤄질 수 있도록 지원해야 한다. 꿈과 희망을 잃은 청년 세대에게 기업 발전을 통해 제대로 된 일자리를 제공하는 것이 필요하다.

우리 스스로를 지킬 수 있는 국방 정책이 필요하다. 러시아의 우크라이나 침공을 보면 협정으로 평화를 지키기는 어렵다. 북한에 대해서는 유연하면서도 단호한 태도가 필요하다.

이전 대통령들의 노력으로 우리나라는 세계 10위권의 모범적 국가로 발전할 수 있었다. 주어진 시기와 상황에 따라 대통령의 역할은 달라진다. 차기 대통령은 겸허한 마음으로 확증 편향에서 벗어나 국민 화합을 추구하고 기업과 시장을 존중하며 신뢰를 쌓아가고 국방을 튼튼히 한다면 존경받는 대통령으로 남을 것이다.

5 어떤 지도자를 뽑아야 할까?

2021-11-29

대선이 얼마 남지 않았다. 차기 대통령은 국가의 운명을 좌우할 수도 있다. 포퓰리즘에 휘둘려 지도자를 잘못 뽑아 혹독한 대가를 치르고 있는 베네수엘라와 같은 길을 가서는 안 될 것 아닌가?

지도자의 자질과 공약은 지도자를 뽑기 위한 양대 축인데, 자질이 더 중요하다고 생각한다. 공약은 상황에 따라 변경 가능하지만 자질은 바뀌지 않기 때문이다. 지도자의 자질 중 품성과 국정 운영 능력이 중요하다. 후보들의 품성은 과거 행태에 묻어난다. 과거 언행은 후보들의 품성을 판단하는 잣대가 된다.

국정 운영 능력은 종합적인 판단 능력, 공익 우선 정신, 국민 화합, 미래지향적인 통찰력과 안목에 기반한다.

대통령은 주요 정책에 있어 종합적인 판단을 하는 최종 의사결정자다. 예를 들어 논란이 많은 탈(脫)원전 정책을 살펴보자. 거의 모든 새로운 정책은 긍정적 측면과 부정적 측면이 있다. 긍정적인 측면은 영화 「판도라」에서 본 바와 같이 원전이 잘못됐을 경우 발생하는 엄청난 사회적 피해를 예방할 수 있다. 부정적인 측면은 저렴한 청정에너지 확보, 기후변화 대처, 안보, 관련 산업의 붕괴 등의 측면에서 심각한 사회적 비용을 발생시킨다.

탈원전 정책으로 발생하는 사회적 편익과 비용 중 어느 쪽이 더 클까? 원전이 잘못될 확률은 극히 낮고 탈원전으로 발생하는 비용은 심대하다. 비행기 사고가 나면 치명적이지만 사고가 날 확률이 극히 낮고 편익이 크기 때문에 이용하는 것과 같은 이치다. 탈원전 정책은 종합적 판단의 관점에서 재고돼야 한다.

대통령은 진영이나 측근의 이익 추구가 아니라 국가와 국민의 공익을 우선 추구해야 한다. 요즘 논란이 되는 대장동 사건의 본질은 공익으로 환수됐어야 할 돈이 공적 권력을 등에 업은 몇 사람의 호주머니로 들어간 것이다. 정당한 사익 추구는 사회 발전의 원동력이다. 하지만 공직을 맡은 지도자는 본인은 물론이고 측근에게 그 지위를 이용해서 사익을 추구하게 해서는 안 된다. 이러한 사익 추구가 허용되면 인허가권이 남용돼 공정성이 무너지기 때문이다. 박근혜 전 대통령이 탄핵을 당한 주요 이유도 측근의 사익 추구에 있었다고 해도 과언이 아니다.

현 정부의 적폐 청산과 '조국 사태'를 겪으면서 우리 사회의 진영 간 갈등은 건전한 사회 발전을 위한 합리적 경쟁 관계의 수준을 넘어 상대방을 적대시하는 단계에까지 이른 것은 아닌지 우려된다. 상대방을 존중하고 반대 의견을 경청하는 자세가 지도자에게 요구된다. 지도자는 편협해서는 안 된다. 반대 목소리도 경청하고 정책에 반영할 가능성을 끊임없이 찾아야 한다. 듣기 좋은 아부성 의견보다 반대

의견을 더 귀담아 들어야 한다.

정치 지도자는 국민 분열보다는 국민 화합을 추구할 적에 역사에 남는 지도자가 될 것이다. 우리 사회의 지속적인 발전을 위해서는 국민 분열보다는 국민 화합 정책을 펴는 것이 도움이 될 것이다. 적폐 청산과 같은 정책이 반복되면 진영 간의 갈등은 심화하고 국가 발전을 위해서는 바람직하지 못한 결과를 초래할 것이다.

대통령의 미래지향적인 통찰력과 안목은 국가 발전의 원동력이 된다. 얼마 전 서거한 고 노태우 전 대통령의 북방 정책은 성공한 정책으로 평가받는다. 국제 정세에 대한 혜안과 올림픽 개최의 기회를 잘 활용했다. 노 전 대통령은 외치에 있어 큰 업적을 남겼을 뿐만 아니라 남북 기본합의 및 유엔(UN) 동시 가입, 인천국제공항 착공, 분당 신도시 건설로 인한 부동산 가격 안정 등 내치에서도 훌륭한 업적을 남겼다. 또한 다음 대통령의 공정한 선거를 위해 중립 내각을 꾸려 김영삼과 김대중의 첨예한 경쟁을 잡음 없이 마무리했다.

현 정부는 어떤 업적을 남겼는가? 일본과 전임 정부의 약속 파기로 인한 불편한 관계가 지속되고 적폐 청산으로 진영 간 대립이 심화됐다. 부동산 정책 추진과 검찰 개혁을 위한 고위공직자범죄수사처 설치 당시 야당의 의견은 무시됐다. 결과적으로 외치나 내치에 있어 뚜렷한 성과를 찾기 힘들다. 이념에 기반해 지지층만을 위한 정책을 펴면 역사에 남을 업적을 이루기 어렵다. 지금 정부의 역할은 공정한 선거를 치르도록 하는 데 있다.

후보의 자질에 더해 공약도 중요하다. 청년 세대에 대한 미래 비전, 중과세에 의한 과도한 주거비, 코로나19, 국가 부채 급증, 미국과 중국의 갈등에 대한 우리 입장, 북한의 핵 무력 위협, 기후변화 대처

등의 난제에 대해 후보들이 제시하는 공약이 얼마나 타당성이 있는가를 잘 살펴봐야 할 것이다.

6 차기 대통령의 여섯 가지 덕목

2021-07-28

다음 대통령은 여러 방면에서 풀기 힘든 난제들을 슬기롭게 헤쳐나가야 한다. 예를 들어, 코로나19는 어떻게 될 것인가? 백신 접종으로 완전한 예방을 하거나 치료제가 나오면 좋겠지만, 새로운 변종의 출현으로 독감처럼 늘 마주치는 질병이 될 수도 있다. 일상화된 코로나19로부터 정상적인 삶을 국민에게 돌려줄 방안을 시급히 마련해야 한다.

코로나19 이외에도 마주칠 난제는 많을 것이다. 꿈과 희망을 잃고 있는 청년 문제, 미·중 간의 관계 설정, 남북 긴장 완화 등 여러 이슈가 있을 것이다.

대통령이 역할을 제대로 하면 분열돼 있는 국론을 통합해 선진국으로 발전할 수 있고, 그러지 못하면 다른 일부 국가들이 경험했듯이 후진국으로 뒷걸음질 칠 수도 있다.

나라를 잘 이끌어갈 지도자를 선출하기 위해서는 후보자들이 제시하는 공약을 국민이 잘 판단해야 한다. 언론의 역할이 중요하다. 유권자들이 제대로 판단을 할 수 있도록 공약의 실현 가능성과 그 효익을 객관적으로 분석해 제시하려는 노력이 필요하다.

다음 세대에 어떤 나라를 물려주느냐 하는 것은 현재 세대의 몫이다. 우리 후손들에게 더 나은 나라를 물려줄 역할을 하는 대통령이 나오길 소망하며 차기 대통령의 여섯 가지 덕목을 꼽아 본다.

첫째, 다양한 의견을 듣고 국익에 부합하는 종합적인 판단을 한다.

정당은 당원들의 생각과 이해관계가 중요하지만 대통령은 전체 국민을 이롭게 하는 방향으로 다양한 의견을 조율하고 종합적인 판단을 해야 한다. 반대 목소리를 경청하려는 자세가 필요하다. 현 정부의 부동산 정책, 탈원전 정책, 소득주도성장 정책 같은 경우 정책의 부작용을 지적하는 목소리가 많았다. 대통령이 다양한 의견을 경청하고 정책을 보완했으면 무거운 세금과 주거 불안정, 원전 생태계 붕괴, 일자리 감소와 같은 부작용으로 인한 국민의 고통과 사회적 비용을 줄일 수 있었을 것이다.

둘째, 국민 화합을 중시한다.

탄핵과 '조국 사태'를 겪으면서 진영 간 감정의 골이 깊어졌다. 상호 간의 상처를 어루만지고 치유할 필요가 있다. 사물을 보는 시각이 다를 수 있지만 상대방의 시각을 이해하려는 노력이 필요하다. 내 편에게는 관대하고 상대방에게는 모질게 하면 국민 화합을 해친다. 상대편에게도 공정한 잣대를 적용해야 한다. 특히 전 국민에게 영향이 있는 코로나19 대응 기준을 보수단체 집회와 노동자 집회에 달리 적용하는 것은 국민 화합 측면에서도 바람직하지 않다. 진영 위주의 인사보다 능력 위주의 인사를 통해 국민 화합을 추구해야 한다.

셋째, 시장의 역할을 이해하고 존중한다.

이번 정부의 대표적 정책 실패 사례로 부동산 정책을 꼽는다. 수요는 존재하는데 공급을 줄이는 정책을 계속하면 시장에서 가격이 오를 수밖에 없다. 전·월세 시장을 안정시키려면 다주택자를 전·월세 공급자로 보는 시각이 필요하다. 부동산 세금을 중과하면 부동산 가격은 올라간다. 부동산이라는 재화의 원가에 반영되기 때문이다. 부동산 건축 관련 규제와 원가 부담을 완화해 시장에 향후 공급이 증가할 것이라는 신호를 줄 필요가 있다. 시장 원리를 이해하고 존중한다면 정책 실패를 방지할 수 있다.

넷째, 기업과 기업인을 존중한다.

미국은 조 바이든 대통령 취임 이후 한국의 대표 기업들을 초청하고, 한국 기업들은 미국에 대규모 투자를 약속했다. 국제적으로 기업의 역할이 단순한 경제적 역할을 넘어서 국방, 외교 등의 분야에도 기여하는 시대에 접어들었다고 해도 과언이 아니다. 기업은 일자리 창출의 원천이고 기업인이 진정한 애국자라는 인식이 필요하다.

다섯째, 다음 세대에 짐을 넘기지 않는다.

국가 부채가 증가하는 것을 극도로 경계해야 한다. 미래 세대가 지금 세대의 빚을 못 갚으면 국가 부도가 발생한다. 아르헨티나, 베네수엘라 같은 남미 국가에서 이미 목도한 바 있다. 현 세대가 연금을 적정 수준 이상으로 받으면 다음 세대는 받을 연금이 없어진다. 다음 세대의 몫을 현 세대가 당겨 쓰는 것은 미래 세대에 짐을 떠넘기는 것이다.

여섯째, 법률과 헌법을 지킨다.

전직 대통령이나 가족들이 법을 위반해 불행한 일을 당하는 것을 봐왔다. 법률과 헌법을 지켜 퇴임 후 존경 받는 자랑스러운 대통령이 나오길 소망한다.

III 공정한 재판과 갈등 완화

1 공정한 재판은 최후의 보루이다

2025-02-23

대통령은 국가의 선장 역할을 한다. 국제 질서가 자국 이익의 극대화로 새로이 재편되는 조류를 만나 선장의 역할은 절대적이다.

지금 우리는 혼돈의 폭풍우를 만나고 있다. 이 폭풍우를 잘 뚫고 다시 순항하기 위해 국민의 마음을 모으고, 올바른 가치관과 미래지향적인 식견이 있는 지도자가 필요하다. 우리는 경제적 발전, 정치적 민주화, 문화적 융성을 이루기 위해 쉬지 않고 노력해 왔다. 세계는 유례없는 한국의 전진에 대해 부러움의 눈길을 보냈고, 한국민들에 대한 세계의 대접도 달라졌다. 대통령의 계엄과 국회의 탄핵 이후 혼란을 어떻게 수습하느냐에 따라 국제사회에서 한국의 위상이 달라질 것이다.

정치적 의견이 다른 국민들이 진영으로 나뉘어 추운 날씨에도 불구하고 거리에서 의견을 표출하면서 진영 간 갈등과 사회적 혼란이 커지고 있다. 이러한 혼란 수습을 위해 헌법재판소, 법원, 공수처, 검찰, 경찰과 같은 법 집행 및 사법 판단과 관련된 기관이 제 역할을 해야 한다. 정치적 시류에 휩쓸리지 말고 법과 원칙, 공정과 상식, 양심에 따라 판단하고 움직여야 할 것이다.

이미 일부 사법기관 종사자들은 편향된 행동으로 의구심 어린 눈초리를 받고 있다. 옳고 그름은 하나일 텐데 편이 나뉘어 내 편의 잘못에 대해서는 눈을 감고 상대편의 잘못만 들춰내서는 안 된다.

법원 내에 이념 서클 성격의 진보 성향 법관 모임이 존재한다는 사실 자체가 바람직할까? 전임 김명수 대법원장이 우리법연구회 회장을 맡은 적이 있어 동 연구회 출신이 인사상 혜택을 보았다는 소문이 나돌기도 했다.

국회에서 넘어온 탄핵 안건에 대한 헌재의 처리 순서 기준이 궁금하다. 마은혁 임명권, 권한 대행의 의결 정족수, 한덕수 권한 대행 탄핵은 어떤 논거에 의해 그 처리 순서가 정해지는가? 마은혁 임명권에 대해 헌재가 서두르다가 우왕좌왕하는 모습을 보인 것은 불필요한 오해를 낳는다. 국회에서 의결된 윤석열 대통령에 대한 탄핵안에서 뒤늦게 내란죄가 빠진 것에 대한 헌재의 입장은 무엇인가?

이진숙 방통위원장의 헌재에서의 탄핵 기각은 시사하는 바가 크다. 취임 이틀 만에 지난 8월 야당은 방통위원장을 탄핵했다. 헌재가 결론을 내리는 데 5개월이 걸렸으며, 기각과 인용이 4대4였다. 파면에는 6인 이상의 동의가 필요하기 때문에 동 건은 기각됐다.

동일 사안에 대해 헌법재판관의 성향에 따라 판단이 완전히 다르게 나왔다. 취임 이틀밖에 안 된 방통위원장을 야당이 탄핵하고, 4명의 헌법재판관이 탄핵에 찬성한 것을 어떻게 해석해야 할까? 공교롭게도 공수처장, 서울서부지법의 영장 발부 판사는 우리법연구회 출신이고, 헌재의 동 연구회나 그 후신 출신 3인은 방통위원장 탄핵에서 모두 찬성했다.

윤 대통령에 대한 구속영장 발부 이후 벌어진 서울서부지법 폭력 난입 사태는 우리 사회의 일그러진 자화상이다. 비난받아 마땅하고 엄정한 법적 책임을 물어야 한다. 이러한 일이 발생할 것으로 예상됨에도 방지하지 못한 경찰의 책임 또한 가볍지 않다. 지난해 11월 윤석열 퇴진 집회에서 발생한 경찰관 부상자 수는 100명을 넘었다. 당시 법원은 검찰이 청구한 시위 참가자 4명에 대한 구속영장을 모두 기각했다. 폭력 행사는 편에 관계없이 자제되도록 해야 한다.

국민이 사법기관의 행태에 대해 불신하게 되면 우리 사회의 방파제가 무너지는 것이나 마찬가지이다. 헌재나 법원의 재판관은 정치적 신념보다는 법리와 양심에 따라 판단해야 한다. 사법의 정치화를 경계해야 한다. 공정한 재판은 혼란에 휩싸인 우리 사회를 지킬 최후의 보루(last resort)라는 점을 명심해야 한다.

2 정치권에 역사의 교훈이 필요하다

2024-07-30

과거를 돌아보면 이승만이나 박정희가 없으면 세상이 안 돌아갈 것으로 느껴졌던 시절이 있었다. 하지만 이승만은 4·19 의거로 물러났고 박정희는 김재규의 총을 맞아 유명을 달리하게 되었다. 두 분이 대통령 자리에서 물러나도 새로운 분이 나타나 국가는 유지되고 우리 사회는 이만큼 성장하게 되었다. 역사에 가정은 없지만 만약 그때 두 분이 적당한 시점에 자발적으로 물러나 국가 원로로 남았다면 두 분은 개인적으로 훨씬 더 존경을 받았을 것이고 우리 사회가 겪었던 혼란과 사회적 비용도 줄었을 것이다.

아마도 그 당시 두 분이 사욕으로 자리를 지키려고 했다기보다는 본인이 없으면 국가가 위태로워질 것이라는 생각을 했을 수도 있다. 사욕을 채우기 위해서나 착각을 한 주변의 간신배들이 국가 발전을 위해 두 분이 필요하다고 주장하며 두 분의 눈과 귀를 어둡게 했을 수 있다.

현재 민주당은 이재명의 방탄과 지위 유지를 위해 무리하게 당규를 바꾸고 다수당의 지위를 이용하여 여당을 배제하고 독단적으로 국회 운영을 하고 있다. 더 나아가 국회 입법권과 탄핵 제도를 통해 사법부를 무력화하려는 의도도 공공연하게 내비치고 있다. 국민의 세금으로 지원하는 전통이 있는 공당이 한 개인을 위해 무리하게 개인 맞춤형으로 당규를 바꾸는 행태는 박정희의 집권 연장을 위해 유신헌법을 만들었던 행태를 연상시킨다. 민주당 당헌 25조는 당권 대권 분리를 명시하고 80조는 기소 시 직무정지 내용을 담고 있었다. 독재를 하는 사당이 아닌 민주적 정당으로 필요하다고 여겨졌기 때문에 존재했던 규정들을 이재명 대표를 위해 맞춤형으로 25조는 예외 조항을 두고 80조는 아예 삭제를 하였다. 이승만이나 박정희의 측근들이 순리를 어기며 개헌을 하고 유신헌법을 만들었던 행태를 연상시킨다.

다수당의 사당화 현상은 개별 정당의 문제를 넘어 국회 운영의 문제로 번지고 있다. 국회는 여야가 다른 의견을 타협하여 합리적 방안을 모색해 나가야 하는데, 국회의장과 법사위 운영위를 장악한 다수 야당은 마음대로 국회를 운영하며 법안을 내고 여당은 이런 국회를 보이콧하고 있다. 정상이 아니다. 국회가 사유화되어 민주주의와 삼권 분립 정신이 훼손될 우려가 있다. 검사와 판사를 탄핵을 통해 겁박하거나 마음에 안 드는 판결을 하는 판사를 처벌하는 법을 만들 생각을 내비치고 있다. 이재명 개인의 방탄을 위해 무리하게 국회 운영을 하면 국민이 국회를 탄핵해야 되는 국회 부정의 시대가 올 수도 있다.

이재명 대표의 사법 리스크로 정치권에 안개가 자욱이 덮여 있는 듯하다. 하지만 시간이 지나면 태양이 안개를 사라지게 하고 눈앞의 현상을 명확히 인식할 수 있게 되듯이 정치권에서도 이재명 대표의 사법적 판단이 이루어지면 혼돈에 빠져 있던 정치적 지형이 명확히 드러날 수 있다.

사법부가 판단을 미루지 말고 가급적 빨리 공정한 결론을 내려 줘야 한다. 이재명 대표의 혐의들이 모두 무죄로 밝혀지면 이재명 대표의 대권 가도에 파란 불이 들어오고 대선 후보로서 입지가 탄탄해질 것이다. 방탄을 위한 무리한 반헌법적 법안을 내지 않아도 될 것이다.

만약 유죄 판단이 내려지면 다른 분이 기회를 잡기 위해 경쟁하고 당심을 얻기 위해 노력할 것이다. 이승만이나 박정희가 물러나도 새로운 분이 나라를 이끌어 나가듯 이재명이 물러나도 민주당은 누군가에 의해 운영될 것이다. 지난 총선에서 당권 경쟁을 할 만한 잠재적 경쟁자를 공천 과정에서 완벽하게 배제하였다고 하여도 과언이 아니다. 하지만 과거 이승만이나 박정희 시대를 회고해 보면 새로운 분은 늘 나오기 마련이다.

현재 민주당의 국회 운영 모습을 보면 도가 넘는다는 생각이 든다. 다수당이 법치 붕괴를 주도하고 장외 투쟁을 하며 우리 사법 체계의 근간을 훼손하는 반헌법적 법안을 대놓고 발의하는 저의는 자명하다. 표적수사금지법, 수사기관무고죄, 법왜곡죄 등과 같은 법안을 내는 저의는 명확하다. 수사기관이나 사법부의 판결이 마음에 안 든다고 대놓고 국회에서 이러한 법안을 내는 이유는 자기 편을 들지 않는 판검사 괴롭힘 법이라고 할 수 있다. 7개 사건 11개 혐의로 재판

받고 있는 이 대표를 방탄하기 위한 맞춤형 법안이라고 해도 할 말이 없을 것이다.

더 많은 국민의 지지를 받은 당이라고 해서 당 대표의 방탄을 위해 상식에 어긋나는 반 헌법적 법안을 내서는 안 될 것이다. 사법부의 신속한 판단으로 정치권에 드리워진 혼돈의 안개를 걷어 내야 될 것이다.

3 국회권력에 흔들리지 않는 사법부를 기대한다

2024-04-22

선거를 통해 민의가 표출된다. 이번 총선을 통해 국민은 윤 대통령과 여권에 엄중히 경고를 했다. 여당이 개헌 저지와 거부권 행사가 가능한 108석을 얻은 것은 108 번뇌를 연상시킨다. 모든 번뇌에서 벗어나 초심으로 돌아가 오로지 국가 발전과 국민의 편안한 삶을 위해 매진하라는 국민의 매서운 질책의 의미가 담겨 있다.

중앙선거관리위원회 집계에 의하면 전국 254개 지역구의 총 투표수는 2,923만 4,129표였는데 민주당이 1,475만 8,083표, 국민의힘은 1,317만 9,769표를 얻었다. 지지 비율로는 50.5%와 45.1%로 5.4% 포인트가 나지만 지역구 의석수로는 민주당 161석 국민의힘 90석으로 민주당이 1.78배가 많다. 소선구제도 탓이다. 민의가 더 잘 반영되는 선거 제도 개편이 필요하다.

윤 대통령의 이미지가 공정에서 오만과 불통으로 바뀐 것이 선거 패배의 한 원인이 될 수 있다. 국민이 대선에서 윤석열 대통령을 선택한 것은 문재인 정부하에서 권력자에 굴하지 않고 공정한 법적 잣대를 들이대는 그 용기를 높이 샀기 때문이다.

대통령이 되고 난 뒤 미·일과의 협력 강화, 탈원전 정책의 수정, 부동산 정책의 방향 전환 등 지난 정부의 잘못된 방향을 바로잡는 데 많은 노력을 했다.

하지만 김건희 여사의 도이치 모터스 문제, 디올백 논란, 채상병 사건 수사 외압 의혹 등은 이해하기 어렵다. 야권은 여전히 국정 조사를 주장하고 있다. 검찰이 국민이 납득할 수 있는 결과를 빨리 내놓아야 된다. 채상병 수사 외압 의혹에 대해서도 공수처가 수사 결과를 빨리 내놓아야 된다. 미진하다고 판단되면 특검 추진도 필요하다.

공정은 상대방에 적용한 잣대를 자신이나 본인 가족에게도 동일하게 적용해야 이루어질 수 있다. 윤 대통령이 공정의 이미지를 되찾기 위해서는 채상병과 김건희 여사 특검법을 수사기관의 결과를 보고 전향적으로 검토해야 한다. 특검법 자체에 받아들이기 어려운 독소 조항이 포함되어 있으면 그러한 조항을 없애고 받아들이는 협상을 할 수 있을 것이다. 수사기관의 결과가 나오기 전에 특검을 추진하는 것은 국회가 검찰이나 공수처의 역할을 무력화시킬 수 있기 때문에 신중해야 된다.

또한 국민의 소리에 겸손히 귀를 기울이는 자세가 필요하다. 대통령이 더 많은 정보를 갖고 있다 해서 국민을 가르치려고 들면 불통의 이미지를 개선하기 어렵다. 의사 정원 문제는 의사들의 의견을 충분히 듣고 합리적 결과를 도출하기 위해 진지하게 설득하고 타협을 하는 과정이 필요하다. 그러한 과정을 통해 의사 정원 확대의 필요성에 관해 국민적 공감대가 형성되면 의사들도 무조건 정원 확대를 반대하기는 어려울 것이다.

조국의 내로남불은 윤석열 대통령이 집권하는 데 기여했다. 조국은 고등법원에서 유죄 판결을 받고도 출마를 하여 예상 외 돌풍을 일으켰다. 하지만 그의 범죄 혐의가 사라진 건 아니다. 자녀 입시를 위해 서류를 위조한 행위는 가벼운 범죄가 아니다. 자신의 자녀를 위해 서류 위조로 다른 사람의 기회를 뺏은 범죄는 결코 가볍지 않다. 대법에서 빠른 시간 내 결론을 내도록 해야 될 것이다.

선거에서 이겼다 해서 과거의 법적 잘못이 없어지는 것은 아니다. 이재명 더불어민주당 대표도 마찬가지이다. 대장동, 백현동 사건 등 공익을 희생해 사익을 추구한 혐의가 있는 사건을 법원에서 시간 끌기로 일관할 수는 없다.

특히 정치 지도자의 신변의 불안정성은 사회 전반을 불안정하게 한다. 법원은 신속한 사법적 판단으로 이러한 불안정 상태를 가급적 빨리 진정시켜야 된다. 다수 국회 의석을 장악한 이재명 대표와 그 우호 세력인 조국 조국혁신당 대표는 국회 권력을 이용해 자신들의 법적 판단을 미루도록 사법부를 흔들 가능성이 있다. 사법부는 국회 권력에 흔들림 없이 사법부 본연의 임무를 다해야 될 것이다. 사법부가 바로 서야 나라가 바로 설 수 있다.

4 갈등 완화를 위한 정치권의 대오각성이 필요하다

2024-09-04

유난히 무더운 여름 날씨가 국민을 지치게 만들었다. 진영 간 극심한 갈등과 일부 국회의원의 막말은 국민을 분노케 한다. 위험 수준에 도달한 것으로 보인다.

한국보건사회연구원이 최근 발표한 '사회통합 실태 조사 및 대응 방안(X)'에 따르면 응답자의 58.2%가 정치 성향이 다른 이와 연애나 결혼을 할 의향이 없고, 33.0%는 정치 성향이 다른 친구나 지인과 술자리에 참석할 의향이 없고, 71.4%는 시민단체를 같이 할 의향이 없다고 답했다.

전국경제인연합회가 개최한 심포지엄에서는 한국의 갈등 지수가 경제협력개발기구(OECD) 27개국 중 2위로 심각하고, 갈등으로 인한 경제 손실이 연 최대 246조 원에 이른다는 발표가 있었다.

더불어민주당은 채 상병 특검법, 방송 4법, 전 국민 25만 원 지원법, 노란봉투법 등 7개 법안을 여당 측 반대에도 강행 처리했다. 국민의힘은 매번 필리버스터로 맞섰지만 역부족이었다. 국회법상 필리버스터는 24시간이 지나면 재적 의원 5분의 3(180석) 이상 동의로 종료시킬 수 있다. 여당의 필리버스터는 범야권 192석의 힘에 매번 멈추어야 했고 민주당 법안은 본회의를 통과하여 대통령이 재의요구권 행사를 하도록 하였다.

노란봉투법 같은 경우에는 대통령이 재의요구권을 행사하지 않으면 산업계가 파업으로 몸살을 앓을 것이다. 야당도 이러한 상황을 모르는 바는 아닐 것이다.

국회에서 재의 요구로 폐기된 법안을 다시 상정하는 것은 기업 활동에 비유하면 불량 상품인 줄 알면서 동일 제품을 생산하는 것과 마찬가지다. 기업이 계속해서 판매할 수 없는 불량 상품을 만들면 결국 망하게 되는 것은 불문가지이다.

국제사회는 급박하게 돌아가고 있다. 우크라이나 전쟁에 더해 중동에서도 전쟁 기운이 감돌고 있다. 올해 미국 대통령 선거 이후 우리의 국제 관계 대비는 제대로 되고 있는가?

국회의원과 고위공직자의 시간 사용을 기회비용 측면에서 보면 실효성 없이 폐기될 법안을 만든다고 허비한 시간은 정작 해야 할 일을 못하게 한다. 국민에게 실질적으로 필요한 입법을 늦추어 국민 생활을 불편하게 하고 정부가 환경 변화에 제대로 대처하고 있는지를 감시하는 국정 감시 기능을 약화시킨다.

진영 간 극심한 갈등을 완화하기 위해선 정치 지도자나 사회 지도급 인사들의 노력이 필요하지만 일부 국회의원과 사회 지도급 인사의 행태는 눈살을 찌푸리게 한다.

전현희 더불어민주당 의원은 공개적인 자리에서 공무원이 유명을 달리했다 해서 국민을 대표하는 대통령과 부인을 살인자라고 모욕하고 그 장면이 방송을 통해 국민에게 전달되었다. 언어 사용에는 최소한의 금도가 있다.

더불어민주당은 스스로 국회의원의 품격을 떨어뜨리고 있지 않은지 자문해 보아야 한다. 이러한 국회의원은 당 차원이나 국회 차원에서 적절한 조치가 필요하다. 국회 스스로 금도를 넘는 의원에 대한 자정 기능이 필요하다. 국민의 심적 불쾌지수를 키우는 이러한 막말에 대해 국회의장의 입장 표명이라도 있어야 되지 않을까?

이러한 막말을 하는 배경은 첨예하게 맞서고 있는 진영 간 갈등과 무관해 보이지 않는다. 상대 진영에 대해 어떤 막말을 해도 자기 진영에서는 환영을 받고 있는 듯하기 때문이다.

독립기념관장이 새로 임명됐다. 이에 반대하는 이종찬 광복회장의 행태는 우리 사회 지도급 인사로 적절한 처신인지 의문이 간다. 광복절 행사는 국민을 단합시키는 국가적 행사다. 청문회 대상 자리도 아닌 독립기념관장 인사가 자기 마음에 들지 않는다고 해서 국가적 행사를 편 가르기 하는 행동은 바람직하지 않다. 인사 문제는 종합적 판단이 필요한 분야다. 이념의 잣대를 들이대 광복절 행사를 분열하게 하면 진영 간 갈등만 깊어진다.

광우병, 후쿠시마 괴담에 이어 독도 괴담으로 정치적 이익을 노리는 야당의 행태는 국익의 관점에서 선을 넘고 있다. 괴담을 퍼뜨려 소소한 정치적 이득을 얻을 수 있을지 모르지만 우리 사회가 치르는 비용은 너무 크다. 광우병 괴담으로 인한 사회적 혼란과 후쿠시마 괴담으로 인한 수산업계 피해를 벌써 잊었는가? 우리가 실효적 지배를 하고 있는 독도 문제를 이슈화하는 것은 바람직하지 않다.

여야 간 언어 사용에 대한 최소한의 자제가 필요하다. 상대방을 향한 언사가 거칠어지면 갈등도 깊어진다. 개인적으로 정치적 이득을 얻기 위해 거친 언행을 하고 괴담을 퍼뜨리는 정치권의 자중이 요구된다.

5 네 탓 정치보다 내 탓 정치가 필요하다

2023-09-13

무슨 일이 잘못됐을 때 원인이 내부에 존재하는데도 외부에서 찾으려고 하는 경향이 있다. 원인을 내부에서 찾으면 누군가 책임을 져야 하기 때문이다. 하지만 원인을 내부에서 찾게 되면 개선의 가능성이 생긴다.

잼버리 파행 원인을 두고 정치 세력 간에 서로 상대방 탓을 한다. 1차 책임은 잼버리를 개최한 현 정부와 실무 준비를 한 전북에 있다.

그렇다고 해서 2017년 잼버리를 유치하고 준비를 소홀히 한 지난 정부의 잘못이 가벼워지는 것은 아니다.

서로 상대방 탓을 하는 대신 파행 원인을 내부에서 찾으려고 노력하면 의외로 파행 원인이 명확하게 드러나고 우리 사회의 잘못된 시스템을 개선하는 계기가 될 수 있다.

지난해 10월 국회 국정감사에서 잼버리 주무 부처인 여성가족부는 폭염 대책을 다 세워 두었다고 했는데 어떤 대책을 세웠고 이러한 대책이 작동하지 않은 이유를 점검할 필요가 있다.

총 사업비 1,171억 원 중 11%에 불과한 129억 원이 야영장 조성비로 편성됐다. 반면 조직위 운영비로는 전체 사업비 중 74%에 달하는 869억 원이 들어갔다. 이 돈으로 전북도(55회)와 부안군(22회) 등 공무원들은 99회에 걸쳐 관련 해외 출장을 다녀온 것으로 밝혀졌다. 전북도 공무원은 2018년 5월 성공 사례를 조사한다면서 개최 경험도 없는 스위스와 이탈리아에 6박 8일간 출장을 다녀오고 부안군 공무원은 2019년 상하이로 6박 7일간 크루즈 여행을 갔다고 보도됐다. 이러한 사례가 사실이면 공무원들의 도덕적 해이가 심각하다. 전북도는 관련 공무원들의 해외 출장 경위와 출장 결과가 잼버리 개최에 어떤 도움을 주었는지 살펴볼 필요가 있다.

2017년 8월 새만금이 개최지로 선정된 지 6년이라는 시간적 여유가 있었지만 잼버리 관련 공사는 2021년 11월에야 시작되었다. 새만금은 그늘이 없는 간척지임에도 불구하고 폭염 대비책이 미흡했고 샤워장, 화장실 등 필수 기반시설이 제대로 갖춰져 있지 않았다. 잼버리 개최 장소로 적합하지 않은 새만금을 선정한 배경과 기반시설 건설을 소홀히 한 잘못도 따져 볼 필요가 있다.

잼버리를 유치한 지난 정권과 개최한 현 정권은 행사의 출발과 마무리 과정 모두 책임에서 자유로울 수가 없다.

여야 간 극단적 대립 구조와 네 탓으로 일관하는 정치 풍토가 새만금 사태의 밑바닥에 깔려 있다. 공무원들은 사명감을 갖고 일하기보다는 도덕적 해이를 보이고 있다.

세계적으로 정치 양극화에 의한 국민 분열 현상이 심각하다. 미국은 조 바이든 대통령 살해를 시사한 도널드 트럼프 전 대통령 지지자가 FBI와 대치한 끝에 사살되는 일까지 벌어졌다. 다행히 우리나라는 총기 소지가 허용되지 않아 이런 비극은 발생하지 않지만 정신적 내전이란 말이 나올 정도로 진영 간 갈등이 심각하다.

정치 지도자들의 책무는 이러한 갈등을 완화하여 국민의 에너지를 모으고 선의의 정책 경쟁을 통하여 국가 발전에 기여하도록 노력하는 것이다.

문재인 전 대통령은 페이스북에 "사람의 준비가 부족하니 하늘도 돕지 않았다"고 썼다. 여기서 준비 부족은 내 탓을 하자면 지난 정부의 준비 부족이고 네 탓을 한다면 개최한 현 정부의 준비 부족이 된다.

문 대통령의 속내는 알 수 없으나 전임 대통령의 내 탓 정신은 대립의 정도가 도를 넘고 있는 정치 세력 간 갈등 완화에 일조를 할 수 있을 것이다.

향후 현 정부하에서 일어나 잘못된 일의 원인을 네 탓으로 돌리지 말고 내부에서 원인을 찾고 개선하려고 노력해야 국민의 지지를 받을 것이다. 내 탓 정치는 상대 진영의 신뢰성을 얻어 쓸데없는 정쟁을 줄이고 사회적 갈등 완화에도 기여할 것이다.

6 선동정치보다 과학정치가 필요하다

2023-08-04

우크라이나 전쟁이 500일을 넘었지만 끝날 기미가 보이지 않고 있다. 미국과 중국 간 경제적·군사적 갈등도 현재 진행형이다. 북한은 미사일 도발을 계속하고 있다. 대외 환경의 불확실성이 고조되는 상황에서 대한민국호의 운전대를 잡고 있는 여야 정치인들은 미래에 대한 비선과 정책 방향을 제시해야 한다.

7월 12일 한국은행에 따르면 지난해 한국 경제 규모는 1조 6,733억 달러로 잠정 집계됐다. 한국은 세계 10위에서 러시아, 호주, 브라질에 밀려 세계 13위로 순위가 하락했다. 원화 표시 GDP는 늘었지만 원화 가치가 12.9%나 하락하면서 달러 표시 GDP가 7.9% 감소했다. 국제통화기금(IMF)은 올해 한국 경제 성장률을 1.5%로 전망한다. 세계 경제 성장 전망치인 2.8%에 비하면 거의 절반 수준이다.

한국은 자원이 부족하지만 국민들이 열심히 일하고 기술 개발과 과감한 투자를 통해 세계 10위의 경제적 성취를 이루어 냈다. 세계에 자랑할 만한 일이다.

최근 국내 진영 간 갈등과 대립은 한국의 미래를 어둡게 한다. 정치계는 대립하는 이해관계와 갈등을 조정하고 국민에게 미래의 비전과 희망을 제시해야 한다.

후쿠시마 원전 오염수가 방류되기도 전에 횟집이 타격을 받고 천일염 사재기 소동이 일어났다. 국민들에게 막연한 불안 심리가 존재하기 때문일 것이다. 이러한 국민의 마음을 다독여 피해를 최소화하도록 정치권이 노력해야 한다.

하지만 최근 정치권이 오히려 갈등을 부추기고 있는 듯하다. 후쿠시마 오염수 방류 문제나 서울~양평 고속도로 사업도 국민 편익 증진이라는 관점보다는 상대방을 흠집 내어 정치적 이득 챙기기에 몰두하는 모습이다.

오염수는 방류해서는 안 된다. 하지만 정화 과정을 거쳐 국제적으로 인정되는 기준을 충족하면 더 이상 오염수라고 부를 근거가 없어진다. 대부분의 나라는 다양한 형태의 오폐수를 정화해서 바다로 방출한다. 바다로 방출할 때 국제적 기준에 맞게 정화해서 방출하는지를 검증할 시스템이 필요하다.

후쿠시마 오염수는 국제적 주목을 받고 있기 때문에 이러한 기준을 더 확실하게 지킬 가능성이 크다. 우리가 해야 할 일은 후쿠시마 오염수 방류 시 더 이상 오염수가 아닌 상태로 방류하는지를 점검해야 한다. 만약 방류 시 오염 기준치를 넘어서면 단호한 조치가 필요하다. 국제 과학계가 정한 기준치를 불신하는 것은 어리석은 일이다.

양평 고속도로 역시 대안들을 비교해 어느 안이 비용 대비 국민 편익을 증진시킬 것인지 판단하면 되는 일이다. 유력한 인사 땅이 근방에 있어 제일 좋은 안을 오해받기 싫어 포기하는 것은 공무원의 직무 유기다. 다만 사전 정보를 입수해 근방에 땅을 샀거나 정치적 권력을 이용하여 자기 땅에 유리하게 설계를 하도록 한 사실이 있다면 법에 따라 합당한 처벌을 하면 될 것이다.

정치권이 해야 할 일은 국민 선동이 아니라 과학적 접근으로 국민의 의구심을 해소하고 불안 심리를 다독이는 것이다.

2008년 광우병 사태 당시 많은 국민이 미국산 소고기 먹으면 뇌에 구멍이 생기는 것으로 오해를 했다. 정치가 선동해 국민들의 이성적 판단을 흐리게 만든 결과였다. 당시 한·미 FTA 범국민운동본부 정책팀장을 지낸 민경우 대안연대 대표는 광우병에 대해 과학적 측면에서 내부 논의를 한 적이 없다고 밝혔다. 선동을 위해서는 과학적 접근보다 '뇌송송 구멍탁' 같은 감성적 접근이 필요할지 모른다. 광우병 사태를 주도한 세력들이 후쿠시마 오염수 사태에도 대거 참여하고 있다고 언론에 보도돼 우려스러운 측면이 있다.

후쿠시마 오염수는 일본이나 일본 해류가 우리보다 먼저 도달하는 미국보다 한국에 더 문제가 생길까? 정치가 해야 할 일은 선동을 통해 국민 불안을 조장하기보다는 과학적 접근을 통해 국민을 안심시키는 일이다.

세계 10위 경제 규모를 회복하기 위해 정치권이 합심해서 노력해야 한다. 저출산·고령화 극복 방안을 제시하고 기술 개발과 투자 촉진 방안 마련을 위해 여야가 머리를 맞대어야 한다.

노란봉투법과 같은 파업을 조장하는 법을 만들기보다는 세계 경쟁에서 뒤처지지 않기 위한 방안을 제시해야 한다. 말로만 하는 규제개혁이 아니라 피부에 와 닿는 규제 개혁 방안을 만들어야 한다. 노동 개혁으로 생산성 향상을 추구해야 한다.

합리적인 사회에서는 선동 정치는 과학 정치를 이기지 못한다. 과학을 무시하는 대가는 국민에게 돌아온다. 선동 정치보다 과학 정치가 필요하다.

7 지금 정쟁을 할 때인가?

2022-10-24

경제 상황과 국제 정세가 심상치 않다. 금리, 환율, 물가는 고공행진을 하고 외환보유액은 줄어든다. 주가와 부동산 가격은 크게 하락하여 개미 투자자들을 잠 못 이루게 한다. 먹구름이 잔뜩 낀 폭풍우가 우리 경제에 몰려오는 모습이다.

미국과 중국의 갈등은 커지고 중국에 대한 첨단 반도체 기술 이전 금지 조치는 중국에 반도체 공장이 있는 삼성전자와 SK하이닉스를 곤혹스럽게 한다. 미국 인플레이션 감축법으로 한국산 전기차의 보조금 수혜가 배제되어 미국 판매가 하락하고 있다.

러시아와 우크라이나 전쟁 장기화는 러시아 핵무기 사용을 우려해야 하는 상황으로 빠져들고 있다. 이러한 와중에 북한은 연일 미사일을 쏘아 대고 핵무기 보유국인 양 행세를 하고 있다.

이러한 엄중한 시기에 난국을 극복하기 위해 여야가 머리를 맞대 지혜를 모으고 정치권은 국민의 마음을 뭉치게 해야 한다. 하지만 새 정부 출범 후 첫 국정 감사장 모습은 민생과 국가의 앞날에 대한 진지한 논의는 뒷전이고 지난 정부의 핵심 실세들이 연루된 공무원의 서해 피살 사건, 귀순 어민의 강제 북송 문제 등 민생과 무관한 문제에 매몰된 모습이다. 이러한 문제는 그냥 덮고 갈 수는 없기 때문에 관련 당국들이 사실을 신속하고 정확하게 파악하여 국민에게 사실을 알리고 위법을 한 사실이 있으면 법에 따라 처리하면 된다.

국정 감사장에서 이러한 문제가 핵심 논의 대상이 되는 이유는 무엇일까? 감사원이 사실 관계 파악을 위해 서면 질의서를 보내는 것 자체를 무례하다고 생각하는 전임 대통령의 인식은 과거 대통령에 대한 조사 사례들을 보면 논란거리가 될 수 있다.

더불어민주당은 조사 자체를 정치 탄압이라고 주장한다. 이명박 대통령은 동일 사안에 대해 여러 차례 조사를 받고 결국 구속되었고 박근혜 대통령은 현역 시절에도 측근과 관계에 대해 조사를 받고 잘못된 행위로 판정을 받아 탄핵을 당하고 구속되었다. 구속된 두 대통령은 정치 탄압을 받은 것일까?

감사원은 감사 대상에 대해 성역 없이 잘잘못을 밝혀 낼 의무가 있는 독립된 정부 기관이다. 전임 대통령이라고 해서 조사를 받지 않겠다고 하는 것이 올바른 처사일까? 대면 조사도 아니고 질문지 수령을 거부함으로써 감사원의 사실 관계 파악을 어렵게 하였다.

어떤 의혹이 있으면 고위 공직을 지낸 분들은 자발적으로 조사에 적극 협조해서 결백을 밝혀내도록 하는 것이 바람직한 자세가 아닐까?

노무현 대통령은 검찰 조사를 앞두고 스스로 생을 마감하였다. 이명박·박근혜 대통령은 검찰 조사를 받고 수감 생활도 오래하였다. 문재인 대통령은 감사원의 서면 조사를 무례하다고 생각한다. 현실에 바탕을 두고 악법도 법이라는 인식하에 지도자로서 법을 따를 수밖에 없다는 보수권의 대통령과 불리한 법 집행을 정치 보복으로 인식하여 법 적용의 원천 배제를 지향하는 진보권 대통령의 처신이 대비된다.

지난 정부에서 적폐 청산으로 많은 분들이 고초를 겪었고 목숨을 내놓는 경우도 있었다. 지금 이미 제기된 의혹들에 대해 어떻게 할 것인가? 서해 피살 사건, 강제 북송 조치, 태양광 비리, 대장동·백현동 사건 등은 정치적으로도 민감한 사안이면서 법적으로도 문제가 제기되고 있다.

지난 정부에서 적폐 청산을 한다고 일부 보수권 인사들에 대해 모질게 한 측면이 있었다. 정권이 바뀌면 진영 간에 쌓인 앙금을 어떤 식으로 해소하는 것이 바람직할까? 법적인 핍박의 극복을 바탕으로 대통령 자리에 오른 윤석열 대통령의 솔로몬의 지혜가 필요하다. 진실은 밝히되 법이 허용하는 범위 내에서 관대하게 처리하도록 하면 어떨까?

정치적으로 지지자들의 보복 심리를 채워주면서 지지 세력을 공고히 할 수 있지만 대통령은 본인을 지지하지 않는 국민도 대표하는 국가의 수반이다. 또한 원칙을 지키면서 사회 통합을 이끌어 나가고 국민들의 삶을 더 나은 방향으로 이끌어 갈 책무가 있다. 거대 야당은 사사건건 발목을 잡는 것 같지만 더 잘하라는 질책으로 받아들이면 된다.

새 정부가 들어선 이후 이런저런 논란들이 있었지만 큰 방향에서 바르게 나아가고 있는 것으로 보인다. 경제, 외교, 국방의 큰 방향에 있어서 정책 전환이 이루어지고 있다. 소득주도성장, 부동산 중과, 탈원전, 대북 유화, 대일 강경 등 이전 정부 정책이 기업주도성장, 부동산 감세, 친원전, 대북 강경, 대일 유화 정책 방향으로 나아가고 있다. 북한의 핵 위협을 어떻게 극복할 것인가에 대한 국민적 공감대 형성이 필요하다.

지난 정부는 정책의 실질적 효과보다는 지지층의 지지 여부에 무게를 두고 정책을 추진한 측면이 있었다. 정책의 효과에 관해 객관적 연구 결과를 바탕으로 정책을 추진할 필요가 있다.

예를 들어 소득주도성장에서 기업주도성장으로 나아가기 위한 법인세 감세 정책이 필요하다. 야권은 부자 감세 정책이라고 반대하지만 그 효과에 관해 야권을 설득할 수 있는 KDI의 연구보고서 '법인세 세율 체계 개편에 대한 평가와 향후 정책 과제'가 나왔다. KDI는 법인세 감면의 혜택이 많은 국민들에게 돌아간다고 분석했다. 정책 연구기관의 객관적 연구는 정책 방향을 결정하는 나침반 역할을 한다.

진영의 주장보다는 전문가의 의견과 연구기관의 객관적 연구 결과를 바탕으로 정책을 수립하고 추진하면 정책 실패로 인한 사회적 비용을 줄일 수 있을 것이다.

야권에서 주장하는 기본 소득 정책에 대해서도 심도 있는 분석이 필요하다. 필요 재원 규모, 외국 사례, 효과, 재정 건전성에 마치는 영향 등 정책의 집행을 위해서는 다각도의 연구가 필요할 것이다.

국가적으로 중요한 정책은 여야가 공감할 수 있는 연구 결과를 바탕으로 추진해야 된다. 어설픈 진영 논리로 국가의 중요 정책을 수립하면 지난 정부에서 경험하였듯이 사회적 비용이 너무 크게 발생한다.

지금은 소소한 정치적 이득을 위해 정쟁을 하기에는 국내외 여건이 너무 엄중하다. 여야가 난국을 극복하기 위해 치열하게 고민하고 국민의 마음을 모아 세계에 한국인의 저력을 다시 보여주어야 할 때다.

8 갈등을 풀며 미래로 나아가자

2021-12-24

2021년은 코로나19로 우왕좌왕하다가 눈 깜짝할 사이에 흘러간 느낌이다. 2022년에도 코로나19가 완전히 물러간다는 희망이 크게 보이지 않는다. 중소 자영업자의 비명은 높아가고 방역과 의료 체계는 제대로 작동한다고 보기 어렵다. 정부의 대처는 여러 면에서 허둥지둥하고 있는 것처럼 보인다.

이러한 국가적 재난 앞에 희망이 없는 것은 아니다. 국민이 마음을 모아 위기를 극복하는 DNA가 우리에게 존재하기 때문이다. 국제통화기금(IMF) 금융위기 시 국난을 극복하는 데 일조했던 금 모으기 정신이 다시 필요한 시기다. 새로운 정부가 탄생하는 내년에는 국민이 화합하고 상대편을 포용하며 긍정의 에너지를 모아 희망을 품고 미래로 나아가길 기대한다.

현 정부가 추진한 적폐청산, 부동산 중과와 정책의 결과로 나타난 국가 부채의 급격한 증가는 결과적으로 진영, 계층, 세대 간의 갈등을 심화시켰다. 새로운 정부가 들어서는 2022년에는 이러한 갈등이 완화되길 기대한다.

2021년 2명의 전직 대통령이 세상을 떠났다. 2022년 3월에는 새로운 대통령이 선출될 것이다. 세상을 떠난 2명의 전직 대통령의 공과는 역사가 판단하겠지만 전두환 시대의 경제적 성장과 노태우 시대의 북방 정책으로 인한 외교적 성과는 우리나라가 번영하는 데 기여했다. 영어의 몸인 두 분의 전직 대통령도 풀려나 국민 화합에 기여하길 기대해 본다.

고(故) 전두환 전 대통령이 경제적 성과를 이룰 수 있었던 것은 경제 전문가인 김재익 경제수석을 발탁하고 경제에 관련된 전권을 주었기 때문에 가능한 일이었다. 대통령의 보호막 아래 금리, 환율, 물가를 안정적으로 관리해 단군 이래 최대 호황이라는 경제적 안정 시기를 이뤄낼 수 있었다. 김재익 전 경제수석은 정통성이 부족한 전두환 정부의 참여에 대한 가족 일부의 반대에도 애국 애민 정신으로 국가와 국민을 위해 헌신했다.

인재를 찾아 기용하고 제대로 역할을 할 수 있도록 보호막이 되는 것은 지도자의 큰 덕목이다. 2022년 선출되는 대통령은 각 분야의 인재를 중용하고 이들이 제 역할을 할 수 있도록 보호막 역할을 하길 기대한다.

현 정부의 실정으로 꼽히는 부동산 관련 정책도 따지고 보면 인사 실패라고 할 수 있다. 국토교통부와 기획재정부는 부동산 관련 주요 부서다. 전문성이 결여된 정치가와 소신이 부족한 공무원이 양 부서를 맡아 전문가의 의견을 따라 제대로 정책을 설계하고 집행하는 데 실패했다. 청와대에서는 노무현 정부 때 실패한 부동산 정책을 설계한 분이 유사한 기조의 정책을 펼치고 핵심 관계자가 관련 정보를 이용해 개인의 전세 거래에 활용하는 도덕적 해이 현상까지 나타났다.

다음 정부에서는 진영이나 편과 관계없이 김재익 전 경제수석과 같이 유능하고 애국심으로 무장한 전문가가 역할을 할 수 있게 되길 기대해 본다. 김대중 정부는 비서실장을 비롯한 핵심 요직에 반대편의 인사를 기용했다. 국민 화합에도 기여하고 인재 풀을 넓게 쓸 수 있는 장점이 있었다.

현 정부가 인재 풀을 넓게 쓰지 못하는 이유는 자기 편과 진영 위주의 인사를 해온 데 주요 원인이 있다고 생각한다. 또한 적폐 청산과도 무관하지 않다. 유능한 인사라도 이전 정부에서 일하면 적폐의 대상이 될 수도 있기 때문이다. 적폐의 기준을 현 정부가 정하면 이전 정부의 공직자는 적폐의 대상이 될 가능성이 커진다. 정부의 성과는 유능한 인물을 적재적소에 배치하고 역할을 제대로 할 수 있는 여건을 마련해줄 때 얻을 수 있다. 현 정부의 성과로 내세울 수 있는 게 무엇인지 궁금하다.

우리나라는 1960년대 초 국민소득 100달러 정도의 최빈국에서 현재 3만 달러를 넘어 4만 달러로 나아가고 있다. 산업화와 민주화의 과정에서 우여곡절은 있었지만 지도자를 잘 만나 오늘의 번영을 누리게 됐다.

현 정부에서 추진된 소득주도성장, 탈원전, 부동산 중과, 적폐청산은 추진 의도와 다른 결과를 나타냈고 국민 분열을 일으켰다. 정책 설계 시 정책의 목표를 분명히 하고 긍정적인 효과뿐만 아니라 발생 가능한 부작용까지 종합적으로 고려하는 지혜가 필요하다. 현 정부에서는 정책 설계와 집행 시 선한 의도이면 부작용은 간과해도 좋은 것처럼 행동하는 경향이 있었다. 지금 정부는 국내외적으로 비판이 있고 북핵이 존재하는 상태에서 미군 철수의 명분을 줄 수 있는 종전 선언과 같은 논란이 많은 일에 매달리기보다는 공정한 선거 관리와 코로나19 대응에 힘을 집중해야 한다.

다음 정부에서는 청년들에게 꿈과 희망을 주는 기업주도성장, 기후변화 대응을 위한 원전 기술의 발전, 부담 가능하고 합리적인 부동산 세제 개선과 공급 확대 정책을 통한 부동산 가격 안정, 국민 화합 추진과 같은 현 정부와 차별화된 정책 추진이 필요하다. 특히 작은 정부를 지향해 규제 개혁과 민간의 혁신성 및 창의력 증대가 필요하다.

2022년 새 정부는 국민에게 희망 고문이 아닌 희망을 주길 기대한다. 후보들의 자질과 공약을 잘 판단해 국민 화합을 추구하고 미래에 꿈과 희망을 줄 수 있는 지도자를 뽑는 것은 국민의 몫이다.

IV 난제 해결

1 균형과 합의가 난제 해결의 열쇠다

2024-10-22

투자의 세계에서 가격은 미래를 바라보는 시각이 정반대로 다른 매수와 매도 세력이 존재하기 때문에 형성된다. 정반대 세력의 균형점을 기준으로 환경 변화에 따라 새로운 매수와 매도 세력이 출현하여 새로운 가격 형성을 반복한다.

투자의 세계에서는 의견이 180도로 상반돼도 상대 세력을 적대시하지 않는다. 의견이 다른 상대방이 존재하지 않으면 가격 형성이 안 된다.

반대편이 없으면 스스로도 존재할 수 없다. 어두움이 없으면 밝음의 의미는 없어진다. 못하는 사람이 있어야 잘하는 사람이 존재할 수 있다. 야당이 없으면 여당이 존재할 수 없는 이치와도 동일하다. 상반된 세력은 공생을 위해 필요하고 존중할 대상이지 미워할 대상은 아니다.

상반된 세력이 합의를 하는 것은 가격의 문제로 귀결된다. 매수자와 매도자를 모두 만족시켜 합의를 할 수 있는 가격은 시장에서 결정된다.

개혁에 있어 의견이 상반된 세력의 균형점을 찾는 노력이 필요하다. 투자처럼 시장에서 시시각각 새로운 균형 가격이 형성되면 간단하다. 하지만 개혁 이슈에 있어서는 이러한 시장이 존재하지 않는다.

국민은 새로운 정부를 선출할 때 사회적으로 합의하기 어려운 난제들에 최적의 균형 가격을 찾는다. 최대 다수의 국민이 편안한 삶을 누릴 수 있도록 가격 결정의 권한을 시장 대신 정부에 위임했다.

국민은 정부가 최적 가격을 찾기 위해 어떠한 노력을 하고 있는지, 정부가 정한 가격이 최적 가격인지를 늘 지켜 보고 있다. 노력을 게을리하면 선거를 통해 더 잘할 수 있는 정치 세력에게 그 역할을 맡긴다.

정부는 미래 필수 의료 수요 증대를 고려해 매년 2,000명 증원이 합리적인 균형점이라고 판단했다. 의료계는 오랫동안 의사 증원이 이루어지지 않아 공급 희소성의 바탕 위에 독점적 지위까지 이용해 의료 서비스 가격 결정에 유리한 위치를 유지해 왔다.

대다수 국민은 의사가 많아지면 더 나은 서비스를 받을 수 있다. 의사 입장에서는 의사 수가 늘어나면 독점적 지위를 누릴 수 없어 반발하게 된다.

모든 개혁에는 유사한 문제가 따른다. 새 균형점을 찾아가는 데에는 손해보는 세력의 반발이 따를 수밖에 없다. 개혁에 저항하는 세력을 잘 설득해 동참할 수 있게 하느냐가 개혁 성공의 관건이다.

의료 개혁 역시 의료계가 개혁의 필요성에 동의하고 증원 규모와 로드맵을 국민 의료 서비스 향상 측면에서 보는 것이 문제다. 정부와 의료계가 허심탄회하게 논의해야 꼬인 매듭을 푸는 단초를 마련할 수 있다.

주식시장에서 기업이 망하는 경우를 제외하면 항상 새로운 가격이 정해진다. 골짜기의 깊이나 산봉우리의 높이에도 한계가 있다.

단칼에 개혁을 이루겠다는 것은 개혁 대상의 극심한 반발을 불러일으켜 개혁으로 인한 국민 편익보다 사회적 비용이 더 크게 발생할 수도 있다.

개혁 대상의 반발을 완화하면서 개혁을 실행해 나갈 수 있는 방향은 단칼 개혁보다는 점진적 개혁이 더 나아 보인다. 개혁을 추진하는 현 정부의 입장에서 단칼 개혁이 시원해 보이지만 개혁 대상이 되는 상대방도 국민의 일부라는 점을 늘 염두에 두어야 한다.

예를 들어 의사 증원이 2,000명 필요하면 한번에 늘리는 것이 아니라 매년 200명씩 10년에 걸쳐 늘리는 로드맵을 짜야 한다. 정권이 바뀌어 그 로드맵이 바뀐다면 그것은 차기 정부의 몫이다.

의료 개혁뿐만 아니라 노동, 교육, 연금 등 다른 개혁 분야에서도 개혁으로 인한 국민 편익과 이를 실행하기 위한 사회적 비용을 보다 정교하게 계산하여 실질적 개혁이 이루어질 수 있도록 해야 된다. 일회성 개혁이 아닌 지속적 개혁이 필요하다.

2 난세 생존법

2024-06-04

가히 난세라 할 만하다. 소위 여의도 대통령 이재명 더불어민주당 대표가 나라의 미래와 국민의 편안한 삶을 위해 현 정부에 협력할 가능성은 크지 않다. 정부와 거대 야당이 다투는 사이 대한민국호가 궤도를 이탈할 가능성도 있다. 거대 야당이 전 국민에게 25만 원을 뿌리고 사법 체계를 무시하는 특검 관철을 위해 몰두하는 사이 대한민국호는 어디로 흘러갈지 우려된다.

대한민국호의 선장인 윤석열 대통령은 범죄 혐의로 사법 당국의 재판을 받고 있는 이재명 대표를 마지못해 국정 파트너로 대우하고 있는 모양새다. 정치권이 사회적 문제 해결을 위해 서로 다른 국민들의 의견을 통합하고 조정하기보다 팬덤 지지층에 휘둘려 갈등을 확대재생산하고 있다. 다수 야당이 단독으로 각종 안건의 국회 통과를 강행하고 대통령이 거부권을 행사하는 행태는 바람직하지 않다.

사회적으로 문제가 있는 이슈들을 진지하게 해결하기보다는 정치적 이해득실을 따지고 있다. 현 대통령이 일을 잘 하면 누가 득을 볼 것인가. 대통령이 속한 정당의 차기 대통령 후보가 득을 보게 된다. 일을 잘 못하면 반대당 후보가 득을 본다. 현재 거대 야당 대표가 차기 대선 후보가 될 가능성이 큰 상황에서 야당이 현 정부가 성공하도록 협치할 가능성이 낮을 수밖에 없다.

향후 상황은 예측하기 쉽지 않다. 이재명 대표의 사법 리스크에 대한 법원 판결에 따라 정치 지형이 크게 바뀔 것이다. 사법부는 정치로부터 독립해서 공정한 판결로 사회 정의를 실현해야 한다.

젊은이들은 결혼을 기피하고 결혼 후에도 애를 낳으려고 하지 않는다. 인구가 지속적으로 감소하면 국가 존립이 어려운 날이 올 것이다. 어찌 보면 국가가 국민을 보살피기보다는 국민 스스로가 각자도생을 위해 노력을 하지 않을 수 없는 시대가 왔다.

언젠가 부자가 될 수 있다는 경제적 자신감만 생기더라도 훨씬 더 나은 사회가 될 것이다. 오마하의 현인이라 불리는 워런 버핏은 매년 5월 오마하에서 본인의 투자회사인 버크셔 해서웨이 투자회사의 주총을 개최한다. 올 주총에는 전 세계에서 3만여 명이 참석하여 워런 버핏의 연설을 들었다.

한국에서도 워런 버핏과 같은 인물이 나와 매년 투자 축제를 열고 국민에게 꿈과 희망을 줄 날이 오기를 기대한다. 한국 시장에서의 투자 10계명을 제시해본다.

가장 먼저 해야 할 것은 좋은 종목을 싸게 사는 것이다. 좋은 종목은 실적이 양호하고 향후 비전과 전망이 밝은 종목이다. 6개월 정도의 주가 흐름을 최소한 체크하고 나름대로 싼 기준을 정한다.

산 가격보다 비싸게 팔아야 한다는 것도 원칙 중 하나로 삼아야 한다. 어느 정도 비싸게 팔지는 투자자 성향에 따라 다르다. 한국 시장은 변동성이 크기 때문에 단기 투자도 고려해 볼만하다. 세 번째는 매매 시 분할 매수나 매도해야 한다는 점이다. 매수 후 가격이 더 하락하거나 매도 후 가격이 더 상승할 경우를 염두에 두고 매매한다.

포트폴리오를 구성하여 투자해야 한다. 한 종목에 소위 몰빵 투자를 하는 행태의 투자는 위험하다. 업종별로 여러 종목에 분산 투자를 하는 것이 위험을 줄일 수 있다. 종목당 최대 투자 금액을 정하는 것이 좋다. 예를 들어 1억을 투자하는 경우 5~6개 종목에 투자하고 종목당 최대 투자 금액을 3,000만 원으로 미리 정한다.

레버리지 투자는 가급적 삼가야 한다. 증권회사의 단기 차입 투자는 가급적 삼간다. 돈을 빌려서 투자하는 경우 이자 비용보다 확실하게 더 수익이 나는 경우를 제외하고는 남의 돈으로 투자하지 않는 것이 좋다. 증권 시장에서 확실한 것은 극히 드물다. 여유자금으로 투자하는 것이 좋다.

투자자 본인의 실적을 점검하는 것도 성공적인 투자의 지름길이 된다. 주, 월, 분기, 연간 단위로 투자 실적을 지속적으로 점검한다. 평균 수익률이 지속적으로 은행 이자보다 높게 나오지 않으면 은행에 저금하는 것이 낫다. 배당과 이자 소득세도 고려한다.

고통스러운 투자 대신 즐기는 투자를 하자. 투자는 씨 뿌려서 수

확하는 것과 같다. 좋은 씨를 뿌리고 수확을 느긋하게 즐기도록 한다. 급하게 투자하고 단기간 초조하게 결과를 기다리는 투자 행태를 지양한다.

남의 말을 듣고 투자해도 결과는 오롯이 본인이 책임을 진다. 스스로가 확신 없이 투자해서는 안 된다. 시장 안정을 위하여 당국에서 증시 안정기금 설정 얘기가 나오거나 언론에 시장 폭락 기사로 도배될 경우 매수를 고려해야 한다. 마지막으로는 시장이 잔치 분위기라면 매도해야 한다는 점이다. 지금 우리 증시는 어떠한가?

3 가짜 뉴스와 작전 세력을 도태시키려면

2023-06-09

가짜 뉴스가 판을 친다. 그 이유는 가짜 뉴스 생산의 이득이 비용보다 크기 때문이다. 청담동 술자리 가짜뉴스로 소동을 일으킨 정치권 인사들은 후원금을 챙기고 퍼뜨린 사람들은 슈퍼챗으로 두둑한 돈까지 챙겼다고 한다. 진원지라 할 수 있는 김의겸 의원은 소란을 일으킨 데 대한 사과보다는 향후에도 유사한 일을 할 것이라고 대놓고 말을 한다.

증권시장에서는 작전 세력이 판을 친다. 작전은 시장 감시시스템의 감시망을 피해 진화한다. 작전의 이득과 비용을 비교하였을 적에 이득이 비용보다 크면 작전을 할 유인이 생긴다.

소시에테제네랄(SG) 증권발 장기 작전으로 11만 원이던 삼천리 주가는 1년 만에 50만 원을 넘어서고, 1만 원도 안되던 대성홀딩스 주가는 3년 만에 13만 원대로 올랐다. 시장 흐름이나 기업의 성장 가능성과 무관하게 유동 물량이 적은 주식을 인위적으로 끌어 올렸을 가능성이 크다. 작전을 통해 일반투자자는 피해를 보고 작전 세력은 이득을 본다. 증권 시장의 건전한 발전과 일반투자자 보호를 위해 주가조작은 반드시 근절돼야 한다.

가짜 뉴스 생산과 증권 시장에서의 작전이 행해지는 유인 구조는 비슷하다. 가짜 뉴스 생산의 이득이 비용보다 크면 가짜 뉴스를 생산할 유인이 생긴다. 증권시장에서 작전의 이득이 비용보다 크면 작전을 행할 유인이 생기는 것과 마찬가지다.

우리 사회의 관대한 문화로 인해 거짓에 대해 분노하기보다는 감싸주려는 경향이 있는 듯하다. 광우병 파동으로 엄청난 사회적 비용을 지불했지만 정작 광우병 가짜 뉴스로 혼란을 일으킨 당사자들에게 부과한 비용은 무엇인가?

미국의 경우 2020년 대선에서 개표 조작 주장을 수차례 보도한 폭스 뉴스가 투개표기 제조업체에 7억 8,750만 달러(약 1조 400억 원)를 배상하기로 합의했다고 한다. 언론 출판의 자유를 규정한 수정헌법 1조를 절대 가치로 여기며 표현의 자유를 폭넓게 인정하는 미국에서 이러한 거액의 배상 조치가 나온 것은 가짜 뉴스의 사회적 해악이 그만큼 크다는 반증일 수 있다.

악의성을 띤 가짜 뉴스는 국민을 분열시키고 사회를 혼란과 갈등에 빠뜨린다. 팬덤 정치와 결합해 확증 편향을 증폭시키고 증오와 공격성을 강화해 국가 질서를 흔들며 자유 민주주의를 위협한다. 사회의 건전한 발전을 위해서는 악의적 가짜 뉴스에 대하여 엄격한 책임을 물어야 한다.

경찰이 김건희 여사와 관련해 허위 사실을 유포한 혐의로 민주당

우상호 의원과 장경태 의원을 검찰에 송치했다고 4월 24일 밝혔다. 장 의원은 빈곤 포르노 의혹을 제기했다가 고발을 당했다.

국회의원은 회기 중 불체포 특권이 있어 웬만한 잘못을 해도 체포당하지 않는다. 가짜 뉴스 생산으로 인한 정치적 이득이 크고 가짜 뉴스 생산에 대한 비용이 적으면 가짜 뉴스를 생산할 유인이 생긴다.

미국에서 엄청난 배상금을 폭스 뉴스가 지불하도록 한 것은 가짜 뉴스의 비용을 크게 해서 가짜 뉴스 생산의 유인을 줄이고자 한 것이다. 향후 가짜 뉴스 생산으로 인한 사회적 비용을 경감시키기 위해서 가짜 뉴스의 생산으로 이득을 보는 구조는 개선되어야 한다. 가짜 뉴스의 생산으로 이득을 본 사람들에 대해 이득을 넘어서는 비용을 지불하도록 해야 된다.

대표적 가짜 뉴스는 광우병 괴담, 세월호 잠수함 충돌설, 청담동 야간 술자리, 천공의 국방부 방문, 김건희 여사의 빈곤 포르노, 김남국의 코인 문제 한동훈 작품설 등 대부분 정치적으로 민감한 사안들이다. 이러한 가짜 뉴스의 진원지로는 광우병은 MBC가 관련되어 있고 다른 가짜 뉴스에 민주당 국회의원들이 연루돼 있다.

공영 방송의 힘과 국회의원의 면책특권 뒤에 숨어 가짜 뉴스로 이득을 취하려는 데 있어 미국의 폭스 뉴스 사례와 마찬가지로 우리도 가짜 뉴스 생산의 이득보다 더 큰 비용을 부과하는 것을 진지하게 고려해야 된다.

미국은 나스닥 증권거래소 위원장을 지낸 펀드 매니저 버나드 메이도프가 증권시장에서 폰지 사기를 저질러 650억 달러에 달하는 피해액을 발생시킨 것에 대해 2008년 체포하여 150년 형을 선고하였다. 증권사기에 대하여 징벌적 비용을 부과함으로써 향후 유사한 사기의 재발을 방지하기 위해서이다.

향후 가짜 뉴스를 근절하고 작전 세력이 발을 못 붙이게 하려면 가짜 뉴스 생산이나 작전으로 얻은 편익에 대해 더 높은 비용을 부과하도록 해야 된다. 가짜 뉴스의 생산과 작전 거래에 대한 비용이 낮으면 가짜 뉴스가 판을 치고 작전 세력이 활개를 치게 된다. 건전한 사회 발전을 위해서는 진영을 떠나 가짜 뉴스 생산의 잘못에 대한 합당한 벌칙을 부과해야 된다. 또한 작전 세력에 대해서는 징벌적 비용을 부담시켜 건전한 증권시장을 만들고 투자자 보호에 만전을 기해야 될 것이다.

4 한일 관계 어떻게 할 것인가?

2023-04-13

작년 5월 10일 출범한 윤석열 정부가 1년이 다 돼간다. 내년 4월 10일에는 총선이 예정돼 있다. 약 1년 이후에는 정치 지형이 바뀌고 현 정부가 안정적인 정부 역할을 해나갈 발판 마련 여부가 결정된다.

더 나은 나라를 만들기 위해 정치권은 현재 우리가 갖고 있는 여러 가지 제도와 국제 관계를 점검하여 개선 방안을 마련해나가야 한다. 새로운 정부가 들어서면 지난 정부의 핵심 정책을 폐기하고 새로운 정책을 설계하고 시행하려고 한다.

문재인 정부에서 추진했던 소득주도성장, 탈원전, 부동산 중과, 친북 반일 정책의 부정적 효과가 나타나 정책들이 바뀌고 있다. 기업주도성장, 탈원전의 탈피, 부동산 세금 경감 정책이 추진되고 북한과 일본에 대한 정책도 변하고 있다.

새로운 정책의 추구 시에는 그 정책에 내재하는 사회적 필요성이 존재한다. 입법이나 그 이외의 방법으로 새로운 정책을 추진하고 그 결과에 대해 선거를 통해 국민의 심판을 받는다.

상대 진영의 새로운 정책을 무조건 반대하기 보다는 정책의 필요성과 추진 방법의 합리성에 대한 세밀한 검토를 할 필요가 있다. 필요성이 인정되는 정책에 대해 추진 방법상의 문제가 있으면 대안을 제시할 필요가 있다.

여야 간의 입장이 극명하게 갈리는 대일 외교 정책을 살펴보자. 야당은 현 정부의 대일 외교를 굴종 외교라고 비난한다. 심지어 "망국적 대일 외교 독도까지 바칠텐가"라는 국민감정을 자극하는 플래카드를 내걸고 있다. 최근 대통령의 지지도 하락은 이러한 야권의 공세가 영향을 미치는 것으로 보인다.

지난 정부는 중국과의 외교 시 굴종 외교라는 비난을 들은 바 있다. 대통령의 중국 방문 시 혼밥을 먹고 기자가 폭행을 당한 사건이 언론에 보도된 바 있다.

외교 정책은 국익과 직결된다. 일본과의 외교는 과거 일제의 만행이 발목을 잡는다. 정치권에서는 국익보다는 지지도 제고를 위하여 국민감정을 자극하기도 한다.

박근혜 정부에서 한·일 정부 간 동의한 위안부 합의를 문재인 정부에서 엎었다. 국제 사회에서 눈에 보이지 않지만 중요한 한국의 신뢰자본을 손상했다.

일본은 지리적으로 우리와 가까운 이웃이고 협력할 분야가 많다. 과거의 상처를 치유하고 미래로 나아가기 위해 노력할 필요가 있다. 과거의 상처를 헤집어 덧내는 것이 국익에 도움이 될까? 물론 일본의 진정성 있는 사과가 필요하다.

1965년 한·일 기본 조약과 1998년 김대중 전 대통령의 '오부치 선언'은 한·일 관계의 큰 틀을 보여 준다. 일본은 이러한 조약과 선언을 통해 배상과 사과를 충분히 했다는 입장이고 우리 국민감정은 아직도 미진하다는 입장인 것처럼 보인다.

일본과의 관계는 미래지향적으로 발전해 나가야 한다. 일본 식민지 시대를 경험한 세대는 조만간 사라진다. 2045년이 되면 해방 100년이 된다. 향후 20년만 지나면 일제 치하의 경험을 한 사람을 찾기 어려울 것이다. 국민감정보다는 역사적 진실이 중요하게 될 것이다.

정치 지도자들은 죽창가를 불러 국민감정을 부추기기 보다는 향후 국익에 도움이 되는 방향으로 한·일 관계를 정립해 나가야 될 것이다. 특히 독도 문제는 우리가 나서서 건드릴 필요가 없다. 실효적 지배를 하고 있으면서 시간이 흘러가면 자연히 해결될 문제이다.

베트남 정부의 태도는 한·일 관계에서 참고삼을 만하다. 우리가 베트남 전쟁에 참전하여 베트남 국민들이 희생되었다. 하지만 베트남 정부는 한국에게 사과하라고 요청하지 않는다. 우리 정부에서 사과 의향을 내보였을 적에 승전국인 베트남에게 패전국의 사과가 필요 없다는 입장을 견지하고 있다고 한다. 주지하듯이 한국과 베트남의 경제 협력은 급격히 증대했다.

한·일 관계에서 과거보다는 미래가 중요하다. 과거를 잊지는 않되 과거에 발목 잡혀 더 나은 미래의 추구를 포기해서는 안 된다. 특히 세계 경제 및 국제 질서의 변화가 꿈틀거리는 현 시점에 미국, 일본, 한국의 협력과 상호 이해는 한국의 국익을 위해 절대적으로 필요하다. 정치가들은 소소한 정치적 이득을 챙기기 위해 국민감정을 부추기기보다는 나라의 먼 장래를 내다보고 국제 사회에서 한국의 위상을 정립해 나가야 한다.

5 경제위기 극복을 위하여

2022-07-10

역사가 되풀이되듯이 경제위기도 반복하여 발생한다. 우리나라는 1998년 소위 IMF 외환위기와 이후 10년 뒤 2008년에 미국발 금융위기를 경험한 바 있다. 그 이후로 10년 이상 지난 지금 또 다른 형태의 글로벌 경제위기 경고음이 울리고 있다.

우리는 과거 이러한 위기를 슬기롭게 극복한 바 있다. 외환위기 극복을 위해 김대중 정부는 야당과 협치를 통해 국민의 마음을 모았고 금융위기에 대응하기 위해 이명박 정부는 비상경제 대책회의를 꾸리고 매주 회의를 대통령이 직접 주재했다. 이번 정부도 코로나19와 우크라이나 전쟁으로 인한 글로벌 경제위기를 잘 수습하길 기대한다.

전두환 대통령은 군인 출신이지만 김재익 경제수석에게 경제대통령 역할을 맡겼다. 경제를 대통령이 잘 모를 것이라는 심리적 불안감이 해소되었다. 윤석열 대통령은 대통령이 되기 전 한 평생 검찰에서 일했다. 경제위기 앞에서 이에 대처하기 위한 경제 참모 역할이 중요하다. 사명감이 투철하고 실력 있는 경제 전문가에게 전두환 대통령이 했던 것처럼 경제 관련 권한을 위임하고 실제로 일할 수 있도록 지원한다면 성과를 거둘 수 있을 것이다.

현재 대내외 경제적 환경은 위기 전야라고 할 수 있다. 상반기 무역 적자 폭이 103억 달러에 달하고 주식시장에서 외국인 투자자가 매도 행진을 이어가며 주가지수가 대폭락하고 있다. 반면 환율과 금리는 크게 오르고 있다.

상대적으로 여건이 좋았던 지난 정부는 소득주도성장, 탈원전, 정부 주도 일자리 창출, 반시장적 부동산 정책, 노조 편향 정책을 편 결과 정부는 비대해지고 국가 부채는 크게 증가하며 성장 잠재력은 낮아졌다.

기업은 중대재해처벌법, 주 52시간 근무제와 같은 정책으로 경영 부담이 늘어났다. 가계는 부동산 가격 폭등으로 주거비 부담이 증가하고 청년 세대는 내 집 마련의 꿈을 실현하기 어렵게 되었다.

향후 미국발 인플레이션 억제를 위한 금리 인상 정책은 가계의 소비 여력을 감소시키고 기업 투자를 위축시킬 것이다. 정부 역시 국가 부채에 대한 이자 지급 규모가 커져 재정에 부담을 줄 것이다.

이자 부담 증가로 가처분소득이 감소해 소비가 줄어들면 생산도 감축될 수밖에 없다. 인플레이션을 잡기 위한 금리 인상이 경제를 크게 위축시킬 우려를 자아내게 한다.

위기 극복의 선봉장은 대통령이다. 위기 극복의 첫 단계는 위기를 인정하는 것이다. 위기 극복을 위한 다양한 조치들이 야당 동의 없이 시행하기 어려울 때가 많다. 미우나 고우나 야당 목소리에 귀를 기울이고 협치를 해야 한다. 야당 목소리가 대선에서 현 대통령을 지지하지 않았던 거의 과반 국민의 의견을 대변하고 있기 때문이다.

지난 정부에서 했던 남 탓 의식도 버려야 한다. 현재 주어진 환경 변수로 인정하고 남 탓 대신 어려움을 극복하기 위한 방안 마련에 몰두해야 된다. 현재 상황은 우리가 통제할 수 없는 대외 요인과 통제

범위 내에 있는 대내 요인들이 상호 연관 관계를 가지고 움직여 위기 대응을 어렵게 하고 있다.

대외적으로는 우크라이나 전쟁으로 인한 곡물, 에너지, 원자재 가격 상승은 연관 산업 제품 가격 상승을 부추긴다. 이에 더하여 코로나19 대응을 위해 세계 각국에서 푼 돈은 시장 유동성을 증가시켜 인플레이션 우려를 가중시킨다.

미국은 이에 대응하기 위해 금리를 급격히 올리고 있고 우리도 유사한 정책을 펴고 있다. 그런데 우리는 상반기 기준 1,860조 원에 이르는 가계부채 규모로 인해 가계의 이자 부담이 무겁게 되었다. 가계의 소비 여력이 줄어들어 소득주도성장 논거의 역경로를 밟을 가능성이 생겼다. 가처분소득 감소, 소비 감소, 생산 감소의 악순환에 빠질 우려가 있다.

국내 소비 감소를 만회하기 위해 적극적인 수출 진흥책이 필요하다. 하지만 무역 적자가 상반기 103억 달러에 달하면서 상반기 기준 역대 최대 규모를 기록했다. 해소 방안이 시급하다.

내수 진작을 위한 다양한 정책들이 필요하다. 소비 여력이 있는 주체들의 소비 활성화가 필요하다. 예를 들어 기업 활동을 위한 비용 인정을 받는 업무추진비 한도를 올리면 기업 활동을 위한 소비가 늘 것이다.

김영란법은 지금과 같은 경제적으로 어려운 시기에 소비 진작에 걸림돌이 된다. 한시적으로 선물 한도를 상향 조정하는 것도 검토할 만하다.

코로나 이후 보복 소비심리도 있을 것이다. 하지만 해외에서 소비를 하면 국내 생산에는 도움이 안 된다. 해외 골프여행이 풀리면 해외로 나가는 사람들이 많을 것이다. 과거 예로 보면 그 규모가 상당하다. 골프를 비롯하여 해외 소비를 국내 소비로 돌리기 위한 노력도 병행할 필요가 있다.

규제 개혁과 기술 개발 투자는 지속적으로 해 나가야 한다. 기업 체질을 개선하고 세계적으로 경쟁할 수 있는 역량을 갖추도록 해야 된다.

너무 움츠러들지 말고 스스로 합당한 소비 생활을 하면서 우리 체질을 개선한다면 언젠가는 우크라이나 전쟁도 끝날 것이고 우리는 한 단계 더 도약하는 기회를 맞을 수 있다.

협치와 내수 진작은 경제위기를 극복하는 데 일조할 것이다.

6 북 핵무기 증강 대책은 무엇인가?

2021-09-28

올해는 유엔 남북한 동시 가입 30주년을 맞이하는 해이다. 가입 후 30년 동안 한국의 경제 발전은 북한을 압도했다. 현재 한국의 경제 규모는 북한의 수십 배에 이르는 것으로 평가되고 있다.

한국이 경제 개발을 위해 노력하고 있는 사이 북한은 핵무기와 운반 수단을 개발해왔다. 최근 영변 핵시설을 재가동하고 순항 미사일, 탄도 미사일, 열차 미사일 발사로 남한 전역에 대한 핵 타격력을 과시하고 있다.

우리의 생존권을 위협하는 북한의 일련의 군사적 행동에 대한 우리의 대응 방안은 구두선에 그치는 듯한 인상을 준다. NSC(국가안전보장회의) 상임위는 "북의 잇따른 도발에 깊은 우려"라고 입장을 발표했다. 정부는 우려로 그칠 문제가 아니라 국민에게 이러한 북의 도발에 대해 대책을 제시해야 한다.

우리는 아프가니스탄 정부가 순식간에 무너지는 것을 봤다. 지난해 2월 카타르 수도 도하에서 미국과 탈레반은 협정을 맺었다. 미국은 철군하고, 탈레반은 테러리스트가 활동하지 못하도록 한다는 것이었다. 미국이 철군을 결정하는 순간에 아프가니스탄의 몰락은 시간문제였다.

조 바이든 미국 대통령은 철군 후 8월 31일 대국민 연설에서 "아프가니스탄에 대한 이 결정은 아프가니스탄에 대한 것만이 아니다. 미국이 더는 다른 나라들의 재건을 위해 중대 군사작전을 벌이는 시대는 끝났다는 것을 뜻한다"고 말했다.

한국에서의 미군의 철수 가능성은 어떤가? 미국은 미군의 주둔이 미국에 득이 되면 계속 주둔할 것이고, 더는 득이 된다고 생각하지 않으면 철군을 고려할 것이다.

한국은 미군이 주둔하는 것이 안보적 측면뿐만 아니라 경제적 측면에서도 절대적으로 국익에 부합된다. 일부 철없는 사람들이 미군 철수를 주장하는 사례가 있다. 극도로 경계해야 할 일이다.

국민은 코로나19 확산 방지를 위해 집회의 자유를 제한하는 것을 받아들였다. 향후 미군 철수와 같은 국익에 극히 반하는 주장을 하는 집회는 제재를 적극적으로 검토해야 한다.

아프가니스탄의 교훈은 우리 자신을 지킬 능력을 갖춰야 한다는 것이다. 미군이 철군할 경우 우리 자신을 북핵 위협으로부터 지킬 능력이 있는지를 자문해야 한다. 만약 현재 북핵에 대응하기 미흡하다면 지금부터라도 준비해야 한다.

우리가 인내하고 저자세로 나가면 북한이 우리의 성의를 받아들여 핵무기를 폐기하고 평화의 장으로 나올 가능성은 있는가? 최근 북한의 도발적 행태를 보면 당분간은 어려울 것으로 보인다.

북한이 스스로 핵을 포기하고 경제적 번영을 누리는 것이 바람직하다는 것을 인식시키기 위한 노력이 필요하다. 북한의 주민들이 이러한 생각을 하도록 해야 한다. 북한의 정치 체제는 한국과 다르지만 주민들의 생각은 어떠한 형태로든 반영될 것이다. 북한 주민에 대한 보다 적극적인 정보 유통을 강화해 북한 자체의 변화를 유도해야 한다.

국제사회의 비난을 들어가면서까지 통과시킨 소위 '김여정 하명법'이라는 대북전단금지법은 북한에 대한 정보 유통을 막는 법이다. 북한 주민들이 더 많은 대외 정보를 접할수록 북한의 변화 가능성은 더 높아질 것이다. 북한 주민들에게 더 많은 해외 정보를 제공할 수 있는 다양한 수단의 개발이 필요하다.

또한 우리의 핵 관련 능력을 향상시킬 필요가 있다. 탈원전 정책으로 원전 관련 산업 생태계가 파괴되고 관련 인력의 육성과 기술 개발에 지장이 있다고 한다. 북한의 핵 위협에 대응하기 위해 우리도 만약의 경우에 대비해 꾸준히 관련 기술 개발과 준비를 해야 한다. 전쟁을 억제하고 평화를 유지하기 위한 노력은 우리 스스로 지속해야 한다.

우리의 생존권을 남에게 맡기고 북으로부터 모욕적 언사를 듣고 참는 것도 한계가 있을 것이다.

7 녹색화합시대를 꿈꾸며

2021-06-16

대통령 직속 2050 탄소중립위원회가 출범했다. 향후 30년간 경제, 사회 등 전 영역에서의 대전환을 주도하는 컨트롤타워 기능을 담당한다고 한다. 탄소중립은 이산화탄소를 배출한 만큼 이산화탄소를 흡수하는 대책을 세워, 이산화탄소의 실질적 배출량을 '0'으로 만든다는 개념이다. 유럽을 비롯한 여러 나라는 이산화탄소를 지구온난화의 주범으로 지목해 탄소중립 운동을 활발히 벌이고 있다.

한국에서 열린 첫 환경 분야 다자 정상회의인 '2021 P4G 서울 녹색 정상회의'는 중심 주제로 '기후위기 극복을 위한 탄소중립'을 내세웠다. 회의에서 국제에너지기구(IEA)는 전 세계 배출량의 70%를 차지하는 44개국이 탄소중립을 선언했다고 밝혔다.

최근 호주의 산불 피해로 확인했듯, 기후변화로 인한 대형 피해는 세계 도처에서 발생하고 있다. 앞으로는 그 정도가 더 심각해질 것이다. 세계 각국이 기후변화의 주 요인인 온실가스 감축을 위해 협력할 수밖에 없는 이유다. 온실가스의 70%는 이산화탄소로 이뤄져 있다.

어떤 국가가 언제까지 탄소중립을 이룰 것인지가 관건이다. 트럼프 대통령 시대 미국은 기후변화의 과학적 논거를 믿을 수 없다며 기후변화 협정을 탈퇴한 바 있다. 우리나라는 탈원전 정책을 추진하고 있다. 탄소배출의 주범은 화석연료의 사용이다. 태양광이나 풍력과 같은 대체 에너지는 한계가 있다. 탈원전 정책을 고수하면 화석연료를 많이 사용할 수밖에 없을 것이다.

정치적 목적에 의한 에너지 정책은 탄소중립을 이루는 데 걸림돌이 될 수 있다. 기업과 금융의 역할이 중요하다. 기업은 이익을 내야만 지속 가능한 조직이다. 이익을 내기 위해 화석연료 기반의 저렴한 에너지를 쓸 확률이 높다. 금융도 마찬가지다. 금융기관은 이익률이 높은 프로젝트를 지원하려고 할 것이다. 녹색 프로젝트는 비교적 이익률이 낮다. 딜레마를 어떻게 해결할 것인가.

컬럼비아 대학의 제프리 삭스 교수 등이 편집한 'Handbook of Green Finance'가 출간됐다. 필자도 녹색금융전략(Financial Strategy to Accelerate Green Growth) 분야를 집필했다.

이명박 정부 시대 핵심 정책 중 하나는 녹색성장(green growth)이었다. 녹색성장이란 환경을 보호하는 동시에 성장을 이루는 새로운 성장 동력이다. 환경과 성장이라는 두 마리 토끼를 잡을 수 있어 글로벌 금융위기 이후 국제적 호응을 얻고 있다.

녹색성장의 가능성을 두고 논란이 있었다. 경제적 성장을 이루기 위해선 에너지를 많이 써야 하는데, 에너지를 많이 사용하면 녹색 달성이 어렵다는 주장이 힘을 얻었다. 하지만 경제협력개발기구(OECD) 등 국제기구는 원자력에너지 등 이산화탄소 배출이 없는 에너지를 쓰면 녹색성장이 가능하다고 했다.

한국은 녹색기후기금(GCF)과 글로벌 녹색성장기구(GGGI)를 국내에 유치, 녹색성장 선도 국가로 발돋움할 기회가 있었는데, 이후 정부의 적극적인 정책적 뒷받침이 미흡했다.

녹색성장이 지속적으로 추진되려면, 이를 지원하는 녹색금융이 필요하다. 현재 대통령 직속 탄소중립위원회는 이명박 정부의 녹색성장위원회와 본질적으로 유사하다. 탄소중립위원회가 녹색성장위원회의 정책을 계승하고, 효율적인 탄소중립 달성을 위한 녹색성장 정책을 추진하길 기대해본다.

8 ESG 경영의 추진 방안

2021-05-12

기본적으로 기업의 경영은 기업 경영자가 주주의 이익을 위해서 최선의 노력을 다하는 것이다. 코로나19 등 새로운 전염병의 출현과 기후변화 위기 등은 기업 경영의 변화를 요구하고 있다. 환경과 보건 분야는 정부의 역할로 인식돼 왔지만, 기업의 협조 없이는 이런 분야의 문제를 해결하기 어렵다는 인식이 생겼다. 이에 따라 새로운 기업 경영 패러다임인 ESG(Environmental, Social and Governance·환경, 사회, 지배구조) 경영에 대한 관심이 커지고 있다.

국제표준화기구 ISO는 기업의 사회적 책임(Corporate Social Responsibility)에 관한 국제 표준으로 ISO 26000을 발표한 바 있다. 환경, 인권, 노동 관행, 공정운영 관행, 소비자 이슈, 지역 및 사회적 공헌, 조직 지배구조 등 기업의 사회적 책임에 관한 7가지 핵심적 이슈를 제시했다. 기업의 사회적 책임 역시 환경, 사회, 지배구조가 핵심 이슈라는 것을 알 수 있다. ESG 경영을 잘하는 기업은 CSR을 잘하는 기업이라고 해도 과언이 아닌 것이다. 이런 관점에서 ESG 경영의 추진 방안을 살펴보고자 한다.

기업 경영자는 단기적 이익 증진을 위한 경영을 하는 경향이 있지만, 기업이 단기 이익을 위해 사회적 책임을 등한시하면 소비자의 반감을 사게 돼 기업의 장기 존속이 어려워질 수 있다.

학계에 널리 알려진 기업의 사회적 책임은 기업이 사회에 대해 경제적·법적·윤리적·자선적 책임을 진다는 의미다. 이 뿐 아니라 상호 협력적 관계를 구축해 리스크를 줄이고, 기회를 포착해 장기적 기업 가치를 높이는 일련의 경영활동이다. 즉 기업의 장기 존속, 이익 극대화를 위해 노력하되 사회적 책임을 게을리해서는 안 된다는 것이다.

ESG 경영은 향후 더욱 중요해질 텐데, 그 이유는 다음과 같다. 기업이 직면한 환경의 중요성이 커지고 있어서다. 기후변화를 완화하려는 목적으로 온실가스 감축 관련 국제 협약이 체결되고 있다. 국내에서도 배출권 거래제도 등으로 인해 환경적 요인이 기업의 수익에 직접적인 영향을 미치게 됐다.

기업의 사회적 책임을 요구하는 다양한 이해관계자가 등장하고 있다. 과거 기업은 주주에 대한 경제적·법적 책임을 지는 데 머물렀지만, 최근 윤리적 책임이 요구되고 있다. 기업의 책임은 주주 이익의 극대화에서 이해 당사자 모두의 이익을 추구하는 형태로 변화하고 있다.

기업의 사회적 책임에 대한 국제적 표준이 형성되고 있다. 금융기관이 투자할 때 경제적·사회적·환경적 책임을 함께 고려하는 사회책임금융(Socially Responsible Finance)이 부각되고 있다. 금융기관은 기업 가치 평가 등에 있어 사회적 책임을 고려하고 기업의 지속가능경영 정보를 요구하고 있다.

향후 기업의 ESG 경영방침은 선택의 문제가 아니라 기업의 장기 존속을 위해 필수적으로 수행해야 될 경영전략이 될 것이다. 무엇보다도 최고경영자의 인식 전환이 필요하다. 기업의 사회적 책임 수행이 기업 경쟁력의 새로운 요소임을 인식하고 이를 실질적으로 실행하려고 노력해야 할 것이다.

기업의 ESG 경영을 위한 인프라 구축이 필요하다. 주요 인프라로는 국내 실정에 맞는 CSR 표준이나 매뉴얼, CSR 관련 경영보고서, 환경 · 사회 · 지배구조 정보의 공시시스템, CSR 성과 모니터링 및 평가 체계의 확립 등이다.

ESG 경영은 자발적인 경영전략의 일환이지만, 이에 대한 정부 차원의 지원 및 노력 또한 필요하다. 기업의 장기존속을 위해 기업의 사회적 책임에 관한 적절한 규율 체계가 설계돼야 할 것이다.

우리나라의 경우, 특히 대기업과 중소기업 간 거래 관행에 대한 CSR 활성화 방안이 필요하다. 대기업은 중소기업을 동반자로 인식해 기존의 불공정 거래관행을 개선하거나, 사회적 기업 지원을 통한 기업의 사회적 책임 활동을 검토할 필요가 있다.

9 동학개미를 위한 고언

2021-03-26

우리나라 국민소득이 3,000달러를 달성한 해는 1984년이다. 지금의 10분의 1 수준이지만 그 당시에는 우리나라의 경제 발전 속도에 관한 자부심이 대단하였다. 그해에 영국의 세계적 은행인 미들랜드 은행에 3개월 과정의 연수를 갔다. 15개국에서 금융인들이 연수에 참여했는데, 투자 과목 시간의 강의 내용은 지금도 생생하다. 첫 시간이었는데, 강사는 칠판에 투자원칙을 'Buy low and Sell high'라고 썼다. 즉, 투자는 싸게 사서 비싸게 팔면 된다는 것이다.

2년 후 재무학 공부를 하기 위해 미국에 유학을 하러 갔다. 투자론 시간에 합리적 투자자는 자신의 효용을 극대화하도록 포트폴리오를 구성한다고 배웠다. 금융계에 첫발을 내디딘 이후 40년 이상 투자 관련 실무와 연구를 해왔지만, 투자 방법에 대한 일반적인 정답을 찾기 어렵다. 개별 투자자가 처한 상황과 성향에 따라 투자 전략이 달라지기 때문이다.

요즈음 동학 개미로 지칭되는 국내 개인 투자자들이 급증하고 있다. 동학군은 관의 탄압이나 외세에 대항하기 위해 자발적으로 일어난 민중이다. 하지만 무기와 선술의 열세로 동학군은 패퇴했다. 동학개미는 기관 투자자와 외국인 투자자와의 수익률 경쟁에서 승리할 수 있을까? 일반적으로 한국 주식시장에서 수익률은 외국인 투자자, 기관 투자자, 개인 투자자 순으로 알려져 있다. 투자를 위한 좋은 정보를 누가 더 빨리 얻느냐 하는 측면에서 개인 투자자는 기관 투자자보다 뒤처질 수밖에 없다.

수익률 경쟁에서 불리함에도 불구하고 개인 투자자들이 급증하고 있는 이유는 최근의 경제적·사회적 환경 변화에 기인하는 것으로 보인다. 저금리, 부동산 가격의 폭등, 재정지출 확대로 인한 실물자산의 선호, 재택근무의 확대 등 주식시장에 개인 투자자들의 참여가 증가할 다양한 요인이 생겼다. 동학 개미 중에는 투자에 대한 감각이나 경험이 탁월한 투자자도 있고 그렇지 못한 투자자들도 있다. 동학군이 패퇴한 주요 이유로 무기 부족과 전략 미흡을 들 수 있다. 투자에서의 무기는 연구 자료 등 고급 정보이고, 투자 전략 수립을 위해서는 파생상품을 이용한 헤징 기법과 경험에서 우러난 투자 감각이 중요하다. 전투에서 용기는 중요하지만, 준비 없는 용기는 무모함이 될 수 있다. 투자에도 준비가 필요하다.

동학 개미의 수가 증가하면서 관련 세제, 공매도, 연기금의 투자 같은 정책 분야에서도 목소리를 내고 있다. 하지만 투자는 주어진 여건에서 전적으로 자기 책임하에 이루어질 수밖에 없다.

개인 투자자들은 어떤 준비가 필요할 것인가? 투자자 자신을 정확히 파악하는 노력이 필요하다. 나이, 재산 정도, 리스크 수용 능력 등에 따라 투자 포트폴리오가 달라진다. 예를 들어 나이가 들수록 리스크가 큰 종목은 피하는 것이 바람직하다. 즉, 베타계수가 높은 종목은 피하는 것이 좋다. 잠재적 투자대상 포트폴리오를 구성해서 일정 기간 가격 동향을 살펴보고 목표 매수가나 매도가를 정하고 목표 가격에 도달할 때까지 기다릴 필요가 있다.

또한, 정기적으로 거래 결과를 점검해서 투자 전략이 잘 적용되고 있는가를 점검하고 목표 수익률과 실제 수익률을 비교해서 실제 수익률이 목표 수익률에 못 미치면 그 원인을 파악하도록 한다.

투자는 가급적 여윳돈으로 할 필요가 있다. 동학 개미의 자금이 자본시장을 통해 산업자본화되고 그 성과가 공유되는 것은 바람직하다. 하지만 빚을 내서 투자하는 것은 바람직하지 않다. 부채는 만기가 있어 장기 투자를 하기 어렵고 지급이자 이상의 이익을 거두기 위해서 리스크가 큰 투자를 하기 쉽기 때문이다.

비용을 지불하고 정보를 사는 예도 있는데, 가급적 지양할 필요가 있다. 정보의 신뢰성에 대한 검증이 미흡하기 때문이다. 더하여 개인 공매도 허용의 폭이 커지면 공매도의 리스크를 정확히 이해하고 투자하도록 해야 한다.

동학군이 준비 미흡으로 실패한 교훈을 받아들여, 동학 개미는 수익률 경쟁에서 승리하기 위해 부단한 노력과 준비가 필요하다.

10 코로나 19 후유증 극복을 위하여

2021-01-25

코로나19 후유증으로 인해 우리는 한 번도 경험해 보지 못한 새로운 사회적 환경에 놓이게 될 것이다. 어려워진 소상공인과 취약계층을 지원하기 위해 풀린 돈으로 금융시장에 유동성이 넘쳐나는 데 비해, 사회적 거리두기로 소비는 도리어 위축되어 사회 취약계층이 크게 증가할 가능성이 있다.

부동산 규제로 인해 풀린 유동성은 주식시장으로 몰려 주식시장을 과열시키는 요인이 된다. 이러한 현상을 눈치챈 외국투자자들이 상대적으로 경제적 기반이 튼튼한 한국 같은 나라에 미리 투자를 하려고 할 것이다. 역대 최고의 주가 수준이 이러한 현상을 나타내고 있는 것으로 보인다.

또 다른 한편으로는 코로나 확산 방지를 위한 사회적 거리두기 정책으로 영업이 어려워 몰락한 소상공인들로 인해 취약계층의 국민들이 증가하여, 사회 양극화 현상이 심화될 수 있다. 어려워진 취약계층을 지원하기 위해 푼 재정은 다시 시장의 유동성을 증가시키게 된다.

이러한 자금을 혁신적이고 생산적인 산업과 구조 조정이 필요한 분야로 흘러 들어가게 하여 경제체질을 개선시키는 한편, 어려워진 소상공인들과 취약계층에 대해서는 단발성 재정 지원보다는 이들의 자활을 돕기 위한 체계적인 지원시스템을 구축할 필요가 있다.

최근 일부 사모펀드 관련 문제로 사회적 물의가 야기되어 사모펀드 규제 강화가 검토된다는 언론 보도가 있었다. 사모펀드는 금융시장에 풀린 돈을 혁신적인 산업이나 구조조정 분야로 유도하기 위한 주요한 수단이 될 수 있으므로 사모펀드 규제 검토 시 이러한 점을 고려하여 운용 규제를 강화하기보다는 감독상의 미비점을 개선해 나가는 것이 바람직하다.

코로나로 인해 어려워진 이웃들을 체계적으로 지원하고, 코로나 극복 과정에서 볼 수 있었던 다양한 자발적 헌신에 대한 사회적 가치를 인정하는 시스템의 설계가 필요하다. 최근 일부 금융기관이나 기업에서 관심을 갖는 환경 사회 지배구조(ESG)원칙에 의한 경영은 주주의 이익을 우선하면서 사회적 이슈에 관심을 갖는다. 이보다 한 걸음 나아가 사회적 가치를 체계적으로 증진시키는 시스템의 도입이 필요하다.

코로나의 후유증으로 기존의 금융기관에서 금융지원을 받기 어려워진 자영업자와 취약계층의 국민들이 크게 증가할 수 있다. 일반적으로 금융지원은 상환위험을 기준으로 지원 여부와 금리 수준을 결정한다. 이러한 기준이 무너지면 금융의 근간이 흔들리기 때문에 이러한 원칙을 훼손할 수는 없을 것이다.

영국에서 시작되어 전 세계적으로 확산되고 있는 사회영향채권(Social Impact Bond)은 채권의 설계를 잘 하면, 코로나로 인해 피해를 입은 영세 상공인들에게 도움을 줄 수 있을 것이다. 사회영향채권을 발행하여 조달한 자금을 지원하여 코로나로 몰락한 영세 상공인이 재기에 성공한 비율이 일정 이상이 될 경우를 전제로 정부가 동 채권의 원리금 상환을 보증하는 것이다.

채권발행기관에게 성공률에 비례하여 인센티브를 제공하면 참여를 높일 수 있고 정부의 직접 지원으로 발생하는 도덕적 해이를 방지할 수 있다. 정부의 예산은 재기 성공률의 목표가 달성된 경우에만 사용되므로 예산 집행의 효율성을 높일 수 있다. 현재 우리가 갖고 있는 평가 시스템은 재무적 가치를 기반으로 하는 회계 시스템이다. 여기에는 코로나 극복을 위해 헌신한 의료진의 자발적 헌신과 같은 사회적 가치는 포함되지 않는다.

전 세계적으로 사회적 가치를 포용하는 새로운 금융시스템이 태동하고 있다. 사회적 투자자, 사회적 기업, 사회적 거래소, 사회영향채권, 사회책임투자 펀드 등 투자자, 기업, 금융시장, 금융상품의 측면에서 사회적 가치를 포함하여 의사결정을 하는 새로운 금융시스템이 나타나고 있다.

코로나 사태를 계기로 사회적 가치를 재무적 회계에 반영할 수 있는 새로운 사회적 재무 및 금융시스템을 적극 검토할 필요가 있다.

11 부동산 시장을 안정시키려면

2020-08-04

규제 정책은 고려 요소가 다양하다. 특히 부동산 규제의 경우에는 규제 변경에 따라 무주택자, 1소유주택자, 다소유주택자의 이해관계가 달라지고, 경제 전반에 미치는 영향이 심대하므로 합리적인 규제를 설계하기 위해 세밀한 규제 효과 분석과 외국의 사례를 전반적으로 검토하는 것은 필수적으로 선행돼야 한다.

최근 정부에서 20여 차례 부동산 규제 정책을 발표한 바 있는데, 당장 규제 효과가 안 나타난다고 설익은 새로운 규제를 하기보다는 장기적이고 종합적인 시각에서 규제 효과를 충분히 검토한 후에 부동산 정책을 설계할 필요가 있다.

정책 설계 시 제일 중요한 일은 정확한 현상 분석이다. 비유하자면 의사가 정확한 진찰을 한 후에 처방하는 것과 같은 이치다. 처방은 다를 수 있지만, 진단은 정확해야 한다. 배가 아픈 사람을 머리가 아프다고 진단하고 두통약을 계속 투약하면 낫지도 않을 뿐만 아니라 몸 전체에 이상이 생기는 것과 같은 이치다.

부동산 관련 언론에 보도된 정책 당국의 진단과 처방의 골격은 다음과 같이 보인다. 부동산 가격 상승의 원인은 투기에 의한 것이고 이를 억제하기 위해 거래세와 보유세를 무겁게 하고 투기에 의한 불로 소득은 양도 소득세를 중과해 국가가 환수함으로써 투기 수요가 사라지면 부동산 가격이 안정될 것이라는 것이다.

부동산 가격 상승의 주요인이 투기적 수요라는 진단에 대한 증거는 존재하는 것일까? 증거가 존재한다면 공개하는 것이 바람직하다. 정책에 대한 신뢰도를 높일 수 있기 때문이다. 증거가 없다면 진단 자체가 올바른지 점검해 봐야 된다. 그러한 진단에 기반을 둔 여러 차례 대책에 대한 효과가 없기 때문이다.

투기의 특징 중 하나는 단기 보유다. 장기간 보유하기 위해 부동산을 매수한다면 투기라고 하기 어렵다.

부동산 정책은 부동산 경기에 따라 달라진다. 부동산 침체기에는 보유 장려 정책을 펴고 상승기에는 억제 정책을 편다. 부동산 침체기에 정부 정책에 호응해 다주택자가 된 경우 상승기에는 매각해 부동산 가격 안정에 도움을 줄 수 있다. 최소 보유 기간이 10년 이상이 되는 거래를 투기라고 볼 수는 없을 것이다.

최근 전 세계적으로 코로나 피해 극복을 위해 자금이 많이 풀린 상태다. 국내도 마찬가지다. 실물자산의 규모는 변화가 없는데 화폐

량이 늘면 부동산을 포함한 실물자산의 명목 가격이 올라가는 것은 자연스러운 일이다.

경제학적으로 재화의 가격은 수요와 공급에 의해 결정된다. 부동산도 마찬가지다. 최근의 정책이 수급에 어떠한 영향을 미칠까?

보유세를 올리면 세금이 부담스러워 시장의 공급이 증가할까? 1주택 소유의 경우 미래 부동산 가격에 대한 불확실성 때문에 무주택자가 되려고 하지 않을 것이다. 다주택 소유의 경우 보유세가 부동산 가격에 전이되기 때문에 팔 유인이 거의 없다. 무주택의 경우 보유세가 부동산 가격에 전이되고 가격 상승이 예상돼 살 유인을 제공한다.

취득세나 거래세의 증가도 부동산 가격에 전이될 가능성이 크다. 세금은 원가 요소가 되기 때문이다. 양도 차익의 중과세는 주택 매도 매력을 감소시킨다. 즉, 공급을 감소시키는 것이다.

세금을 강화해 부동산 가격을 안정시키기는 어렵다. 세금이 가격에 전가되고 수요가 늘고 공급을 감소시킬 가능성이 크기 때문이다. 과거 이러한 대책이 시장에 어떠한 영향을 미쳤는지 실증적으로 분석해 볼 필요가 있다. 의도는 좋은데 효과가 다르게 나타나는 정책과 규제는 사회적 비용을 증가시킨다. 이러한 비용을 줄이려면 새로운 정책이나 규제의 설계 시 그 효과에 대한 다양한 분석과 상이한 의견을 진지하게 검토해야 된다.

새로운 부동산 규제는 그 효과를 알기 어려워 미래의 불확실성을 증가시킨다. 무리해서라도 집을 사야겠다는 심리적 유인을 제공한다. 실험적인 새로운 부동산 규제는 가급적 삼가는 게 바람직하다.

12 세계가 부러워한 K방역… 사회적 가치 돌아볼 기회로

2020-06-26

신종 코로나바이러스 감염증(코로나19) 사태를 겪으면서 우리는 미처 생각하지 못했던 것을 알게 되었다. 우리나라가 다른 나라보다 전염병 대응을 체계적으로 할 수 있는 의료 인프라를 갖추고 있음을 깨닫게 됐다.

IT와 의료체계가 융합하여 선진국들이 부러워할 정도의 의료 행정 서비스를 제공할 수 있는 인프라를 갖추고 있는 것이다. 마스크를 가족 단위로 배급제와 유사하게 판매할 수 있는 시스템은 마스크 대란을 극복할 수 있는 계기를 만들었고, 확진자의 동선을 실시간으로 알려줌으로써 스스로 전염을 예방할 수 있게 했다.

향후 국제사회에 이러한 시스템을 공유할 방안을 모색할 필요가 있다. 이런 방안을 만든다면 한국의 국격을 높이는 데 일조할 것이다.

하지만 의료 규제는 다른 나라에 비해 높은 것으로 보인다. 높은 규제는 의료 소비자의 비용 부담을 증가시킨다.

예를 들어 우리나라에서 줄기세포 배양은 가능한데 본인 줄기세포는 사용이 금지되어 국내에서 줄기세포를 배양하여 일본이나 중국에 가서 주사로 맞는다고 한다. 의료 소비자는 항공료, 숙박료 등 더 큰 비용을 지불해야 된다.

향후 의료 규제도 국제표준을 기준으로 재점검해 볼 필요가 있다. 경제가 어려워져 이를 극복하기 위한 수단으로 재난기금 형태의 현금성 복지가 제공되어 우리 사회의 복지 시스템을 총체적으로 재정비할 필요성이 제기됐다 국가에 세금을 낸 경험은 있어도 국가로부터 이러한 혜택을 받는 경우는 처음인 국민이 많을 것이다. 석유와 같은 천연자원이 풍부한 나라는 이러한 자원을 이용하여 전 국민 대상의 현금성 복지를 제공할 수 있지만, 우리나라의 경우는 부담의 주체 문제에 직면하게 된다.

결국 이러한 현금성 복지의 재원은 세금이나 국채 발행을 통해 충당될 것이다. 증세는 현 세대의 부담이고, 국가 부채의 증가는 후손 세대의 부담이 될 것이다. 증세에는 한계가 있기 때문에 국가 부채가 가파르게 상승할 가능성이 크다. 국가의 재정 건전성이 악화되면 국가나 기업이 해외에서 자금을 조달할 적에 더 높은 이자를 부담해야 된다.

당장 발등의 불을 끄기 위해 이러한 정책을 추진한다고 해도 자칫 잘못하면 남미나 남유럽의 일부 국가들이 경험한 포퓰리즘에 의한 국가 추락의 전철을 밟을 수 있는 만큼 극도로 경계해야 할 것이다.

코로나 재난으로 월급을 받는 데 전혀 지장이 없는 공무원, 공공기관이나 대기업 직원들의 경우는 기금의 취지를 살려 재난기금은 사용하되 상응하는 금액을 국가 부채 해소를 위해 자발적으로 기부하는 운동을 벌이면 어떨까?

우리 사회의 가치 체계 정비가 필요하다. 의료진의 사명감을 지닌 헌신은 코로나19를 확산시키지 않는 데 중요한 역할을 한다. 공무원이나 고용된 의사가 직무로 관련 일을 하는 것은 당연하다. 하지만 자원봉사로 대구로 달려가서 헌신하였던 의료진의 노력에 대한 가치를 어떻게 산정하고 보상할 것인가에 대한 진지한 고민이 필요하다.

현재 우리가 가진 평가 및 보상시스템은 화폐단위를 기반으로 하는 회계 시스템에 기반을 두고 있다. 사회적으로 필요한 선의나 헌신은 현재의 회계시스템에 반영되지 않는다. 이러한 사회적 가치를 현재의 재무적 가치 위주 회계 시스템에 반영할 수 있는 새로운 가치평가 및 반영시스템을 본격적으로 논의하면 어떨까?

해외에서는 이미 사회적 거래소, 사회적 기업, 사회 영향채권, 사회적 투자자들이 출현하여 기존의 시장, 기업, 금융상품, 투자자들에 사회적 가치가 더해진 새로운 경제 시스템이 형성되고 있다.

우리 사회에서도 코로나 19를 계기로 이러한 논의가 활발해지길 기대해 본다.

13 미세먼지 줄여주는 금융

2019-05-14

정부가 홀로 미세먼지 문제를 풀 수는 없다. 기업이 참여해야 하고, 그러려면 상업적인 동인을 주어야 한다.

여기서 기업에는 제조업체뿐 아니라 금융사도 들어간다. 먼저 제조업체는 미세먼지 저감장치를 개발하고 생산하는 분야에 투자할 수 있다. 물론 수익률이 다른 투자보다 높아야 한다.

정부가 이런 기업을 늘리고 싶다면 세제 혜택이나 보조금 지원으로 참여를 유도하면 된다. 물론 특혜 시비는 경계해야 한다. 이러한 문제가 생기지 않게 지원에 대한 공감대를 확보하고, 투명하고 공정한 절차를 마련해야 할 것이다.

금융사도 큰 역할을 해야 한다. 도리어 제조업체보다 공익적인 역할을 더 많이 요구할 수 있다. 이미 적지 않은 금융사가 국제적으로 지속 가능한 사회 구축, 특히 환경재난 예방을 위한 여러 협약에 참여하고 있다.

미국은 환경훼손을 막는 법과 원칙을 만들었다. 바로 서클라법과 적도원칙이다. 이 법이나 원칙은 모두 금융사를 대상으로 삼고 있다. 서클라법은 1990년대 제정됐다. 기업이 환경사고를 일으키면 정화비용을 대출 금융사에도 부담시킨다. 이런 대출자 책임이 규정돼 있어 금융사는 환경 위험을 깐깐하게 따진 다음에야 돈을 빌려준다. 즉, 화석연료를 많이 쓰는 바람에 미세먼지를 많이 배출하는 기업은 금융사로부터 돈을 빌리기도 어렵다. 결과적으로 금융사가 미세먼지를 줄여주는 셈이기도 하다.

우리도 이런 법을 만들 수 있다. 더 나아가 미세먼지 배출에 대한 책임을 금융사와 제조업체가 함께 지도록 하는 방안도 검토할 만하다. 서클라법을 이어받아 더욱 발전시키는 것이다.

적도원칙은 금융사에 환경영향 평가 의무를 부과하는 국제적인 원칙이다. 금융사는 일정 규모 이상으로 자금을 대여할 때 반드시 이런 평가를 해야 한다. 다국적 금융사도 이미 이 원칙을 지키는 데 동참하고 있다.

적도원칙 역시 우리나라에 도입할 수 있을 것이다. 먼저 금융업유관협회가 미세먼지 원칙을 만드는 방법을 생각할 수 있다. 미세먼지를 많이 배출하는 기업이나 프로젝트에는 금융지원을 억제하게 유도하는 것이다.

자본시장도 기여할 수 있다. 미세먼지 저감 펀드를 만들어 미세먼지 감축 기업을 키우면 된다. 물론 상대적으로 고위험·고수익 영역에 해당하는 투자다. 은행은 원금을 보장해야 하는 만큼 이런 식으로 투자하기 어렵다. 반면 자본시장에서는 헤지펀드나 환경펀드와 같이 고위험·고수익 투자처에 적합한 상품을 얼마든지 내놓을 수 있다.

미세먼지가 아니더라도 예측하기도, 해결하기도 어려운 새로운 난제가 얼마든지 우리 사회에 나타날 수 있다. 정부만 노력해서는 이를 해결하는 데 한계가 있을 것이다. 사회적인 난제를 풀기 위해서는 엄청난 재원이 들어간다. 재정은 어느 나라나 제한적이다. 결국 민간, 특히 금융에 많은 역할을 주어야 한다.

금융사는 속성상 공익적인 기능까지 담당할 수밖에 없다. 사람이 건강하려면 온몸에 혈액을 원활하게 공급해야 하듯이, 우리 사회도 마찬가지다. 사회가 건강하기 위해서는 미세먼지 감축과 같은 사업에 자금을 충분하게 댈 수 있는 금융 시스템을 구축해야 한다.

14 미세먼지 줄이려면 탈원전 재고해야

2019-04-07

미세먼지는 누구나 걱정한다. 환경을 고려하지 않는 성장에 자연이 경고하는 것일 수 있다. 이를 제대로 듣지 않으면 심각한 재앙을 맞을지 모른다.

미세먼지는 단박에 풀기도 어려운 문제다. 산업이나 에너지, 환경뿐 아니라 금융, 보건, 외교를 비롯한 다양한 영역이 맞물려 있다. 즉, 한 곳이 컨트롤타워가 돼 모든 관련부처를 한 몸처럼 움직이게 해야 한다.

대책도 이미 크게 두 가지로 나와 있다. 미세먼지 발생을 억제하거나 이미 생긴 미세먼지를 포집·저장하는 것이다.

문제는 더 구체적인 방법론이다. 생각건대 미세먼지와 성격이 비슷한 온실가스 대책을 적용하면 어떨까. 이산화탄소가 대부분을 차지하는 온실가스는 주로 화석연료를 쓰면서 생긴다. 지구 온난화를 일으키는 주범인 온실가스 감축안은 전 세계적으로 다양하게 논의돼 왔다.

여기서 가져올 만한 방안은 크게 세 가지다. 청정에너지 개발과 배출권 거래, 금융기능 활용이다. 이 가운데 청정에너지 개발만 이번에는 들여다보자.

미세먼지는 이산화탄소와 마찬가지로 화석연료를 많이 쓰는 발전소나 산업시설, 차량에서 나온다고 한다. 중국을 보아도 알 수 있다. 국가적인 행사인 올림픽이나 양회(전국인민대표대회·전국인민정치협상회의)를 열었을 때 공장 문을 닫고 공용차량 운행을 막았다. 이러는 것만으로도 미세먼지가 눈에 띄게 줄어들었다.

태양광이나 풍력 같은 청정 에너지를 꾸준히 개발하고 활용해야 하는 이유다. 다만 아직까지는 규모나 경제성 면에서 화석연료를 대체하기 어렵다.

원자력 에너지가 대안일 수 있다. 단, 큰 위험이 따른다. 미국 스리마일 아일랜드나 옛 소련 체르노빌, 일본 후쿠시마 원전 사고가 말해준다. 그래도 수많은 나라가 위험을 무릅쓴 채 원자력 에너지를 개발하고 활용한다. 경제성과 청정성, 규모 면에서 다른 에너지보다 월등하게 우수하기 때문이다.

원자력 에너지는 위험성·경제성·청정성과 트레이드오프(상호모순) 관계를 지닌다. 즉, 정책결정권자가 최종적으로 선택해야 한다. 물론 이런 선택을 할 때 정치적으로 판단하기보다는 과학적으로 접근해야 한다. 위험과 편익을 계량적으로 산출해야 하고, 원자력 기술

보유로 얻는 국제적인 위상까지 고려해야 할 것이다.

벼락에 맞을 위험이 있다고 해서 집안에만 머물지는 않는다. 사실상 그럴 위험이 없다고 할 수 있을 만큼 매우 낮아서다. 비행기는 떨어지면 심각한 인명손실을 낸다. 그래도 비행기를 탄다. 추락할 확률이 낮아 경제적인 편익을 더 중시한다.

물론 이런 사례와 원자력 에너지 이용을 맞비교하기는 어렵다. 그렇더라도 위험을 어느 수준까지 통제할 수 있는지 구체적으로 제시할 수만 있다면 원자력을 받아들이는 사람도 늘어날 것이다. 원자력 관련 학자나 전문가가 위험도를 객관적으로 산출해 정책결정권자와 국민에게 제공해주어야 한다.

15 사회적 난제 금융으로 풀자

2019-02-14

우리 사회의 지속가능성을 위협하는 다양한 난제들이 존재한다. 예를 들면 미세먼지를 포함한 환경오염, 기후재해, 저출산, 새로운 질병의 발생, 계층 간·세대 간·남북 간의 갈등 등과 같은 문제들이다. 국제적으로도 최빈국의 문제, 기후재해, 새로운 질병의 출현, 난민 문제 등 지구촌의 지속 가능성을 위협하는 다양한 난제들이 존재한다.

이러한 문제의 해결을 위해 국내적으로는 정부가, 국제적으로는 유엔을 중심으로 한 국제기구들이 역할을 해왔다. 하지만 이러한 난제 해결을 위한 충분한 공적 재원의 확보가 어려워 민간의 역할이 필요하다.

민간의 역할이 필요하다고 하여 기업이 이러한 난제를 해결할 수 있을까. 예를 들어 삼성전자의 미세먼지 연구소 설립은 사회적으로 바람직할 수 있지만 주주와의 이해충돌 문제를 야기할 수 있다. 그뿐만 아니라 기업이 부담하기에는 이러한 난제들은 너무 많은 재원을 필요로 한다.

금융의 역할이 필요하다. 전통적인 금융은 이윤을 기준으로 자금의 투입을 결정하고, 사회적 가치는 거의 고려하지 않는다. 한국거래소에 상장한 동일한 이익을 창출하는 두 회사를 가정해 보자. 한 회사는 사회의 지속 가능성에 기여하는 취약계층의 고용 등 긍정적인 사회적 가치를 창출하면서 이익을 낸다. 반대로 다른 회사는 환경오염과 같은 지속 가능성을 저해하는 부정적인 사회적 가치를 창출하면서 동일한 이익을 올리고 있다. 이럴 경우, 현재의 금융 시스템에서는 두 회사에 대한 투자 기준은 거의 동일하다. 왜냐하면 투자판단의 기준이 주로 재무적 이익에 의해 이루어지고, 사회적 가치는 거의 고려되지 않기 때문이다.

기존 상업적 금융 시스템에 더하여 투자 의사를 결정할 때 사회적 가치 창출을 고려하는 새로운 금융 시스템을 구축하면, 한 국가나 지구촌의 지속 가능성은 훨씬 높아질 것이다. 기존의 상업적 금융 시스템을 구성하는 요소는 금융상품, 금융시장, 금융공급자, 금융수요자, 금융중개기관, 금융감독당국이라 할 수 있다. 전통적 금융 참여자들의 기본철학은 이윤 동기에 의해 움직인다. 금융당국은 이러한 목적을 위한 공정한 질서를 구축하기 위해 감시와 감독 기능을 수행해왔다.

민간 자금이 사회적 가치를 추구하는 사업에 투자할 수 있는 방안은 없을까.

다행히도 전 세계적으로 민간의 자금이 사회적 가치를 고려하여 투자하는 새로운 금융 시스템이 금융 요소별로 태동하고 있다. 즉, 금융상품의 측면에서는 사회영향채권(SIB), 투자시장의 측면에서는 사회적 거래소, 투자자의 측면에서는 사회 영향 투자자, 투자 대상의 측면에서 사회적 기업, 금융 중개기관의 측면에서는 임팩트 투자 전문기관이 나오고 있다. 또한 세계적인 투자기관들이 사회적 가치창출을 고려해서 투자하는 임팩트 투자 부서를 만들고, 사회영향채권에도 투자를 시작하였다.

삼성전자의 미세먼지 대응 프로젝트를 사회적 금융 시스템의 틀에서 보자. 이때도 사회영향채권 구조를 이용할 수 있다. 삼성전자는 사회영향채권을 발행하여 미세먼지 프로젝트에 투입하는 자금을 조달하고, 정부는 삼성전자와 협약을 맺는다. 삼성전자의 투자로 미세먼지 농도가 낮아지면, 그에 비례해 정부가 투자금액을 보전해준다. 민간과 정부가 협업하여 실질적 성과를 낼 수 있게 인센티브를 주는 구조이다. 정부는 성과가 나지 않으면 지원을 하지 않아 예산을 효과적으로 쓸 수 있다.

우리 사회의 지속가능성을 저해하는 문제를 해결하기 위하여 정부의 노력만으로는 한계가 있다. 새로운 사회적 금융지원 체계를 구축해야 한다.

16 금융 규제 바로잡으려면

2019-01-13

금융산업도 국가끼리 치열하게 경쟁한다. 보다 효율적인 금융산업을 만들어 국제 경쟁력을 확보하고 국부 창출에도 기여해야 한다.

과거에는 무력으로 다른 나라를 침탈하였지만, 오늘날에는 금융전쟁을 통하여 국가 간에 부가 이동한다. 예를 들면, 아시아에 투자하는 미국 헤지펀드 수익률과 주로 미국 국채에 투자하는 아시아 자본이 거두는 수익률은 상당한 차이가 난다. 이러한 차이에 따라 지역 간에 부가 전이되는 현상이 생긴다.

금융산업도 국제 경쟁력을 확보해야 한다. 그러려면 금융회사가 창의력을 가지고 투자활동을 할 수 있게 규제 체계를 짜야 한다. 불필요하거나 과도한 금융 규제는 경제 활력을 떨어뜨리고 눈에 보이지 않는 사회적 비용을 발생시킨다. 국제적 정합성을 고려한 금융 규제로 국부를 창출하고 국민 경제 편익을 키워야 한다.

금융 규제가 변하면 이해관계자 간 균형 상태도 다시 바뀐다. 이런 변화로 유리해지는 쪽과 불리한 쪽 사이에 갈등이 일어날 공산이 크다. 예를 들어, 규제를 통하여 카드회사 수수료율을 낮춘다고 치자. 카드회사 수익성은 나빠지고 카드 서비스 수수료를 지불하는 회사 수익성은 좋아진다. 즉, 양사 간에 부가 전이된다. 또한 카드회사는 수입이 감소하므로 카드 사용자에게 제공하던 부가 서비스를 줄일 것이다. 그래서 새로운 규제를 만들 때에는 영향을 다각적이고 세심하게 검토해야 한다.

금융 규제를 바로잡으려면 그 필요성과 적정성 여부를 먼저 판단할 필요가 있다. 환경 변화로 기존 규제가 필요 없다면 없애면 되고, 규제 수준이 높으면 낮추면 된다. 이러한 규제를 발굴하여 적정 수준으로 유지하려고 노력해야 한다. 금융 규제를 둘러싼 이해 당사자는 금융소비자와 금융회사, 금융당국이라 할 수 있다. 이러한 세 가지 관점에서 규제를 살펴본다.

첫째, 금융소비자는 규제를 통해 가능한 많이 보호해주기를 원할 것이다. 그런데 규제에도 비용이 들어간다. 현행 자본시장법도 이러한 측면을 고려하고 있다. 투자자를 스스로 보호할 수 있는 전문투자자와 그렇지 못한 일반투자자로 나누는 이유이기도 하다. 예를 들면, 금융회사 설명의무와 같은 투자자 보호 규제도 차별적으로 적용한다. 과도한 금융 소비자 보호는 금융회사 비용증가를 유발할 수 있고, 규제를 설정할 때 이러한 점을 고려해야 한다.

둘째, 금융회사는 느슨한 규제를 통해 자유롭게 영업하기를 원할 것이다. 영업활동을 위한 진입 요건이나 업무 범위 제한, 건전성 유지와 같은 다양한 규제가 있다. 이러한 규제에는 양면성이 존재한다. 규제 수준이 낮으면 영업활동을 하기에 편리하지만 금융소비자 보호도 그만큼 어려워질 수 있다. 그래도 금융상품이나 서비스 가격 자체를 규제하면 금융회사 경영을 위축시킨다. 가격은 금융회사 간 경쟁을 통하여 결정돼야 바람직하다. 더욱이 가격 규제는 금융회사 경영활동 자체에 대한 규제이다. 경영 실패로 이어진다면 가격 규제를 가한 당국에 대해서도 책임 문제가 제기될 수 있다.

셋째, 금융당국은 속성상 규제를 많이 만들기 쉽다. 규제 미비로 문제가 발생하면 책임을 물리기 때문이다. 적정 수준으로 규제를 설계하기 위해서는 금융산업 효율성과 금융시장 안정성, 이해관계자 간 공정성, 금융소비자 보호가 함께 고려되어야 한다. 국제 금융전쟁 시대에 금융회사 발목을 묶는 규제는 풀어주어야 하고, 가격 규제는 더욱 신중을 기해야 할 것이다.

V

나라의 미래

1 우리는 어디로 가고 있는가?

2025-09-22

미국에서 300여 명의 한국인 구금 사건과 김정은의 천안문 망루대 출현은 시사하는 바가 크다. 10년 전에는 김정은의 자리에 박근혜가 섰고 미국이 우리를 이렇게 홀대하리란 상상을 못했다. 미국과 중국과의 관계 설정이 향후 우리의 앞날에 중요한 변수가 될 것이다.

올해 경주에서 개최되는 2025 APEC 정상회의는 우리 외교 능력의 시험대가 될 것이다. 2005년 부산 APEC 회의에서 우리 국격을 높였던 기억이 생생하다. 10월 말에 열려 얼마 남지 않은 회의의 성공을 위해 국력을 결집해야 하는데 여야 간 정쟁만 계속하고 있어 우려스럽다.

미국과 정상 회담에서 교회와 미군기지에 대한 압수수색 같은 언급이 나온 것을 가볍게 보면 안 된다. 미국과 관계를 잘 유지하는 데 미국의 한국에 대한 인식이 중요하다. 한국은 교회를 탄압하고 미군을 무시한다는 인식을 주는 자체가 마이너스 요인이다. 특검의 과도한 수사는 외교에 부정적 영향을 미친다.

새로운 정부가 들어서면 업적을 내기 위해 개혁 정책이란 이름으로 새로운 정책을 시도한다. 새로운 정책의 도입 시 그 효과에 대한 신중한 검토와 검증이 필요하다. 과거 개혁 정책이라고 밀어붙인 정책들이 의도는 좋으나 결과가 의도했던 바와 거꾸로 나타나 우리 사회를 뒷걸음치게 만들고 국민의 삶을 어렵게 만든 사례는 쉬이 찾아볼 수 있다.

문제는 그러한 정책의 부작용에 대해 전문가나 이해관계 당사자가 문제를 제기해도 정책 추진 주체가 확증 편향에 사로잡히면 의견을 심사숙고하기보다는 반대편의 개혁 정책에 대한 발목 잡기로 치부하고 귀를 막는다는 데 있다. 부작용이 나타나면 그때 가서 제도를 다시 바꾸면 되지 않느냐고 생각할 수 있다. 하지만 그렇게 하면 너무 큰 사회적 비용을 치르고 한번 바뀐 제도는 이해관계자 간의 새로운 균형이 형성되기 때문에 바꾸기가 더 어렵게 된다.

문재인 정부를 반면교사로 삼아보자. 소위 '소주성'으로 불리는 소득주도성장으로 노동자의 임금을 급격히 올려 30만으로 추산되는 자영업자들이 문을 닫은 것으로 언론에 보도되었다. 여기에 종사하는 근로자에게 더 나은 혜택을 주고 성장에도 도움이 될 것이라는 믿음으로 추진된 정책이지만 많은 사람들의 일터를 잃어버리게 하는 결과를 초래했다.

부동산 정책의 잘못된 설계는 확증 편향 말고는 설명하기 어렵다. 계층 간의 갈등 중 부동산 문제는 핵심 이슈이다. 노무현 정부와 문재인 정부의 실질적 부동산 정책은 동일한 분이 맡은 것으로 알려져 있다. 노무현 때 실패한 부동산 정책을 문재인 정부 때 답습하여 부동산 가격을 천정부지로 올려놓았다.

지금 우리 사회는 노란봉투법과 소위 더 센 상법 개정으로 기업 경영자의 고민이 크다. 노동자는 파업을 더 쉽게 할 수 있게 되었고 경영권 방어는 취약하게 되어 외국 자본의 국내 기업 침탈이 용이하게 되었다. 노동자 보호와 소액 주주 보호라는 명분에도 불구하고 이러한 제도 변화가 국내 기업과 노동자에게 어떠한 영향을 미칠지 우려스럽다.

노란봉투법으로 노동자의 파업 권한이 강화된 것처럼 보이지만 기업들이 이러한 제도 변경으로 인하여 국내를 이탈하고, 외국 투자자들이 발길을 돌리며, 로봇을 더 사용하게 되어 줄어드는 일자리를 감안하면 반드시 노동자에게 이득이라고 하기도 어려울 것이다. 미국은 해외 투자기업을 불러들이고 우리는 노란봉투법으로 기업이 해외로 나갈 궁리를 하게 한다.

현금 뿌리기 정책으로 국가 채무가 늘고 인플레이션으로 취약계층이 고통을 받으며 일자리를 잃어버릴 가능성이 생겨도 노동자의 파업권이 강화되었다고 마냥 박수만 칠 수는 없는 노릇 아닌가? 자본의 속성을 모르는 운동권 좌파 정치가들 탓을 해 봐야 뒤늦은 후회가 될 터이다. 노란봉투법의 부작용을 최소화하기 위해 하청회사와의 교섭 시 원청회사의 부담을 덜어주는 등 시행상의 보완 장치를 마련하는 것이 필요하다.

2 대한민국호는 어디로 가고 있는가?

2025-07-27

미국과의 관세 협상은 지지부진하고 국내 경제 정책의 방향이 상충되는 점이 있어 혼란스럽다. 대한민국호의 키를 잡은 새로운 정부의 일관된 정책이 요구된다. 예를 들어 주 52시간제를 유지하며 AI 산업을 발전시키기는 어려울 것이다.

현 정부가 문재인 정부의 실패 정책을 따라가고 있는 건 아닌지 우려스럽다. 정확한 내용을 모르면서 설치는 정치가는 국가와 국민에 피해를 끼친다. 문 정부에서는 환경을 보전한다고 탈원전을 추구하고, 부동산 가격을 안정시킨다고 무거운 세금을 매기고, 성장을 이루기 위해 최저임금을 올리는 소득주도성장 정책을 추진했다.

탈원전 정책으로 원전 생태계가 파괴되고, 부동산에 대한 무거운 세금은 부동산 원가에 반영돼 부동산 폭등에 일조하고 최저 임금 인상으로 문을 닫는 자영업자가 늘었다. 지금은 서민 경제의 도움과 경제 활력의 마중물로 민생 지원금을 뿌리고 부채 탕감 정책을 편다.

하지만 돈을 풀어 상승하는 물가를 감안하면 바람직한 정책인지 의문이 든다. 나라의 장기 발전을 위해 돈 쓸 곳이 한두 군데인가? AI 투자, 국방비 증액 등 시급히 늘려야 되는 예산을 감안해서 포퓰리즘 성격의 불요불급한 지출은 자제해야 한다. 16조 4,000억 원으로 추산되는 부채를 탕감해 주면 성실히 부채를 갚은 사람은 억울하게 생각하고 향후 유사한 기대로 인한 도덕적 해이가 생길 수 있다. 신중히 추진해야 할 사안이다.

다수 여당이 상법 개정, 노란봉투법 등 기업 경영을 위협하는 법안에 거침이 없다. 물론 소액주주나 노동자 보호의 긍정적인 측면이 있다. 하지만 기업의 경영에 지장을 초래하는 부정적 측면 또한 존재한다. 해외 투기 자본은 호시탐탐 국내 기업의 경영권을 노릴 것이다. 해외 제도를 참고해 경영권 보호를 위한 차등 의결권을 지닌 주식의 도입과 같은 경영권 보호 장치를 강화할 필요가 있다.

민주당은 다수 여당이라고 해서 말을 바꾸고 정책을 마음대로 해서는 안 된다. 특활비 없어도 국정에 지장이 없다면서 윤석열 정부의 특활비를 전액 삭감해 놓고 정권을 잡은 후 특활비를 복원했다. 국민의힘은 후안무치하다고 비난한다. 최소한 왜 복원하는지 국민에게 이해를 구하고 만약 특활비가 없어서 국정에 지장이 있다면 잘못 판단했다고 사과라도 해야 되는 것 아닌가?

윤석열 대통령이 이해하기 어려운 계엄을 시도한 이유가 특활비를 없애는 등 국정을 제대로 할 수 없게 만드는 민주당의 국정마비 시도도 한몫 했을지 모른다. 다수 여당이라도 국민을 무서워할 줄 알아야 한다. 이진숙은 표절로 낙마하고 강선우는 갑질로 사퇴했다. 소속 정당의 자기 식구 감싸기로 국민 눈높이에 맞지 않는 후보의 임명이 강행될 뻔했다.

정치를 업으로 하는 정치꾼들은 득실한데 자기를 내려놓고 국민에게 감동을 주는 용기 있는 정치가를 찾기 힘든 안타까운 현실이다. 특히 지리멸렬하는 국민의힘은 진정성 있게 국민에게 어떻게 감동을 줄 수 있을지 고민해야 한다. 텃밭이라 할 수 있는 영남권 의원들이 기득권을 내려놓는 자발적 자기 희생이 필요하다. 혁신을 한다고 내홍을 겪는 사이에 여당을 견제해야 할 야당의 책무를 방기하고 있지 않은지 스스로를 돌아봐야 한다.

흔들리는 대한민국호의 안전 운행을 위한 여야 협치가 필요하다. 파괴적 혁신을 통한 진정 국민을 위한 K 정치는 할 수 없는 것일까?

3 반듯한 나라를 세우는 새 정치가 필요하다

2025-07-06

오늘의 우리는 과거의 많은 우연과 필연, 선택의 종합적 결과로 존재한다. 공동체 의식 역시 마찬가지다. 우연과 필연이 작용하지만 선택에 따라 변화의 동력을 만들 수 있다.

지금은 정치 이념이나 지역에 따라 편가르기가 심한 우리 사회를 양심과 윤리가 존중받는 반듯한 공동체로 만들기 위한 정치권의 노력이 필요하다. 내 편이면 잘못해도 무조건 감싸는 정치 문화가 개선되어야 한다. 이런 공동체 의식이 형성되면 이해하기 힘든 대통령의 계엄 시도도 내각 차원에서 사전 견제가 가능해질 수 있다.

새 정부 출범 이후 주식시장의 반응은 긍정적이고, 내각 구성은 대체적으로 무난한 것으로 평가받는다. 여론조사에서도 국정 지지율이 60% 이상으로 나타난다. 절대 다수의 여당은 정부의 정책을 적극 지원할 태세이고 견제 세력인 국민의힘은 무기력하다. 야당은 여당의 정책이 올바른지 살펴보아 잘못이 있으면 비판해야 되지만, 더 중요한 건 스스로 정책 개발을 해서 국민에게 인정을 받는 것이다. 상대방 비판만 해서는 한계가 있다.

새 정부는 1호 법안으로 3대 특검법을 공포했다. 김건희, 내란, 채상병 특검법이다. 과거 윤석열 정부가 위헌성을 이유로 모두 재의요구권을 행사했던 법안이다. 이젠 국회의 다수 여당은 무슨 사안이든 법으로 만들 수 있게 되었다. 특검 추천을 국민의힘은 배제된 채 민주당과 조국혁신당만 할 수 있게 했다. 야권의 반발 빌미가 된다.

국민은 특검 과정을 지켜 볼 것이다. 특검이 공정하고 투명하게 진행되어 명확하게 사실 관계가 밝혀지면 더할 나위 없이 좋을 것이다. 국민의힘은 특검을 이용한 정쟁과 사정 정국 말고는 이해가 되지 않는다고 밝혔다. 상대방의 의견을 귀담아 듣는 정치가 필요하다. 경청의 정치를 할 수 있길 바란다. 경청이 갈등 조정의 첫 단추라 할 수 있다.

털어서 먼지 안 나는 사람은 없다는 말이 있다. 먼지를 잘 활용하는 기술을 정치로 여기면 우리 사회는 바람 잘 날이 없을 것이다. 민주당이 윤 대통령에 유리한 판결을 한 판사의 룸살롱 사진을 공개함으로써 여당의 마음에 들지 않는 판결을 할 적에 해당 판사는 먼지를 털릴 수도 있다는 우려를 갖게 된다. 다수 여당으로서 향후 이런 정치는 자제해야 한다.

과정을 중시하는 정치 문화 또한 필요하다. 결과만 좋으면 과정은 상관없다는 사고는 우리 사회에 목표 달성을 위해 탈법과 편법을 부추길 우려가 있다. 과정을 중시하는 사회는 장기적으로 투명한 사회로 나아가게 될 것이다. 이 대통령은 재판이 연기됐을 뿐 사법리스크는 여전히 남아있다. 5년 후 더 높은 지지율로 퇴임하기 위해 선거에서 지지를 받지 못했던 과반 국민의 마음을 헤아리는 노력을 게을리 해서는 안될 것이다.

대통령의 사법리스크가 여전히 존재하는데 국무총리가 금전 문제로 의심을 받는 현상은 바람직하지 않다. 증인도 자료도 없는 청문회에서 본인 주장만 믿고 의혹을 덮고 가기에는 찜찜하다. 정부 초기라 과거 잘못이 멈춰진 듯 하지만 언젠가 해결해야 될 문제들이다. 과거에 잘못해도 성공하면 잘못이 유야무야되는 사회가 되어서는 안 된다. 잘못된 매듭은 풀고 가야 된다.

요동치는 국제 정세하에서 잠재성장률이 둔화되고, 저출산 고령화로 나라의 앞날이 어두운 이 시기에 더 나은 사회를 만들기 위한 진정한 협치가 필요하다. 여야 정치권은 새 정부 출범을 계기로 상대방을 경청하며 협력해 우리 사회를 양심과 윤리가 존중받는 반듯한 공동체로 세우길 바란다.

4 과거를 잊지 말고 미래로 나아가자

2025-06-12

예상대로 이재명 더불어민주당 대선 후보가 대한민국의 제21대 대통령으로 선출됐다. 12월 3일 윤석열의 계엄 발표로 시작돼 6월 3일 대통령 투표가 있기까지 6개월간의 사회적 혼란은 대한민국 역사의 한 페이지를 장식할 것이다.

내란 세력과 독재 세력으로 상대방을 비방하며 편을 갈라 죽기 살기로 싸워온 우리 사회가 다시 뭉쳐 향후 닥쳐올 대내외적 어려움을 슬기롭게 헤쳐나가고 국제 사회에서 제대로 대접받는 나라로 거듭날 수 있도록 노력해야 한다.

지난 6개월의 혼란은 어찌 보면 보수적 성향의 산업화 세력과 진보적 성향의 민주화 세력 간 갈등의 산물이다. 산업화 세력은 경제적 발전을 위한 성장 정책에 주안점을 둔다. 1960년대 초반 국민소득 100달러였던 세계 최빈곤 국가를 국민소득 3만 6,000달러의 나라로 만들었다는 자부심이 있다. 민주화 세력은 독재 정치를 타파하기 위한 운동권 출신이 주축을 이뤘다. 노동자들의 권익 향상을 추구하고 분배 정책에 더 많은 관심을 갖는다.

이번 선거에서 김문수가 고령층과 영남에서 지지를 받았고 이재명은 4050세대와 호남에서 지지를 받았다. 초기 성장 정책을 주도한 박정희의 출신지인 영남이 산업화 세력의 정치적 근거지라면 박정희 대척점에 서 있었던 김대중의 출신지인 호남 지역이 민주화 세력의 정치적 근거지라 할 수 있다.

이번 선거에서 이재명, 김문수, 이준석은 각각 49.42%, 41.15%,

8.34%를 받았다. 탄핵으로 기울어진 운동장의 경사도를 감안하면 어느 한 편의 완승이라고 할 수 없는 스코어다. 계엄으로 인한 탄핵을 당한 국민의힘에 대해 회초리를 크게 들어야 되지만 그러한 원인 제공을 한 민주당과 개인적 사법 리스크가 있는 이재명에게도 절대적 지지를 하기 어려웠던 환경의 결과라 할 수 있다.

AI시대는 기회이자 동시에 위기로 우리에게 다가올 것이다. 우리가 어떻게 대처하느냐에 따라 우리의 앞날이 달려 있다. 예를 들어 엄청난 전기가 필요한 AI시대에 탈원전 주장은 어리석다. 원전이 위험해서 사용하지 말자고 주장하는 사람은 비행기나 자동차를 탈 자격이 없다. 운송의 편익이 비행기나 자동차에 내재하는 위험보다 크기 때문에 사람들은 그러한 교통 수단을 이용한다.

원전도 안전성 제고를 위해 기술을 향상하고 혹시 있을지 모를 재난에 대한 대비 태세를 갖추는 게 필요하다. 탈원전을 하면 과도한 화석 연료 사용으로 기후변화 같은 더 큰 위험을 맞을 수도 있다. 기업 생산품 원가의 주요 요소인 산업용 전기 요금은 2017년 이후 58%가 상승했고 미국이나 중국보다 40% 이상 비싼 것으로 보도되었다. 기업의 국제 경쟁력에 전기료가 주요 역할을 한다. 그런데도 문재인 정부는 싸고 깨끗한 원전 에너지를 배척했다. 이번 정부는 그 전철을 밟지 않길 바란다.

새 대통령을 뽑는 것은 국민 개개인의 미래의 선택이다. 절대 권력은 절대적으로 부패할 가능성이 크다는 것은 역사의 교훈이다. 이재명 대통령이 취임한 첫날 민주당은 국회법제사법위원회 소위를 열어 대법관 증원을 골자로 한 법원 조직법 개정안을 강행 처리했다. 삼권분립을 위협하는 입법은 자제해야 한다. 정치계는 과거의 잘못을 잊지 말고 협력해 나라와 사회의 발전을 위해 미래로 나아가길 기대한다.

5 우리 사회는 어디로 흘러 갈 것인가?

2025-05-20

우리는 대한민국이라는 공동체에 살고 있다. 이 나라를 이끌 새로운 지도자를 뽑을 날이 얼마 남지 않았다. 대통령이 탄핵을 당해 급하게 새로운 대통령을 뽑기 때문에 인물이나 정책 검증을 할 시간이 충분치 않다. 후보자들의 그간의 행적과 내세우는 정책을 유권자들이 잘 판단해야 된다.

나라가 내리막길에 들어서는 징후가 여러 곳에서 나타나고 있다. 다음 대통령은 어려운 여건에서 우리 사회가 새로운 도약을 이루게 하는 막중한 임무가 주어진다. 인구 감소, 고령화, 공무원의 열정과 사명감 상실, 세대 간 및 계층 간의 갈등, 정치권의 무분별한 포퓰리즘, 기업하기 어렵게 만드는 규제와 세제, 트럼프발 국제 무역 여건의 악화 등으로 나라의 앞날에 먹구름이 가득하다. 내리막길에 들어선 나라 경제에 포퓰리즘 정책이 더해지면 남미의 몇 나라처럼 회복하기 어려운 치명타를 맞을 수도 있다.

과감한 개혁 정책과 국제 협력으로 난국을 돌파하기 위한 중지를 모아야 한다. 이러한 국가적 위기 상황에서도 정치권은 이를 극복할 진정성 있는 고민과 협치보다는 정권을 잡기 위해 온갖 무리수를 둔다. 나라 경제는 아랑곳하지 않고 삼권 분립을 위협하는 사법부 겁박도 서슴지 않는다. 정치가 해야 할 일과 하지 말아야 할 일을 구분하지 못하고 있다. 윤석열의 계엄이 이해하기 힘든 것과 마찬가지로 경제 정책 전문가가 절대적으로 필요한 시점에 민주당이 탄핵 겁박으로 최상목을 사퇴시킨 것도 이해하기 힘들다.

우리나라의 1분기 경제 성장율은 -0.2%로 경제 성장 발표국 19개국 중 꼴찌를 차지했다. 계엄과 탄핵, 산불, 관세 전쟁 등 소비를 위축시키고 경제를 짓누르는 요인들을 해결하기 위한 유능한 경제 관료가 필요하다. 미래가 불안하면 소비심리가 위축된다. 불확실성에 대비해 현금을 보유하려고 하기 때문이다.

민주당은 대법원장을 겁박하고 이재명을 보호하기 위한 이런 저런 법을 추진한다. 위인설법은 북한 같은 독재 국가에서나 하는 일이지 대한민국에서도 가능한 일인지 의아하다. 법은 만인에 평등하고 국가와 사회 발전을 목표로 만들어진다. 어떤 한 개인을 위해 법을 만드는 것은 독재 국가에서나 하는 일이다.

이재명의 사법 리스크는 이미 알려져 있는 일이고 법원은 제 역할을 했을 뿐인데 이재명에게 불리한 판결을 내렸다고 대법원을 청문회, 특검법으로 겁박한다. 법에 따라 나라가 운영된다. 민주당의 대선 후보인 이재명도 법을 위반한 게 판명되면 법적 절차를 따라야 된다. 통치 권력과 사법 권력이 분리되지 않으면 민주주의는 크게 후퇴할 것이다.

법관의 탄핵은 신중해야 된다. 판결이 마음에 들지 않는다고 국회에서 법관을 탄핵 하면 삼권 분립에 의해 견제와 균형으로 운영되는 나라의 시스템에 정면으로 도전하는 게 된다. 물론 헌재에서 최종 판단하겠지만 민주당의 줄 탄핵으로 국가에 끼친 폐해를 생각하면 민주당 스스로 자중해야 된다. 민주당의 위인설법의 도가 지나치다. 그런 행동을 국민이 지켜보고 있다는 것을 명심해야 된다.

정치는 국민의 지친 심신을 위로하고 희망을 줘야 한다. 하지만 현재 정치는 국민의 울분을 쌓이게 하고 있다. 국민에게 앞날의 비전을 제시해 어느 후보가 나라의 미래를 더 잘 이끌어 나갈지 판단하게 하는 축제가 아니라 민주당은 이재명의 사법 리스크 때문에 법원을 겁박하고 있고 국민의힘은 후보 교체 소동으로 국민을 열불나게 했다. 차라리 AI가 정치를 하는 게 나을지도 모르겠다.

K 문화는 융성하는데 K 정치는 후진적이다. 나라의 앞날이 우려된다. 이재명 후보가 대통령이 되기 전부터 재판중지법 등 이런 저런 위인설법 얘기가 나오는 데 대통령이 된다면 입법, 사법, 행정을 장악해 어떤 사법 체계를 만들지 벌써 우려가 된다. 견제받지 아니하는 권력의 폐해는 역사가 말해준다. 민주당은 다수당으로서 자중할 줄 알아야 된다.

미당 서정주는 자화상이라는 시에서 "나를 키운 건 8할이 바람이다"라고 노래하고 있다. 이재명이 당선되면 이재명을 키운 건 8할이 윤석열이라고 해도 큰 무리는 없을 듯하다. 윤석열 전 대통령이 계엄 발표만 하지 않았다면 이재명은 사법 심판을 받아 대통령 출마가 불가할 가능성이 컸기 때문이다. 절묘한 시기에 발표된 계엄은 이재명의 사법 리스크 부담을 덜어주며 구명 밧줄이 됐다.

지금은 대내외적으로 국가적 위기 상황이라 할 수 있다. 나라가 위기 상황에 처했을 적에 영웅이 나타나 나라를 올바르게 이끌어 나가길 기대한다. 갈라진 국민의 마음을 다독이고 급변하는 국제 정세에 제대로 대응할 수 있는 능력과 지혜가 있는 지도자가 필요하다. 서로 편을 갈라 정치적 이득을 얻기 위해 이전투구할 한가한 상황이 아니라는 걸 정치권이 깨달아야 한다. 경제가 어려운 상황에서 최상목 탄핵과 같은 일을 반복해서는 안 된다. 사법부의 독립성을 침해하고 사회 갈등을 야기하는 무리한 입법은 자제해야 된다.

우리 사회가 나무에 둘러싸여 숲을 보지 못해 부지불식간에 국민이 원하지 않는 독재 국가의 방향으로 흘러가게 해서는 안 된다. 국가와 사회를 위해 진정으로 봉사하고 헌신하는 지도자가 선출돼 나라를 올바른 방향으로 이끌길 기대한다.

6 이제는 차분히 앞으로 나아가자

2024-12-17

과거 칼럼을 통해 종합적인 판단 능력, 공익 우선 정신, 국민 화합, 미래지향적 통찰력과 안목을 지도자의 자질로 제시한 바 있다. 공감 능력의 부족, 확증 편향의 아집은 종합적인 판단을 어렵게 한다.

우리 사회는 역동적이다. 다이내믹 코리아는 국제 사회에서 긍정적 의미로 한국의 역동성을 인정받는 국가 브랜드이다. 사법시험 합격이 늦어 상대적으로 뒤처져 있던 윤석열을 검찰총장으로 발탁한 건 문재인 정부다. 문 정부에 맞섰던 윤석열을 받아들여 대통령으로 만든 건 현재 여당이다.

윤 대통령이 불의한 권력에 맞서 싸울 적에는 국민들이 박수를 쳤다. 국민 다수가 의아해 하는, 증거 없는 확증 편향에 기반한 계엄에는 대다수 국민이 등을 돌렸다.

윤 대통령은 왜 이러한 무모한 계엄을 시도했을까? 불과 3개월 전 인사청문회에서 김용현 국방부장관 지명자가 계엄은 국민이 용납

하지 않는다고 단언한 것이 지금도 생생하다.

지난 3개월 동안 무슨 일이 있었을까? 거대 야당의 반복된 탄핵 공세와 일방적 예산 삭감 추진으로 정상적인 국정 운영을 할 수 없다고 판단했을 수도 있다. 국가정보원의 대공 수사권을 없앤 민주당은 그 역할을 맡은 경찰의 특수활동비마저 삭감했다. 간첩과 마약범이 활개칠 수 있는 사회를 더 이상 방치할 수 없다고 생각했는지도 모르겠다. 그렇다고 해서 계엄이 정당화될 수는 없다.

많은 국민이 적잖은 충격을 받았을 것이다. 이러한 시도가 국가와 국민에게 미칠 부정적 파장을 조금이라도 고민해 보았는지 의문이 든다. 외교 관계와 국격의 훼손, 안보 손상, 외국투자자의 이탈, 증시 하락으로 인한 투자자 손실, 추운 날씨에 거리로 나온 시민들의 피해, 국가에 충성하는 애꿎은 군인의 피해 등 열거하기도 어려운 부정적 영향은 국민의 몫이다.

계엄 후유증으로 국가와 국민에게 시급히 치료해야 할 상처가 생겼다. 이 상처를 잘 치료하는 것은 국민의 몫이다. 국회에서 계엄 시도를 저지하고 탄핵으로 응징함으로써 1단계 응급 처치는 이루어졌다.

이제 신속히 2단계 치료에 나서야 한다. 정부를 정상화하고 평화적이고 민주적인 방법으로 법질서에 따라 해결할 능력이 우리에게 있다는 믿음을 국제 사회에 줘야 한다.

대통령 탄핵과 함께 직무가 정지됐다. 헌법재판소 결정까지 한덕수 국무총리가 대통령 권한을 행사한다. 15일 기자회견에서 이재명 대표는 한 권한대행에 대해 일단 탄핵 절차를 밟지 않겠다고 했다. 마음에 들지 않으면 탄핵하겠다는 얘기와 같다. 국정을 총괄하는 한 권한대행을 겁박할 수단을 남겨 둔 것이다.

거대 야당은 최소한의 책임감을 느껴야 한다. 국정 정상화와 국가 위기 극복을 위해 정부와 국회가 협력해야 한다. 정치도 넘지 않아야 할 선이 있다. 윤 대통령은 계엄 시도로 이 선을 넘었다. 선을 넘은 후폭풍은 엄청나다. 민주당과 이 대표라도 선을 넘지 말기 바란다.

이 대표는 헌재에 윤 대통령의 파면 절차를 신속히 진행해 달라고 주문했다. 파면은 헌재가 논의한 후 결정하는 것이지 이 대표가 결정하는 것이 아니다.

정권욕의 노예가 된 정치인들은 국민에게 사죄하고 반성부터 해야 한다. 정치인들을 회초리질하고 국격 회복과 경제 회복을 위해 앞으로 나아가는 국민의 저력은 다이내믹 코리아의 원천이다. 이 기회에 국민들이 직접 권력구조를 개편하고 나라를 바로 세울 필요가 있다.

사법 심판의 불안에 떨지 않고 국민 화합을 중시하며 미래지향적 통찰력을 지닌 종합적 판단 능력이 있는 사람이 나라를 이끌어 가기를 기대해본다.

7 새해는 상식을 중시하며 실용 사회로 나아가길

2023-01-04

지난해 국내 제일 큰 행사는 3월 9일 대통령 선거였다. 정부가 바뀌면서 다양한 정책의 변화가 나타나고 있다. 하지만 국회의 다수 의석을 민주당이 차지하고 있어 정책 변화를 위한 법률 제정이나 예산안 편성이 제대로 되지 않고 있다. 이 때문에 정책 목표 달성이 우려스럽다. 민주당을 다수 의석으로 만든 국민이 정부를 바꾼 이유는 문재인 정부의 실패한 정책을 바꿔 달라고 정치권에 요구하는 것이다.

건강한 사회는 사실과 상식에 기반해 움직이는 사회이다. 거짓과 비상식이 판치게 되면 종국에는 많은 사회 구성원이 피해를 입는다.

지난해 김의겸 의원이 제기한 대통령의 술자리 의혹은 상식적이지 않다. 그런 의혹이 담긴 제보가 와도 쉽게 확인할 수 있는 문제이다. 확인 절차를 거치지 않고 국정 감사장에서 이런 문제를 제기하는 것은 큰 사회적 비용을 유발한다. 더욱이 민주당 지도부의 행태는 우리 정치권의 수준을 보여 준다.

민주당 지도부는 특별검사를 임용해 진실을 밝히자거나 제2의 국정 농단으로 말한 것으로 언론은 보도했다. 김의겸 의원은 국정 관련 제보를 받고 이를 국감에서 확인하는 건 당연히 해야 할 일이고 다시 그 날로 돌아간다 해도 같은 질문을 하지 않을 수 없다고 했다. 본인이 국감장 질문 말고 사실 관계 파악을 위해 어떠한 노력을 했는지 묻지 않을 수 없다. 상식에 부합되지 않은 제보를 받으면 제보가 사실인지 확인해 보는 것이 상식 아닌가?

국정 운영의 한 축을 맡고 있는 제1야당의 상식이 결여된 사고와 행동으로 국정에 관한 중요한 감사를 해야 할 귀중한 시간을 허비한 잘못이 큰데 여전히 무엇을 잘못했는지 모르는 것 같아 답답한 노릇이다.

사회적으로 논란이 많은 세월호 사고나 이태원 참사도 상식과 사실에 기반해 그 원인을 파악하고 향후 예방 대책을 세워야 된다.

세월호 사고로 우리 사회는 어떤 교훈을 얻었는가. 보다 안전한 사회를 만들기 위해 어떤 노력을 해왔는가. 세월호 사고의 진상을 밝히고 보다 안전한 사회를 만들기 위해 많은 정부 예산을 들여 여러 차례 진상 파악 위원회를 만들어 노력해 왔지만 명확한 결과를 내놓지 못했다. 그 논란의 기간 동안 울둘목의 거센 풍랑으로 인한 침몰 사고로 보는 상식적 판단이 쉽게 내려지지 않는 이유는 무엇인가.

향후 이태원 참사의 원인을 밝히고 예방 대책을 마련함에 있어서는 정치적 유불리에 매달리지 말아야 한다. 상식과 사실 관계에 바탕하여 향후 우리 사회를 안전한 사회로 만드는 데 일조를 하고 더 큰 참사를 예방할 수 있는 계기가 되도록 해야 된다. 국정조사 전 관계 장관 해임 건의안부터 통과시키는 게 바람직할까. 현 장관이 해임되지 않으면 해임 건의안을 낸 장관을 대상으로 국정 조사를 하겠다는 건가. 정치적 유불리를 떠나 보다 안전한 사회를 만들기 위해 여야가 힘을 합쳐 진상을 파악하고 향후 재발 방지를 위한 방안 마련을 하는 것이 국회의 책무다.

광우병, 세월호, 이태원이 우리에게 주는 함의는 정치적 이해관계 때문에 상식적 범위를 벗어나는 일을 거리낌 없이 하는 정치가가 존재한다는 것이다. 청담동 술자리 의혹 제기도 상식의 범주를 벗어난 일이다.

지금 세계 경제 질서가 재편되고 있다. 반도체 산업은 경제적으로 중요할 뿐 아니라 안보나 외교적인 측면에서도 중요한 역할을 한다. 전경련 등에서 분석한 세계 100대 반도체 기업 중 삼성전자와 SK하이닉스의 법인세 유효세율이 대만, 미국, 중국의 경쟁사에 비해 압도적으로 높은 것으로 분석된다. 삼성전자 25%, 하이닉스 28%인 반면, 대만, 미국, 중국의 대표적 반도체 회사인 TSMC, 인텔, SMIC 실효세율은 10%, 8.5%, 3.5%였다. 유효세율은 기업 재무제표상 법인세 차감 전 순이익에서 법인세가 차지하는 비중이다.

사정이 이러한데도 민주당은 법인세 인하를 부자 감세라는 이념적 접근을 하고 있는 것 같다. 민생을 우선으로 하겠다고 하면서 기업이 국제적으로 경쟁할 수 있는 토대를 마련해 주는 데는 인색한 이유가 무엇인가. 야당의 역할은 정부와 여당의 잘못을 예방하고 바로잡는 데 있다. 기업들이 국제무대에서 경쟁할 수 있도록 지원하는 데 이념적으로 접근해서는 안 된다.

우리 사회가 더 나은 사회로 나아가기 위해서는 상식적인 판단과 시각을 갖는 청렴한 정치가가 많이 나와야 한다. 다음 선거에서 국민들이 눈을 부릅뜨고 이러한 후보자에게 투표할 적에 우리 사회가 발전할 것이다.

새해는 상식이 통하고 법치가 제대로 이루어지도록 해야 된다. 이러한 기반 위에 이념보다는 실용 정신으로 국민들이 더 나은 삶을 영위할 수 있게 되길 기대한다.

8 새 정부의 장기 비전

2022-08-10

현 정부의 국정 수행에 대한 긍정 평가가 하락하여 개혁 정책 추진 동력 약화를 우려하는 목소리가 나오고 있다. 정부가 출범한 지 얼마 되지 않았기 때문에 실제적으로 국정 수행을 잘하고 있는지를 판단하기에는 이르다.

긍정 평가가 낮게 나오는 주요 이유로 인사 문제를 꼽는다. 나름대로 전문성을 고려하여 선발하였지만 국민 눈높이를 만족시키지 못하고 있는 것으로 나타난다.

지지도 하락의 근저에는 물가와 금리가 올라 국민의 삶이 힘들어지고 있는 환경적 요인이 존재한다. 여당은 집권당으로서 경제 난국 타개를 위해 절치부심하는 모습을 국민에게 보여 주어야 함에도 불구하고 인사 파문, 권력 다툼으로 인한 내분, 대통령의 문자 메시지 노출 논란 등으로 지지 국민들마저 등을 돌리게 만들고 있다.

정부 출범 후 석 달 남짓한 기간에 성과를 내기에는 무리가 있다. 하지만 어려워지는 대내외 여건을 극복하고 국민의 삶을 편안하게 만들기 위해 최선의 노력을 해 달라고 국민이 요구하는 것이다.

노무현 정부의 정책실장인 변양균 실장을 경제 고문으로 위촉한 것은 이러한 노력의 일환으로 보인다. 협치는 상대 진영의 인물을 잘 활용하는 데서 출발한다. 실력과 신망을 겸비한 야권의 인재를 잘 활용하면 인재풀의 증가와 협치를 가능하게 하는 일거양득의 효과를 거둘 수 있다.

여론조사에 의한 지지도 추이를 무시해도 안 되지만 너무 얽매여서도 안 된다. 문재인 정부는 대통령 퇴임 시까지 비교적 높은 지지도를 얻었다. 이에 얽매이면 나라의 미래를 위해서는 필요하지만 지지도에 부정적 영향을 미칠 수 있는 연금 개혁 같은 필요 정책을 도외시하게 된다.

여론조사 결과는 잘 활용하면 예방적 효과를 거둘 수 있다. 윤석열 대통령은 평생 검찰에서 일하다가 국민의 부름을 받아 정치 분야의 최고 지도자가 되었다. 법률가로서는 법적인 잣대로 판단하면 되지만 정치가는 국민의 마음을 살펴야 한다. 법적으로는 문제가 없는 여당 대표와 주고받은 문자 메시지 같은 것도 국민의 심기를 불편하게 하면 정치적으로는 문제가 될 수 있다. 대통령실 하위급 인사 채용 시 관행이고 법적으로도 문제가 없고, 지난 정부에서는 더 심하게 하였다고 하여도 공정과 상식을 기대하는 국민 눈높이에 맞지 않아 이의가 제기되면 채용 경위를 솔직하게 설명하고 국민의 이해를 구하는 것이 정치가의 책무이다.

대통령은 미래 세대의 삶까지도 고려해서 국정 운영을 해야 한다. 독일 통일의 아버지라고 불리는 빌리 브란트 총리의 동방 정책은 통일의 초석이 되었다. 그러한 정책이 국가의 먼 장래를 보고 필요하다고 판단하여 다음 정부에서도 같은 기조의 정책을 꾸준히 추진한 결과 독일은 통일을 이룰 수 있었다.

지금과 같이 경제적으로 어려운 시기에 대통령이 국가의 장래를 위해 일할 수 있도록 힘을 모아야 한다. 여당은 물론이고 야당도 새 정부가 경제 위기를 극복하고 국민의 삶의 질을 향상시키기 위한 세제 개편 방안이나 새로운 부동산 정책 같은 경제 정책에 대해 합리적으로 검토해서 신속히 지원해야 된다. 필요 정책에 대해 야권이 정치적 목적으로 발목 잡기를 한다면 국민들은 이를 기억하여 다음 선거에서 합당한 대가를 치르게 할 것이다.

지금은 정부의 초기 단계이다. 향후 5년간 우리 사회를 한 단계 더 발전하도록 하는 담대한 구상이 필요하다. 예를 들어 김영삼 대통령의 금융실명제는 우리 사회를 투명하게 만들었고 노태우 대통령의 북방 정책은 한국의 경제적 영토를 확장하였다.

당장 발등에 떨어진 코로나19 대응, 환율, 금리, 물가 급등에 따른 경제 대책, 북핵 실험 임박에 따른 북한 정책, 노동계 불법 파업투쟁 대응, 연금 개혁 등 해결해야 할 과제들이 난마처럼 얽혀 있다. 각 부처에서 이러한 당면한 문제를 해결하기 위한 방안을 차분히 마련할 필요가 있다. 문제 해결 과정에서 계층과 세대, 이해 집단 간 이해관계가 엇갈릴 수도 있다. 정치 지도자의 조정 능력이 중요하다.

이러한 정책의 추진 시 공정과 상식은 기본이다. 공정과 상식을 넘어 국민에게 미래 비전과 희망을 제시하는 슬로건이 필요하다. 이 슬로건하에 어려운 시기의 국민의 마음을 뭉치게 하고 미래로 나아가는 동력을 확보할 수 있다.

이 슬로건은 시대정신을 잘 나타내어야 국민의 마음에 와닿을 수 있다. 현재의 시대정신 파악과 이를 구현해 나가는 방법에 대한 치열한 고민이 필요하다.

우리는 산업화와 민주화를 이뤘지만 산업화의 후예들과 민주화의 후예들이 정치적 영향력 확대를 위해 다투고 있다. 여기에 속하지 않는 젊은 세대들의 역할이 필요하다. 언제까지 산업화와 민주화의 후예들이 밥그릇 다툼을 하고 있을 것인가? 협치를 통하여 우리 사회를 한 단계 향상시킬 비전을 제시해야 된다.

눈앞의 문제에 급급하여 사회 발전의 큰 흐름을 놓쳐서는 안 된다. 선진 사회로 나아가기 위하여 국민의 마음과 뜻을 모아보면 어떨까? 선진 사회에서는 법치 확립이 필요하다. 노조의 불법 파업은 더 이상 발붙이기 어렵게 된다. 떼 법도 통하지 않을 것이고 유력한 정치인이라고 해서 불법을 적당히 눈감아 주는 일도 없을 것이다. 법원의 판단 없이 귀순 동포를 강제 북송하는 일도 없을 것이다. 만약 광우병 사태와 같은 유사한 일이 벌어진다면 주동 세력에 대해서는 거짓 정보로 촉발한 사회적 혼란의 책임을 물어야 할 것이다. 또한 취약계층에 대한 제대로 된 배려가 필요하다.

한 정부가 지나가면 우리 사회도 한 단계 더 성숙해져야 한다. 이러한 기대가 충족되지 못하면 지난 대선에서 보았듯이 국민은 더 잘

할 수 있는 정치 세력에게 국가 운영 권한을 넘겨 줄 것이다.

9 새 정부의 성공을 기원하며

2022-05-09

새 정부 출범을 목전에 두고 있다. 정부 출범 이후의 대내외적인 환경은 매우 어려울 것이다. 지난 5년간 국가와 가계의 부채는 가파르게 늘었고 부동산 폭등으로 서민들의 주거 문제는 어려움에 처하게 되었다.

코로나 극복을 위해 전 세계적으로 돈이 너무 풀려 인플레이션이 우려되자 미국은 금리를 빠른 속도로 올릴 예정이다. 국가와 가계의 부채 규모가 크게 증가한 우리나라는 이자율을 미국에 맞추어 올리면 이자 부담과 성장 저하가 우려되고, 안 올리면 물가 상승과 외국 투자자 철수를 우려해야 하는 딜레마에 봉착할 것이다. 또한 에너지 대외 의존도가 높아 에너지 수입 가격의 상승은 무역 수지에 부정적 영향을 미칠 것이다.

대외적으로는 미·중의 경쟁이 격화되고 러시아의 우크라이나 침공 여파로 에너지와 곡물 가격이 급등하여 경제적 불확실성이 커질 것이다. 북한은 핵무기와 미사일 개발을 공언하여 남북의 평화적 해법 모색을 어렵게 하고 있다. 북한의 핵 위협하에서 종전 선언에 매달려 국제적으로 호응을 받지 못했던 문재인 정부 외교 정책의 부담까지 떠안게 되었다.

새 정부는 총체적 난국의 환경하에서 경제, 정치, 외교, 사회, 남북 관계 분야에서 국민에게 어떤 비전을 제시하고 난국을 헤쳐 나갈 것인가?

경제 분야에서는 소득주도성장과 같은 실험적 경제 정책을 지양하고 기업주도성장을 추진해야 된다. 정부 예산으로 임시적이고 단기적인 일자리를 늘리기보다는 기업 투자로 지속 가능하며 제대로 된 일자리를 늘리도록 해야 된다. 기업의 경쟁력이 국가 경쟁력인 시대에 대기업 총수가 기업 경영에 전념할 수 있도록 해 줄 필요가 있다.

실효성은 적고 기업 부담이 큰 중대재해법을, 산업재해를 효과적으로 줄이고 보상을 합리적으로 할 수 있는 방향으로 개선할 필요가 있다. 노동이사제를 민간 기업에 적용하지 않도록 해야 된다. 기업의 기술 개발과 투자의 걸림돌을 줄이는 노력을 지속적으로 해 나가야 된다.

정치 분야에서는 여야가 협치를 해 나가야 될 것이다. 지금과 같은 난국에서는 여야의 당리당략적 싸움보다는 머리를 맞댄 협치가 필요하다. 새 정부에서는 행정부와 국회를 서로 다른 당에서 장악하기 때문에 협치는 필수적이고 소모적 싸움을 할 수 있을 만큼 주위 환경이 한가하지가 않다. 아마도 이런 환경을 염두에 두고 야당 원내 대표가 국회의장이 제시한 검수완박(검찰 수사권 완전 박탈) 관련 사항을 합의했을 것이다. 하지만 협치는 국민 편익을 증진한다는 전제하에서 이루어져야 한다. 국민 편익을 훼손하는 협치를 해서는 안 된다.

민주당은 다수당이면서도 대선에 진 이유를 곱씹어 보아야 한다. 주요 패인 중 하나로 부동산 정책이 거론된다. 부동산 정책의 목적은 부동산 가격 안정이었지만 정책의 결과는 폭등으로 나타났다. 그 이유는 정책의 설계 시 시장 메커니즘을 무시하고 세금으로 부동산 가격을 잡을 수 있다고 생각하였기 때문이다. 또한 충분한 영향 검토

없이 무리하게 추진된 부동산 3법으로 전셋값은 폭등하고 임대인과 임차인의 갈등은 깊어지게 되었다.

지금 민주당에서 여론을 등지고 무리하게 추진한 검수완박은 어떤 결과를 가져 올까?

검찰이 지닌 6대 중요 범죄는 경찰이나 다른 기관을 설립하여 맡기게 된다고 한다. 검찰보다 다른 기관에서 수사를 더 잘 할 수 있다는 증거나 확신은 있는 것인가? 어떤 부작용이 있을지 진지한 검토를 해보았는가? 일단 검찰 수사권을 박탈하고 보자는 생각은 징벌적 부동산 세금부터 매기고자 하는 생각보다 더 무모하다. 정책의 목적은 국민의 편익 증진에 기여해야 한다. 국민에게 미치는 영향을 고려하지 않는 정책은 납득하기 어렵다.

검수완박은 문재인 정부의 부동산 정책보다 더 잘못될 가능성이 크다. 부동산 정책은 선한 목적이라도 있었지만, 검수완박은 정책 목적이 의심스럽고 그 결과는 범죄자에게 죄값을 안 물어 범죄가 증가할 가능성이 커진다.

이러한 정책이 필요하다면 시간을 갖고 그 영향을 충분히 검토한 후에 추진해야 된다. 다수당이라고 해서 국민에 미치는 영향을 충분히 검토하지 않고 무리하게 추진하는 것은 국민에 대한 예의가 아니다.

무리하고 성급한 부동산 정책으로 국민의 주거 편익이 훼손되었는데, 검수완박으로 국민의 법적 편익이 훼손되면 이를 추진한 세력은 책임을 져야 할 것이다.

차제에 국민 거부권 제도를 추진해 보면 어떨까? 현재 대통령 거부권이 있지만, 국민 과반수 이상의 찬성으로 중요 법률의 제정이나 개정 시 국민이 거부권을 행사할 수 있게 하는 것이다.

외교, 사회, 남북 관계에서 일관성을 가지고 지속적으로 추진할 사항은 여야 합의로 장기 로드맵을 만들면 어떨까? 정부가 바뀌어도 일관성을 가지고 추진해야 국익에 부합하는 정책이 있다. 예를 들어 대북정책도 일관성이 필요하다.

정치는 국민의 마음을 살피는 일이다. 최근 검수완박 소동으로 국민의 마음이 너무 불편하다. 법률가는 법적 위반을 살피면 그만이지만 정치가는 국민의 마음을 살필 필요가 있다. 검찰총장은 법률가이지만 대통령은 정치인이다. 검찰총장 경력으로 정치 경험 없이 당선된 신임 대통령이 정치가로 빨리 변신하여 불편한 국민의 마음을 다독여주길 기대하며 새 정부의 성공을 기원한다.

10 금융은 국부 창출의 중요 수단이다

2020-10-05

문제가 있는 일부 사모펀드로 인해 금융 감독 당국이 사모펀드에 대한 전반적 조사를 한다고 한다. 또한 정부 주도의 대규모 펀드를 조성하는데 일반 투자자의 리스크는 경감시켜 준다고 한다. 펀드 상품의 기본 원리는 투자자들이 펀드 운영자의 전문성을 믿고 돈을 펀드 운영회사에 맡겨 운영에 대한 수수료를 지불하고 운영의 결과를 돌려받는 것이다.

사모펀드 투자자는 사모펀드 운영자의 전문성을 믿고 사모펀드에 투자한 것인데 펀드 운영이 잘못되어 손해가 날 경우 투자자의 자기 책임의 원칙이 강조된다. 다만 펀드 판매회사가 설명의무를 위반했을 경우 그 위반에 대한 책임을 지게 된다. 일부 사모펀드 환매가 중

단되어 판매회사가 투자자 보호 차원에서 책임을 진다고 한다.

사모펀드의 경우는 원칙적으로 운영이 자유롭고 적격투자자에 한해 투자가 가능하며 투자자 수가 제한된다. 따라서 판매회사를 통하기 보다는 직접 판매하거나 온라인을 통하여 과거 실적이나 운영자 정보를 공개하여 투자자들이 선택하게 하면 판매회사의 과다한 책임 부담은 회피할 수 있다.

사모펀드 환매 불이행에 대한 판매회사의 책임 분담이나 정부 주도 펀드의 리스크 경감 구조는 투자자 입장에서는 좋으나 그 부담을 지는 주체는 불이익을 볼 수 있다는 데 문제가 있다.

이러한 문제는 금융시스템과 관련이 있고 이를 발전시키기 위해서는 장기적 관점에서 기본 원칙을 지키려는 노력이 필요하다. 개별 국가의 금융시스템은 금융시장 및 금융기관과 이들을 형성하고 운영하는 법규와 관행을 총칭하는 것이다.

우리나라의 경우, 1997년의 금융위기를 극복하기 위해 금융 관련 많은 제도 변화가 있었고, 특히 자본시장에서의 급격한 변화가 있었다. 그 이후 이러한 제도적 변화의 바탕 위에 자본시장법이 탄생하게 되었다.

2008년에 또 다른 금융위기인 글로벌 유동성 위기에 봉착하게 되어 국제적 공조를 통해 해결방안을 모색한 바 있고, 일부 선진국에서는 양적 완화 정책을 써서 유동성 위기를 해소하려는 노력을 했다.

금융위기의 10년 주기설이 있을 정도로 금융은 외부 경제 환경의 충격에 취약한 부분이 있다. 향후 또 다른 금융위기의 예방을 위하여 금융시스템을 잘 발전시킬 필요가 있다. 특히 코로나 19로 인해 각국의 유동성이 많이 풀린 상태이다. 펀드 상품을 통해 이러한 유동성을 흡수하여 우선 발전시킬 첨단 산업 분야로 자금을 흐르게 하는 채널로 정부 주도의 펀드를 조성하는 것으로 보인다. 이러한 일을 추진함에 있어서 금융의 원칙을 지키는 것이 필요하다. 원칙을 지키지 않으면 또 다른 부작용이 나타나기 때문이다.

과거를 돌이켜보면, 1997년의 금융위기는 상당 부분 한국 경제의 내부에서 그 원인을 찾을 수 있다고 생각한다. 즉, 제조산업의 육성을 위해 금융산업을 수단적 산업으로 인식하여 제조산업의 상당한 부실이 금융산업 부분으로 전이되어 금융산업의 건전성이 취약했다.

이와는 달리 2008년도 금융위기는 미국발 유동성 위기가 국내로 전염되었다고 할 수 있다. 금융 상품이 복잡 다기화되고, 국가 간 금융산업이 개방되어 있어, 개별 국가 차원에서 금융위기를 완전히 예방하기는 어려울 것이다.

또한 금융회사의 보상 체계가 편익의 사유화, 비용의 사회화 현상이 있어 금융위기를 초래하였다는 반성을 하게 되어 보상체계의 개선에 관한 노력을 하게 되었다. 투자자의 경우도 이익의 사유화 비용의 전가 현상은 금융원칙에 부합하지 않는 것으로 보인다.

따라서, 투자자의 자기 책임 원칙 확립, 위험에 상응하는 수익 체계 구축, 금융산업을 독립된 산업으로 인식하여 금융시스템을 사전적으로는 위기 예방적이고 사후적으로는 위기 탄력적인 금융 시스템을 추구하면서 동시에 국제 경쟁력이 있는 효율적인 금융시스템을 추구해야 될 것이다.

11 금융허브 정책의 재추진이 필요하다

2019-12-19

장기 정책이 효과를 내려면 정권이 바뀌어도 그런 정책을 지속적으로 추진할 필요가 있다. 그런데 국가적으로 필요한 장기 정책도 정부가 바뀌면 더 이상 추진되지 않거나 유명무실화되는 경우를 본다.

이로 인해 상당한 국가적인 손실이 따르게 된다. 전 정부의 치적이 될 만한 일을 새로운 정부에서 지속적으로 지원하기보다는 새로운 정책을 개발하고자 하는 경향이 있다.

지난 정부의 정책 중 폐기되거나 유명무실화된 의미 있는 장기 정책을 발굴해 재평가하고, 의미 있다고 판단되면 추진해 보는 것은 어떨까? 예를 들어 노무현 정부의 동북아 금융허브 정책이나 이명박 정부의 녹색성장 정책은 우리나라에서 시작했다가 유명무실하게 됐다.

하지만 다른 나라에선 이제 추진하거나 국제기구에서 꾸준히 연구 발전시키고 있다. 올해 10월에 베트남의 호찌민시에서 열린 호찌민시 경제포럼의 주제는 호찌민시를 국제금융 중심지로 만드는 방안이었다.

약 15년 전에 우리가 추진했던 금융허브 정책을 베트남에서 이제 추진하는 방안을 만들고 있다. 필자도 연사로 초청받아 해외에서 온 다른 연사들 및 베트남의 정부 인사들과 얘기를 나눌 기회가 있었다.

호찌민 시장을 비롯한 정부 고위층들이 포럼 진행 중 끝까지 참석해 메모를 하고 질문을 하는 모습에서 국내외 전문가들의 의견을 경청해 정책에 반영하려는 진정성을 느낄 수 있었다.

또한 해외에서 온 연사들을 회의 참석에 불편함이 없도록 배려하는 모습이 인상적이었다. 베트남이 현재는 금융발전 수준이 낮지만, 향후 발전 가능성이 크다고 느꼈다.

국제 금융 중심지 정책은 장기 정책이다. 정권이 바뀌어도 지속적으로 정부 차원의 지원이 필요한 정책이다. 현재 국제 금융 중심지라고 할 수 있는 뉴욕이나 런던은 모두 시장 중심의 금융시스템 하에 있다고 할 수 있다.

현재 베트남은 은행 중심의 금융시스템이지만, 국제 금융 중심지가 되기 위해선 시장 중심의 금융시스템을 발전시키려는 노력을 꾸준히 해야 할 것이다. 우리나라도 마찬가지다. 은행 중심 금융에서는 은행과 금융소비자의 관계가 중요하다.

금융소비자는 자금이 필요하면 은행의 심사를 받아 대출을 받고, 자금 여유가 있으면 은행에서 정한 조건의 예금을 한다. 즉, 금융소비자와 은행의 관계가 중요한 관계 금융이다. 금융소비자의 신용도가 좋지 않더라도 은행과의 관계가 좋으면 금융거래를 지속할 수 있다.

시장 중심 금융에서는 시장의 수많은 투자자가 투자 대상에 대해 감시하기 때문에 보다 투명하게 자금이 공급될 수 있다. 또한 투자자는 원본 보장이 안 되는 투자 대상에 대해 투자를 하기 때문에 자기 책임의 원칙이 분명하다.

이에 비해 은행의 예금상품은 일반적으로 원금이 보장되기 때문에 은행에서 판매되는 금융상품에 대해 자기 책임의 원칙이 적용되기 어려운 경우가 생긴다. 예를 들어 최근의 파생결합증권(DLS) 상품 판매 같은 경우다.

기술개발을 통한 국가 경쟁력 확보를 위해서는 시장 중심의 금융이 필요하다. 새로운 기술에 대한 자금 지원은 은행보다는 시장을 통한 지원이 적합하다. 새로운 기술을 통한 사업은 위험도 크기 때문에 자기 책임의 원칙이 분명한 투자자의 자금이 지원되는 것이 바람직하기 때문이다.

은행과 자본시장의 역할이 달라 균형 있는 발전이 필요하지만, 세계의 국제금융센터인 뉴욕과 런던이 모두 시장 중심의 금융시스템인 점을 고려해 우리나라도 시장 중심의 금융시스템으로 나아가기 위한 지속적인 노력이 필요하다.

이러한 관점에서 비록 오래전에 시도되다가 현재는 유명무실하게 됐지만, 금융허브 정책을 지속적으로 추진하는 것은 여전히 경제발전과 국제경쟁력 확보를 위해 바람직한 정책이라 생각된다.

12 경제전쟁 성패 규제완화 · 신뢰자본에 달려

2019-08-30

미국과 중국의 무역 분쟁은 세계의 경제 질서를 어지럽히고 있다. 이러한 와중에 일본의 한국에 대한 무역 규제는 세계 무역질서뿐만 아니고 효율적인 국가 간의 생산 협업 체계를 위협하고 있다. 세계의 경제 질서가 협업과 공존의 시대에서 각자도생의 길로 접어드는 것으로 보인다.

세계경제가 나라별 경제전쟁의 시대에 접어든다면, 경제전쟁에서 이기기 위해 어떠한 전략이 필요할까. 경제전쟁 수행의 주체는 정부와 기업이고 승패의 가늠쇠는 시장이라고 할 수 있다. 주식시장이나 환율시장이 경제변수를 대변하는 대표적인 시장이다. 수많은 국내외 투자자들의 의견이 결집되어 주가나 환율이 결정된다. 이러한 투자자들의 평가는 냉정하다. 정부가 개입하여 평가를 왜곡시키면, 헤지 펀드들이 개입하여 국가를 상대로 환율전쟁을 일으키거나 주식시장에서 대량의 공매도를 하기도 한다.

일단 시장이 우리의 경제 상황을 어떻게 평가하고 있는지 살펴볼 필요가 있다. 환율시장이나 주식시장의 평가는 현재 정부의 정책이나 기업의 경영활동에 대해 긍정적이지 않아 보인다. 환율 수준이나 주가 수준을 과거와 비교해 보고 다른 나라와 비교해 보면 주가는 약세이고 환율은 원화 약세이다.

이러한 지표를 개선하기 위한 정부와 기업의 협업이 필요하다. 기업의 경영활동은 다양한 요인에 의해 영향을 받는다. 국제적 무역 분쟁이나 환율 갈등과 같은 대외 변수는 우리 기업의 경영 활동에 큰 영향을 미치나 통제 가능한 변수가 아니다. 하지만 현재의 경제 정책이나 노동 정책은 기업의 경영활동에 심대한 영향을 미치면서 통제 가능한 변수이다. 미국과 중국의 경제적 힘겨루기와 일본의 비이성적 무역정책으로 기업의 경영활동에 영향을 미치는 대외변수의 불확실성이 점증하는 현 시점에서, 정부는 기업의 경영활동을 도와주는 기업 친화적 정책을 추진할 필요가 있다.

일견 기업 친화적 정책은 노동 친화적 정책의 반대 개념으로도 생각할 수 있으나 실제적으로 기업 친화적이면서 동시에 노동 친화적 정책을 추진할 수 있다. 예를 들어, 정부가 기업 투자 활동을 지원하는 기업 친화적 정책은 투자의 결과로 일자리가 창출되어 노동 친화적 정책이 되는 것이다. 정책입안자의 기업과 노동 영역에 대한 균형 잡힌 시각이 필요하다.

또한 정부는 기업 활동을 저해하는 규제를 완화하는 노력을 기울

여야 한다. 규제는 처음 생성 시에 필요성이 있어서 만들어진다. 하지만 대내외적 환경 변화에 따라 규제 변화의 필요성이 생긴다. 국가 간 경제전쟁은 기업의 경영활동을 저해하는 규제를 완화해줄 명분을 제공한다. 신뢰자본의 축적 또한 필요하다. 우리나라는 외환위기 시절 빌린 돈을 국민의 합심과 정부와 기업의 노력으로 예정된 기간보다 먼저 상환했다. 국제 금융시장에서 한국에 대한 신뢰자본을 쌓은 경험이 있다.

북한의 싼 노동력과 한국의 자본력, 기술력이 결합되면 국제 경쟁력이 있는 제품의 생산이 가능하다. 남북 소비시장의 결합으로 내수시장이 크게 늘어날 수 있고, 경제 전쟁에서 유리한 국면을 조성할 수 있다. 물론 전제조건이 있다. 북한이 핵무기를 포기하고 국제사회의 경제 제재가 완화되어야 한다. 이를 이루기 위한 노력은 계속되어야 하지만, 단기적으로 난관이 많다. 경제전쟁에서 이기기 위해 기업 친화적 정책, 규제 완화, 신뢰 자본의 축적이 필요하다.

13 정부 · 기업 힘 모아야 할 때

2019-07-23

한국은 정치적인 격변뿐만 아니라 경제적인 격변의 시대에 진입하였다. 최근 일본의 무역규제는 정치적인 이유에서 촉발되었다. 기업이 이러한 새로운 환경에 어떻게 적응하느냐에 따라 한국의 미래가 달라질 것이다. 일부 기업은 생존을 위해 해외로 탈출하고 있다. 대기업의 해외 탈출은 시사하는 바가 크다. 미국은 대통령이 나서서 해외로 나간 기업을 불러들이고 해외 기업을 유치하기 위해 다양한 노력을 하는 걸 볼 수 있다. 우리나라의 경우는 이러한 노력이 상대적으로 부족해 보인다. 한 국가의 3대 경제주체는 정부, 기업, 가계이다. 정부와 기업이 협업을 잘하여 가계의 발전을 도모해야 한다.

정부의 성향과 관계없이 정부와 기업 간의 긴밀한 협업이 필요하다. 기업의 구성 요소는 기업가, 자본, 노동이라 할 수 있다. 기업가가 자본과 노동을 결합하여 기업을 만들고 운영하기에 기업의 대표는 기업가라 할 수 있다. 정부가 기업 활동을 잘할 수 있도록 기업가의 요구 사항을 경청할 필요가 있다.

최저 임금이나 근로 시간의 문제는 노동에 속하는 문제이다. 원칙적으로 기업가가 노동을 대표하는 노동조합과 협의해서 정하면 되는 문제이다. 기업가가 노동자를 고용하므로 노동자가 약자일 수 있기 때문에 국가가 최저 임금과 노동 시간에 대한 가이드라인을 제시할 수 있다. 최근 정부의 급격한 최저 임금 인상이나 근로 시간 단축은 기업을 해외로 이전하게 하는 동인이 될 수 있으므로 정부의 균형 감각이 매우 중요하다. 기업의 해외 이전은 국내 노동자의 노동기회를 원천 박탈하고 세수를 통해 사회적 취약계층을 지원하는 재원 마련에 부정적 요인이 되므로 무겁게 받아들여야 한다.

향후 4차 산업 시대로의 전환을 위한 정부와 기업의 협업이 또한 필요하다. 4차 산업혁명은 융합혁신에 의한 산업혁명이라 할 수 있고 혁신성장의 주요 분야이다. 융합혁신은 상이한 제품·기술·산업의 융합에 의한 창조적 혁신을 추구하고, 한 걸음 나아가 융합에 의한 새로운 산업 생태계 구축을 추구한다. 여러 영역에서 융합혁신이 일어나고 있으며, 4차 산업혁명의 핵심 동인이 되고 있다. 예를 들어 금융과 정보기술(IT)의 융합으로 핀테크 산업이 나타나고 정보산업과 기존 산업을 융합하여 유통·운송 등의 분야에서 혁신이 일어나고 있음을 볼 수 있다.

핀테크 산업을 육성하기 위해서는 금융과 IT 측면의 효율성 향상뿐 아니라 규제적 측면의 논의 또한 필요하다. 금융적 측면에서는 금융 소비자 보호와 안전한 거래가 중요하고, IT 측면에서는 기술의 혁신을 통한 효율성이 중시된다. 이러한 측면을 모두 고려한 적절한 규제의 설계가 요구된다.

결국 금융과 IT의 융합 시 내재하는 규제적 문제점을 어떻게 합리적으로 설계할 수 있는가가 관건이 된다. 또한 핀테크라는 새로운 산업에 내재하는 위험과 수익성은 핀테크 산업에 진출하려는 기업이 고려해야 할 주요 요소이다. 그런데 새로운 산업이기 때문에 이러한 위험과 수익성을 측정하는 데 상당한 어려움이 따른다. 어떻게 할 것인가. 삼성전자가 반도체 산업에 진출할 때 상당한 반대 의견이 있었다. 하지만 최고 경영자의 미래를 보는 눈이 있었기 때문에 반도체 투자가 가능했다. 핀테크 산업 진출에도 경영자의 혜안이 필요하다.

기업가가 활발하게 새로운 사업 기회를 포착하고 투자할 수 있도록 정부가 기업을 도와주어야 한다. 창업이나 투자에 걸림돌이 되는 규제는 과감히 완화할 필요가 있다. 인터넷과 정보 전달 기술의 발달로 투명경영과 윤리경영을 강화하는 인프라는 개선됐다. 기업가의 비윤리적 행위는 금방 사회에 알려진다. 사회적 비용이 비윤리적 행위로 얻는 이득보다 크다. 기업가 스스로 투명경영과 윤리경영을 하도록 하는 환경이 만들어진 것으로, 규제 완화에 대한 명분도 생겼다.

정치적 요인으로 기업 경영이 어려움에 처해 있는 요즈음, 과감한 규제 완화를 통한 정부와 기업의 협업이 필요하다.

14 사후 규제로 금융업 혁신해야

2019-06-12

스위스 국제경영개발대학원(IMD)은 우리나라 금융을 전 세계에서 하위권으로 평가하고 있다. 지나친 금융 규제가 큰 영향을 주었다고 생각한다.

금융 규제를 지금 그대로 두어서는 혁신금융은 불가능하다. 규제 완화가 필요하다는 총론적인 합의도 어느 정도 이루어졌다고 본다. 국제적인 경쟁 심화와 저성장, 높은 실업률, 잠재성장률 하락, 새로운 기술 출현과 같은 환경 변화가 명분을 제공하고 있다.

물론 필요한 규제도 많다. 자본 건전성이나 금융소비자 보호에 대한 규제가 대표적이다. 반대로 영업활동에 대한 규제는 과감하게 풀어야 한다. 그래야 금융업을 독립적인 산업으로 키울 수 있다.

기존 금융사가 인터넷금융과 같은 혁신금융에 나서는 경우에는 규제를 크게 신경 쓰지 않아도 된다. 이미 금융업 인가를 해줄 때 금융소비자 보호나 건전성이 전제돼 있다.

반면 정보기술(IT) 기업은 그렇지 않다. 금융업에 새로 뛰어드는 IT 기업에 대해서는 어떻게, 얼마나 규제해야 하는지 새로운 논란이 생길 수 있다. 얼핏 보면 IT 기업도 기존 금융사와 똑같이 규제를 받는 게 당연하다. 그런데 이렇게 해서는 금융업 혁신은 불가능하다. 기존 금융사와 다를 게 없어서다.

인터넷금융은 말 그대로 금융과 인터넷을 결합한다. 기존 금융사도 인터넷을 활용하여 더 효율적인 영업을 추구할 수 있다. 이미 IT를 뺀 금융도 상상하기 어렵다. 추가적으로 어떠한 기술을 활용할지는 개별 금융사가 선택할 문제다.

금융사보다는 IT 기업이 금융업에 나설 때 수많은 문제에 부딪힌다. 금융행위는 대부분 허가주의에 기반하고 있다. 당장 금융업 허가를 받아야 하고, 금산분리나 은산분리 논란을 일으킬 수 있다. 그뿐 아니라 금융실명제도 골칫거리다. 모든 온라인 거래를 실명거래로 볼 수 있느냐는 것이다. 더욱이 인터넷금융을 위한 개인정보 수집과 활용에 대해서도 하나하나 따져야 한다.

우리 금융업은 이처럼 줄곧 사전적 규제를 받아왔다. 그에 비해 인터넷 금융을 빠르게 키우고 있는 중국은 사후적 규제를 택했다. 물론 중국 금융당국도 문제를 발견하면 언제든지 개입한다. 우리도 사후적 규제를 고민해야 할 때가 됐다. 카카오뱅크처럼 지점을 두지 않으면 비용을 줄일 수 있다. 수신과 여신이 모두 유리해지는 이유다. 현행 규제는 이미 한참 지나간 사회적인 필요에 따라 만들어진 것이다. 환경이 바뀌면 규제도 바뀌어야 한다.

15 윤리가 금융 인프라이고 경쟁력이다

2019-03-17

역사가 되풀이되듯이 금융위기도 반복하여 일어난다. 우리나라는 1998년 외환위기를 겪었고, 10년 뒤 2008년엔 미국발 금융위기를 경험했다.

또 다른 10년이 지났다. 국제결제은행(BIS)이나 국제통화기금(IMF) 같은 국제금융기구가 또 다른 금융위기 경고음을 울리고 있다.

우리는 과거 금융위기를 슬기롭게 극복한 바 있다. 새로운 금융위기를 예방하려면 국내 금융사가 위험자산에 지나치게 노출되지 않게 막아야 한다. 건전성 규제와 내부통제제도, 리스크 관리제도, 리스크와 자본수익을 고려한 보상제도가 적절하게 설계되어야 한다.

여기에 더하여 보다 근본적으로 생각해 보아야 할 점은 이러한 금융위기가 발생한 근저에는 금융산업 종사자의 도덕적 해이가 숨어 있다는 것이다. 금융위기 예방과 금융산업 발전을 위해서는 금융산업 종사자들의 윤리의식 향상을 위한 지속적 노력이 필요하다.

개인의 금융윤리의식 미비로 인하여 금융사에 치명적인 손해를 끼치는 사례들은 국내외에서 쉽게 발견된다. 예를 들어, 베어링스 은행 파산사건이나 삼성증권 유령주식 매각 사건은 금융회사 직원의 윤리 의식이 얼마나 중요한지를 보여주는 사건이다.

미래의 금융세계는 고도의 정보와 기술, 시스템에 의해 운영될 것이다. 고도의 정보와 기술, 시스템이 잘못 사용될 경우 엄청난 재난을 불러올 가능성이 있다. 이를 다루는 이들에게 높은 직무 윤리가 요구되는 이유다.

윤리란 사회 구성원 간의 관계에 있어서 책임과 의무를 설정하는 기준이다. 윤리적 행위에 대한 사회규범이 모두 성문화되어 있지 않으므로, 성문법 체계하에서 불법적 행동이 아니라 하더라도 비윤리적 행위가 될 수 있다.

금융윤리의 기준으로 공정성과 효율성, 수탁자와 대리인의 의무와 전문가의 의무를 들 수 있다. 시장이 공정하다고 인식될 때에만 투자자들이 시장에 참여하게 될 것이다.

그러나 공정성 확보를 위해 시장 참여자의 비용을 너무 크게 할 수 없다. 예를 들어 상장기업 공시 의무가 기업에 무리한 부담을 주어서는 안 된다. 공정성은 효율성과 상충되는 측면이 있기 때문에 양자 간의 균형이 이루어져야 하며, 양자 간의 균형을 찾는 일은 정책적 의사결정 사항이 될 것이다.

수탁자와 대리인의 주요 의무 중 하나는 이해상충을 회피하는 것이다. 이해상충은 금융 서비스의 모든 분야에 존재한다. 금융산업에 종사하는 모든 사람들을 전문가라고 할 수 없을 것이나 전문적인 금융 서비스를 고객에게 제공해주는 영역이 존재한다.

금융인은 직무상 고객, 금융시장과 소속 금융사에 대한 윤리적 의무를 지닌다. 고객에 대한 의무로서 금융산업 종사자와 고객은 기본적으로 신임관계에 있고, 이로 인하여 고객에 대하여 신임의무(fiduciary duty)를 지게 된다.

또한 금융산업 종사자는 금융시장의 효율성과 공정성을 향상하기 위해 노력해야 한다. 소속 금융사에 대한 의무로서 금융산업 종사자는 소속회사의 직무 전념 의무를 지닌다. 즉, 소속 금융사와의 이해상충을 최소화해야 한다.

금융윤리를 향상시키기 위해서는 금융윤리에 관한 교육, 시험제도, 내부통제, 윤리 평가 등에 관한 개선이 이루어져야 할 것이다.

금융 선진국처럼 시장에서 개별 금융사의 윤리 수준을 평가받을 수 있는 체계를 구축해야 한다. 또한 금융당국은 금융사의 윤리 향상 표준 매뉴얼을 개발하고 금융사의 윤리 수준을 평가해야 한다. 윤리 수준이 높은 금융사는 검사를 경감해줄 수도 있을 것이다.

금융윤리가 금융 인프라이며 리스크 관리와 경쟁력의 원천이다. 이런 인식 아래에서 금융윤리를 향상시켜야 한다.

2부

사회적 투자 결정과 사회적 투자자의 육성 방안

2부

사회적 투자 결정과 사회적 투자자의 육성 방안

I 들어가며

한국은 자본주의 제도를 통하여 경쟁을 통한 효율성을 추구하며 경제 성장을 이루어 왔다. 괄목할 만한 경제 성장에도 불구하고, 고용 없는 성장과 사회 양극화라는 문제에 직면하게 되었다. 또한 인구 고령화와 저출산, 중산층 감소, 높은 청년 실업률 등의 문제에 직면하고 있다. 그 이외에도 환경, 안전의 문제 등 공적인 영역에서 지원하고 해결해 나가야 될 다양한 문제를 마주하고 있다.

이러한 문제와 관련하여 다양한 복지 제공과 사회 안전망 구축은 사회의 지속적 발전과 통합을 위해서 필수적이다. 정부의 예산 배분 또한 이러한 분야에 대해 지속적으로 늘려 나갈 수밖에 없다. 하지만 예산을 무한정 늘려 이러한 분야의 문제를 해결할 수는 없다.

고령화와 출산율 감소라는 인구 구조의 변동과 함께 불완전 고용과 저성장 기조의 경제 상황에서 지속적으로 요구될 복지와 취약계층 지원을 보다 효율적·전문적으로 해결하는 보완적 대안 시스템이 필요하다. 복지 정책이나 사회적 가치를 증진하기 위한 정책의 실행을 위해 자금의 지원이 필요하다. 효과적인 자금 지원 시스템의 구축이 필요하다.

자금지원은 크게 재정에서 지원되는 공적자금의 지원과 민간자금의 지원으로 구성되는데, 공적 자금 지원만으로는 부족하기 때문에 민간자금의 지원이 필요하고, 이를 위한 적합한 금융지원시스템의 구축이 필요하다. 또한 국가의 예산지원 시스템을 시장의 원리를 접목하여 보다 효과적이고 효율적으로 개선할 여지도 있다.

즉, 민간재원이 사회적 가치가 있는 분야에 원활히 흘러 들어갈 수 있는 통로 구축이 필요하다. 2014년 4월에 발의된 사회적경제기본법안에 의하면, 사회적 경제는 사회서비스 확충, 복지의 증진, 공동체의 발전, 기타 공익에 대한 기여 등 사회적 가치를 창출하는 모든 경제적 활동으로 정의하고 있다. 이러한 사회적 경제는 사회적 기업이나 사회적 프로젝트를 통하여 구현되지만, 이러한 분야에 대한 금융지원 시스템이 구축되어 있지 못하다. 예산의 투입으로 사회적 기금을 만들어 지원하는 방안은 필요재원의 규모에 비하여 충분한 예산을 확보하기 어려울 것이다.

사회적 가치의 추구와 사회적 기업의 활성화라는 새로운 관점에서 금융을 공급할 수 있는 수단을 설계함이 필요하다. UNEP(2014)에서는 지속가능발전을 지원할 수 있는 금융시스템에 관한 연구를 행하고 있다.

기 소르망(2014)이 지적하였듯이, 국가의 역할과 시장의 역할을 보완해주는 영역을 지원하기 위한 새로운 사회적 금융의 체계 구축이 필요하다.

자본주의 대 사회주의 논쟁이나 시장 주도와 정부 주도 간 대립은 더 나은 세상을 꿈꾸는 모든 민주주의 사회에서 반드시 필요한 일이다. 그러나 이러한 이분법적 논쟁에만 집착한다면 정부 공공 영역이나 시장 경제 영역에도 포함되지 않고, 사회주의나 자본주의 이념과도 거리가 먼 중간 영역이 존재한다는 사실을 간과하게 된다.

오늘날 자본주의의 종주국인 미국사회에서도 자본주의의 한계를 지적한다. 국가란 너무 멀고, 돈이 들고, 느리고, 행정적이기 때문에 사람들은 국가를 좋아하지 않는다. 그렇다면 자본주의는 어떤가? 이익 추구를 원동력으로 삼는 자본주의의 승리를 이제 거의 모든 이가 인정하지만, 이익과 거리가 먼 임무들은 자본주의에 맡길 수 없는 노릇이다.

자금은 시장에 있다. 기존의 자본주의 메커니즘과 다른 통로를 통하여 시장의 자금이 사회적 가치를 창출하는 분야를 지원하게 하려면 어떻게 하여야 할까?

기업의 목표는 이윤 추구이다. 따라서 기업의 의사결정은 수익성을 기준으로 결정된다. 하지만 사회적 기업은 수익성과 사회적 가치를 동시에 추구한다. 사회적 기업은 경제적 가치와 사회적 가치라는 다소 상충되는 목표 두 가지를 동시에 추구하고 있다. 사회적 기업의 경제적 가치의 창출은 일반 기업의 영리적 거래와 차이가 없다. 경제적 가치에 대한 평가는 사회적 기업이 창출하는 제품이나 서비스에 대해 구매자들이 지불한 금액과 사업 운영상의 비용 계산이 비교적 용이한 편이다. 경제적 가치로 평가되는 상대적 성공과 실패는 재무제표에서 얻어지는 주요 비율에 의해서 쉽게 결정된다. 경제적 수치는 일반기업을 포함한 경쟁사들과 가시적으로 비교가능하며 시장에서의 경제적 성공을 측정하는 적절한 기준을 제공한다.

사회적 기업에 있어 재무적 가치는 장기 존속을 위해 필요하고 사회적 가치의 추구가 주요 목적이 된다. 하지만 사회적 가치를 측정하는 것은 힘들다. 재무적 가치는 정량적이지만, 사회적 가치는 정성적 요소가 더 많기 때문이다. 사회적 금융을 지원하기 위해서는 사회적 가치의 측정이 필요하다. 향후 사회적 가치를 의사 결정의 요소로 활용하기 위해서는 사회적 가치의 평가 및 측정이 필요하다.

사회적 목적이 있는 프로젝트(사회적 프로젝트)는 사회적 기업 뿐만 아니라, NGO 및 CSR(기업의 사회적 책임)을 적극 추진하는 일반 기업에서도 추진할 수 있을 것인데, 이러한 프로젝트에 대해서도 자금을 지원할 수 있는 메커니즘 구축이 필요하다.

사회적 프로젝트에 대한 지원은 그 프로젝트를 수행하는 주체에 대하여 해당 프로젝트 수행을 위한 자금을 지원하는 것이므로, 사회적 프로젝트 수행자에 대한 신뢰성이 담보되어야 할 것이다. 이러한 프로젝트를 수행하는 기업은 넓은 의미의 사회적 기업으로 인식할 필요가 있다.

이러한 분야에 대해 민간의 자금을 원활히 흘러갈 수 있도록 하는 통로의 구축이 필요하게 되었다.

사회적 가치의 창출 분야에 대한 지원은 일반적으로 정부의 역할로 여겨져 왔다. 왜냐하면 이러한 분야에의 투자는 시장이 참여할 정도로 충분한 수익성을 제공하지 못하는 것으로 인식해 왔기 때문이다. 하지만 정부만의 지원으로는 이러한 분야의 수요를 충족시킬 수가 없어 시장의 참여가 필요하게 되었다.

정부의 재정이 충분하면 정부가 지원을 하면 되지만, 세금을 걷는 데는 한계가 있기 때문에 사회적으로 필요성은 있지만 재정 지원의 한계에 놓이는 분야가 존재하게 된다. 이러한 분야에 시장이 지원할 수 있다면, 정부의 부담을 시장이 나누어져 정부의 부담을 경감시킬 수 있다.

사회적 기업이나 사회적 프로젝트는 시민사회가 이러한 목적을 실행하기 위한 구체적인 수단이 된다. 사회적 기업가가 시민사회의 일원이 되어 사회적 기업을 설립하거나 사회적 프로젝트를 개발하게 되는 것이다. 시민사회는 시장에서 이러한 역할을 하게 된다.

이러한 분야에 정부의 재정 투입 대신에 지원하는 금융이 사회적 금융이다. 한 걸음 더 나아가, 사회적 금융의 기법을 이용하게 되면 정부가 재정으로 지원 사업을 하는 것보다 감시기능을 강화하여 더 효율적으로 사업을 할 수 있다.

영국에서 사회영향채권이 처음 발행되었을 적에는 대부분의 투자자가 자선형 투자자였다. 하지만 미국의 경우에는 골드만삭스 같은 대형금융회사가 투자를 하였고, 호주의 경우에는 개인투자자들의 참여도 허용되었다. 사회가치 창출의 사업이 일정 이상의 성과를 내게 되면 성과 연동형 수익을 올리게 되어 투자 자체로서의 매력을 지니게 된다. 자선형 투자자의 확대와 동시에 사회적 가치가 내재된 금융상품의 개발로 상업적 투자자들도 사회적 금융체계에 유인할 필요가 있다.

투자자들에게 사업의 성공에 대한 유인이 존재하기 때문에 전문 사업 수행자를 선정하게 되고, 사업이 잘 수행되는가에 대한 세심한 감시가 이루어진다. 이러한 시스템이 원활히 작동하기 위해서는 사회적 가치를 창출하는 사업의 성과에 대한 객관적이고 공정한 평가 시스템이 필요할 것이다.

우리나라의 경우 복지수요는 많은데 재정은 충분하지 못하므로, 사회적 금융을 활성화하여 재정의 부담을 완화할 수 있을 것이다. 또한 재정투입과 사회적 금융의 활용을 비교해 보면, 사회적 금융은 시장 원리를 이용하기 때문에 지원의 효율성이 높고, 사업결과에 대하여 검증을 하기 때문에 효과성이 높다고 할 수 있다.

이러한 측면을 고려하여 본 장에서는 사회적 투자의사 결정 체계와 실제적 투자를 실행하는 사회적 투자자의 육성 방안을 제시한다.

II 사회적 최적 투자결정

사회적 금융을 활성화하기 위해서는 자본시장을 활용하는 방안이 필요하다. 자본시장의 투자에 대한 기본적 이론은 투자자의 효용 최적화를 유도하는 CAPM이론이다. 하지만 동 모델에서는 사회적 가치가 반영되어 있지 않다. 어떤 기업 A와 B가 동일한 재무적 가치를 창출한 경우 재무적 투자자들의 투자선호도는 동일하다. 하지만 A 기업은 사회적으로 유익한 일을 하고, B기업은 그렇지 않을 경우, 사회적 투자자에게는 A기업이 선호될 것이다. 기존의 재무적 가치에 근거한 투자 결정을 사회적 가치를 고려하였을 경우 어떻게 최적 투자 의사 결정을 할 수 있고 그 결과 사회적 후생의 증진에 기여할 수 있는가를 살펴본다.

사회적 투자자가 사회적 가치를 산출하는 사회적 기업에 투자하는 경우 투자 의사 결정 체계는 기존의 전통적인 투자자의 의사결정 체계와는 차이가 날 것이다.

기존의 CAPM 모형을 변형하여 사회적 투자자들의 투자의사 결정을 위한 Social CAPM을 제시하고자 한다.

사회적 투자자는 사회적 가치가 있는 프로젝트는 재무적 가치가 낮다 하더라도 사회적 가치로부터의 효용이 존재하기 때문에 투자할 수 있는 여지가 생기게 된다.

현재의 재무 이론은 포트폴리오 이론과 CAPM 모델이 바탕이 되어 있다. 포트폴리오 이론은 포트폴리오를 구성하여 비체계적 위험을 줄일 수 있다는 것이고 CAPM은 위험률에 기반하는 수익률의 모형을 제시하고 있다. 일반투자자들이 포트폴리오를 선정하는 이론으로 개인별 효용함수에서 도출된 효용의 무차별 곡선을 이용하여 최대의 효용을 찾아 최적 포트폴리오를 구성한다. 현재 재무학의 이론의 근간에는 위험과 수익률의 trade-off 관계가 자리 잡고 있다.

투자 의사 결정 주체인 투자자들이 단순히 수익률과 위험에만 근거한 효용함수를 갖는 것일까? 인간의 효용을 높이는 다른 요인들도 있다. 예를 들어, 사회적으로 좋은 일을 하였을 적에 수익율에는 관계가 없지만 개인의 효용을 높일 수 있다. 사회에서 좋은 평판을 얻는 것도 개인의 효용을 높일 수 있다. 이러한 효용을 개인의 효용함수에 포함시킬 필요는 없는 것일까?

사회적 투자의사 결정 체계에서는 사회적 가치를 포함하여 투자의사 결정을 하는 모델을 제시한다. 즉 사회적 투자자의 효용은 수익, 위험, 사회적 가치의 창출이라는 요소에 의해 결정되는 것으로 가정한다. 일반적으로 투자자의 성향을 위험 추구형, 회피형, 중립형으로 구분하고 있지만 사회적 투자의 영역에서는 투자자를 자선형 투자자, 상업적 투자자 그 중간 영역의 투자자로 구분하여, 중간 영역의 투자자와 자선형 투자자를 사회적 투자자로 분류한다. 일반적으로 재무학에서는 투자자를 상업적 투자자에 한정하였지만, 사회적 투자세계에서는 투자자의 개념을 확장할 필요가 있고 투자자의 효용함수를 결정하는 요소에 사회적 가치의 개념을 포함시킬 필요가 있다.

투자자의 효용함수에 사회적 가치가 포함된다면, 최적의 투자 의사 결정을 하기 위해서 투자의 결과도 수익과 위험에 더하여 사회적 가치를 포함시킬 필요가 있다. 여기서 수익과 위험은 계량적으로 산출되지만 사회적 가치는 계량화하기 힘든 부분이 있어 어려움에 빠진다. 사회적 가치를 측정하기 위한 다양한 모델들이 개발되어 있고 각 모델들의 장단점이 존재한다.

우리나라는 사회적기업육성법을 가지고 있으므로 법제적으로 사회적 기업이 창출하는 가치를 더 구체적으로 정의할 필요가 있다. 현재의 법제하에서는 취약계층의 지원을 주요한 사회적 가치로 간주하고 있다.

수익과 위험으로 구성되는 상업적 가치와 사회적 가치를 최대로 산출할 수 있는 포트폴리오를 구성하고 사회적 가치가 포함된 투자자들의 효용을 최대한 만족시킬 수 있는 최적 투자 포트폴리오를 찾으려는 노력이 필요할 것이다.

1 사회적 기대수익률

일반적으로 투자의사결정 시점에서는 기말주가를 알 수 없기 때문에 수익률은 확률변수로 취급해야 된다. 현재가격 P_t로 자산을 매입하고 다음 기에 얻게 되는 주가 P_{t+1}과 현금배당 D_{t+1}이 불확실한 값이기 때문에 현재 시점에서 수익률 역시 불확실한 값이다. 그런데 그 분포를 알 수 있다면, 수익률은 확률변수로 취급된다. 따라서 평균과 분산을 얻을 수 있다.

사회적 투자로부터의 수익률은 재무적 수익률과 사회적 가치로부터 발생하는 사회적 수익률(*SR*)의 합이다. 향후 이를 총 수익률(*TR*)이라고 부른다. 즉, $\overline{TR}_{t+1} = (\overline{P}_{t+1} - P_t + \overline{D}_{t+1} + S_{t+1})/P_t$로 나타낼 수 있다.

편의상 사회적 가치라는 배당을 추가적으로 얻는 것으로 간주한다. 그런데 배당은 미래의 변동성이 존재한다. 하지만, 사회적 가치는 사전적으로 고정되는 배당과 같은 개념으로 가정을 한다. 예를 들어 취약계층 고용이라는 사회적 가치는 사전적으로 몇 명의 취약계층을 고용하는 것이 정해져 있는 경우에는 미래의 변동성이 존재하지 않는다. 하지만 생산활동의 증가에 따라 추가적으로 취약계층을 고용하는 경우에는 사회적 가치가 증가하기 때문에 변동성이 생긴다. 사회적 투자 시에 일반적으로 사회적 가치의 크기보다는 사회적 가치의 존재 유무가 투자 의사결정의 기준이 된다. 이러한 점을 반영하여 사회적 가치는 사전적으로 인식되는 비확률변수로 가정한다. 이러한 논의는 처음으로 시도되는 것이고 향후 보다 정교한 논의가 행해지기를 기대하면서 본 서에서는 사회적 가치를 확률변수로 취급하지 않는다. 재무적 가치는 생산활동에서 비롯된다. 생산활동의 증가로 재무적 가치가 증가하면, 비례하여 사회적 가치가 증가하는 것으로 간주할 수 있다. 이러한 경우, 사회적 가치의 변동성이 재무적 가치의 변동성에 연동되게 된다.

기대 수익률의 개념을 도입하면 불확실성하에서의 투자의 목표는 수익률의 극대화가 아닌 기대 수익률의 극대화로 바뀌게 된다. 총 수익률의 평균은 총 기대 수익률이라고 부른다. 기대수익률 극대화란 투자자가 자기에게 주어진 여러 투자대안들 중에서 기대수익률이 가장 높은 투자 안을 선택하게 됨을 의미한다. 전통적인 확률변수의 모델에 사회적 가치가 더해진 사회적 기대 수익률은 $E(\overline{TR}_{t+1}) = E([\overline{P}_{t+1} - P_t + \overline{D}_{t+1} + S_{t+1}/P_t])$로 나타낼 수 있다.

CAPM의 세계에서와 같이 사회적 투자에서도 사회적 투자자는 기대효용의 극대화를 추구하는 것으로 가정한다.

2 사회적 효용함수와 효용의 무차별 면

현대 재무학에서는 투자자들의 효용이 수익과 위험에 의해 결정되는 것으로 가정하고 논의를 전개하고 있다. 효용함수는 $U(\overline{R}) = a + b\overline{R} + c\overline{R}^2$로 나타낼 수 있다. 효용함수의 기댓값은 $E(U(\overline{R})) = a + b\overline{R} + c[\sigma^2(\overline{R}) + \overline{R}^2]$이 된다.

하지만 사회적 투자자들의 효용은 사회적 가치를 실현하였을 적에 증가된다. 사회적 효용함수를 수익률로 표시하면 다음과 같다. 즉, $U = f(E, \sigma, S)$로 표시한다. 기존의 효용함수에 사회적 가치를 추가한 것이다. $\frac{dU}{dS} > 0$이 될 것이다. 사회적 효용함수의 한 모델로

$U(\overline{TR}) = a + b\overline{R} + c\overline{R}^2 + dSR$를 제시한다. 사회적 투자자는 사회적 가치로부터도 효용을 얻는다.

$$E(U(\overline{TR})) = E[a + b\overline{R} + c(\sigma^2(\overline{R}) + \overline{R}^2)] + dS$$

이러한 사회적 가치가 포함된 사회적 효용함수는 불확실성하에서의 의사결정을 하는 경우, 선택행동에 있어 적용되는 공리가 적용된다.

투자자의 종류는 순수한 재무적 투자자로부터 자선적 투자자까지 스펙트럼이 다양하다. 자선적 투자자에 가까울수록 사회적 가치의 효용이 크다.

사회적 수익률은 사회적 투자자에게 귀속되기보다는 사회에 귀속되는 수익이다. 하지만 사회적 투자자는 사회에 귀속되는 사회적 가치로부터도 효용이 증가한다.

순수한 재무적 투자자는 사회적 가치로부터의 효용이 없으므로 사회적 가치가 포함되지 않은 효용함수를 갖게 된다. 반면 완전한 자선적 투자자는 재무적 가치로부터의 효용이 없고 사회적 가치로부터의 효용만 존재하게 된다. 여기서 사회적 투자자라 함은 사회적 가치로 인하여 효용이 증가하는 모든 투자자를 말한다.

재무적 가치와 사회적 가치의 조합에 의한 사회적 투자자의 무차별 면을 구할 수 있다. 즉 투자자의 사회적 가치로부터 나타나는 효용과 재무적 가치로부터 나타나는 효용이 일정한 점을 연결하면 무차별 면이 될 것이다. 재무적 투자자에 가까운 사회적 투자자는 재무적 가치의 비중이 높아지고 자선적 투자자에 가까운 사회적 투자자는 사회적 가치의 비중이 높아질 것이다.

그림 2-1 총 효용의 무차별 면

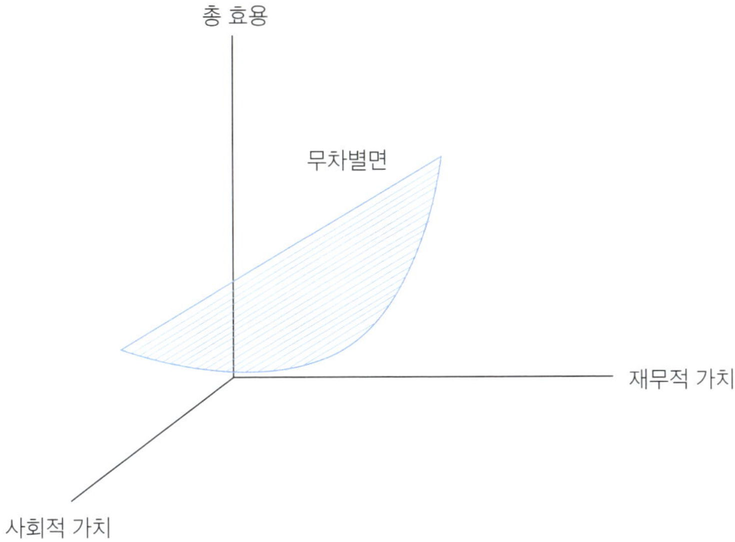

3 사회적 CAPM

사회적 가치를 고려한 사회적 자본자산 가격 결정 모형(Social Capital Asset Pricing Model: SCAPM)는 어떻게 결정되는가?

기업은 생산활동을 통하여 가치를 생산한다. 이러한 생산된 부가가치 중 재무적 부가가치인 수익률과 미래의 재무적 부가가치의 변동성만을 투자자의 고려사항으로 삼은 CAPM이 제시되었다. 하지만 사회적 투자자들이 사회적 투자(임팩트 투자)를 할 경우에는 재무적 수익률뿐만 아니라 그 기업이 산출하는 사회적 가치인 사회적 영향인 임팩트를 고려하여 투자하게 된다. 이러한 경우에 이 임팩트를 어떻게 반영하여 투자할 것인가가 관건이 된다. 여기서는 사회적 기업의 경우를 상정한다. 물론 일반 기업도 사회적 가치를 생산할 수 있다.

일반 기업의 경우 기업의 목적이 사회적 가치를 생산하는 것이 아니라 재무적 가치를 생산하는 데 있다. 따라서 사회적 가치를 생산하기 위해 재무적 가치를 희생시키는 사회적 가치와 재무적 가치의 trade-off 관계가 존재할 수 있다. 향후 사회적 투자자는 일반 기업이 사회적 가치를 산출할 경우 재무적 가치로는 투자 대상이 되지 않는 경우에도 사회적 가치의 생산으로 투자하는 경우도 생길 수 있다. 사회적 가치를 생산하는 기업의 입장에서는 더 많은 투자를 확보할 수 있게 된다.

사회적 기업의 경우에는 기업의 목적이 재무적 가치와 사회적 가치를 동시에 추구하는 것이다. 따라서 사회적 가치와 재무적 가치가 trade-off의 관계에 있다기보다는 분리된 가치로 추구된다고 할 수 있다. 즉, 기존의 CAPM의 틀에 사회적 가치가 더하여진다. CAPM에서의 리스크는 재무적 가치의 리스크이다. 사회적 투자에 있어서의 리스크는 어떠한 것인가? 이미 사회적 가치는 사전적으로 인지하는 가치로 가정하였기 때문에 사회적 가치의 리스크는 존재하지 않고 재무적 가치의 리스크만 남게 된다. 통상적으로 사회적 기업에 투자할 적에 사회적 가치의 크기보다는 사회적 가치의 존재 유무를 판단하고 투자하게 되는데, 현실과 가정이 어느 정도 부합하게 된다.

SCAPM의 기본 가정은 다음과 같다.

1) 사회적 투자자는 재무적 가치와 사회적 가치로부터의 효용극대화를 추구한다.
2) 사회적 투자자는 사회적 가치를 투자 시점에 사전적으로 인지한다.
3) 기타 가정은 CAPM의 가정을 따른다.

가. 사회적 증권 시장선

현재 사회적 가치의 평가에 관한 다양한 모델들이 개발되고 있으나 사회적 가치를 완전히 계량화하기는 어렵다. 따라서 기업이 생산하는 사회적 가치를 계량화할 수 있는 경우와 그렇지 않은 경우로 나누어 모델을 설정한다. 전자를 SCAPM1으로 하고 후자를 SCAPM2로 명명한다. SCAPM1은 사회적 가치 평가의 SROI 모델과 같이 사회적 가치가 계량화되어 합산이 가능한 경우이다.

SCAPM1 모델의 경우 사회적 기업이 산출하는 총 수익률은 다음과 같다.

$E(TR_i) = SR_i + E(R_i) = SR_i + [R_f + \beta_i(E(R_m) - R_f)]$이다. 즉 사회적 기업은 재무적 가치인 ER_i와 사회적 가치인 SR_i의 합을 산출하게 된다. 즉, SML보다 SR_i만큼 상향된 사회적 증권 시장선(SSML)을 갖는다.

사회적 투자자의 투자 의사 결정은 개별 사회적 기업의 총 수익률이 사회적 증권 시장선 위에 있으면 균형 수익률보다 더 높은 수익률이 존재하므로 사게 되고, 증권 시장선 아래에 있으면 팔게 된다.

그런데, 사회적 투자자의 SIRR(Social Internal Rate of Return)이 높게 나와 사회적 프로젝트를 수용하기 어렵게 된다는 우려를 할 수 있다. 하지만 프로젝트에 내재하는 사회적 가치를 반영하면, 프로젝트 자체의 수익률이 증가하여 문제가 없다. 재무적 수익률의 관점에서만 고려한다면, 사회적 투자자는 재무적 수익률이 낮다 하더라도, 사회적 가치가 존재하는 프로젝트는 사회적 수익률을 포함한 총 수익률이 크다면 투자 대상으로 고려할 수 있게 된다.

그림 2-2 SCAPM1 의 증권 시장선

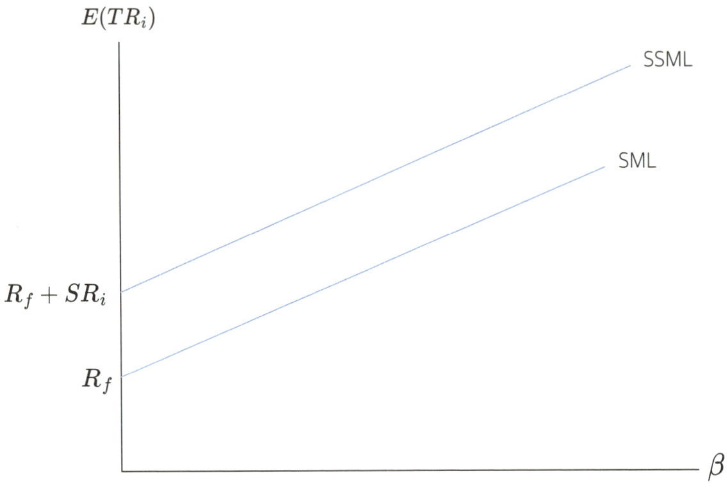

다음으로 SCAPM2 모델을 살펴본다. 사회적 가치의 측정이 어려운 경우에 투자 의사 결정을 위한 방안 강구가 필요하다. 사회적 기업의 사회적 가치를 계량화하기는 어려우나 등급을 매기기는 가능하다. 전문가로 구성된 사회가치평가위원회 같은 조직을 통해 등급을 매길 수 있다. 예를 들어 사회적 가치에 대한 5등급의 심사표를 만들어 등급당 일정 비율(예를 들어 재무적 가치평균의 20%)의 사회적 가치를 재무적 가치에 더해 주는 방식을 사용할 수 있다. 이 경우 1등급의 사회적 기업에게 100%의 사회적 가치를 부여한다면, 사회적 가치 1등급회사는 재무적 가치의 두배의 총 가치를 갖게 될 것이다. 즉, 상기 예에서 5등급의 사회적 기업은 SR_i가 $0.2 \times E(R_i)$가 되고 1등급의 사회적 기업은 SR_i가 $E(R_i)$가 된다. 사회적 가치가 무등급인 기업은 SR_i가 0이 되어 CAPM 모델로 회귀하게 된다. SR_i의 크기에 관하여서는 사회적가치평가위원회를 전문가들로 구성하여 등급을 매겨

산출하도록 한다.

$$= (1 + SR_i) \cdot E(R_i)$$
$$= (1 + SR_i) \cdot [R_f + \beta_i(E(R_m) - R_f)]$$
$$= (1 + SR_i) \cdot R_f + (1 + SR_i) \cdot \beta_i[E(R_m) - R_f]$$

SCAPM2의 경우에도 사회적 투자자의 투자 의사 결정은 개별 사회적 기업의 총 수익률이 사회적 증권 시장선 위에 있으면 균형 수익률보다 더 높은 수익률이 존재하므로 사게 되고, 증권 시장신 아래에 있으면 팔게 된다.

다만, SR_i의 크기를 직접 측정하기 보다는 위원회에서 사회적 기업의 등급을 매겨, 재무적 가치와 연동시켜 산정한다는 데 차별점이 있다. SSML의 절편과 기울기가 SR_i배만큼 높다.

즉 $E(TR_i) = E(R_i) + SR \cdot E(R_i)$로 나타낼 수 있다.

그림 2-3 SCAPM2의 증권 시장선

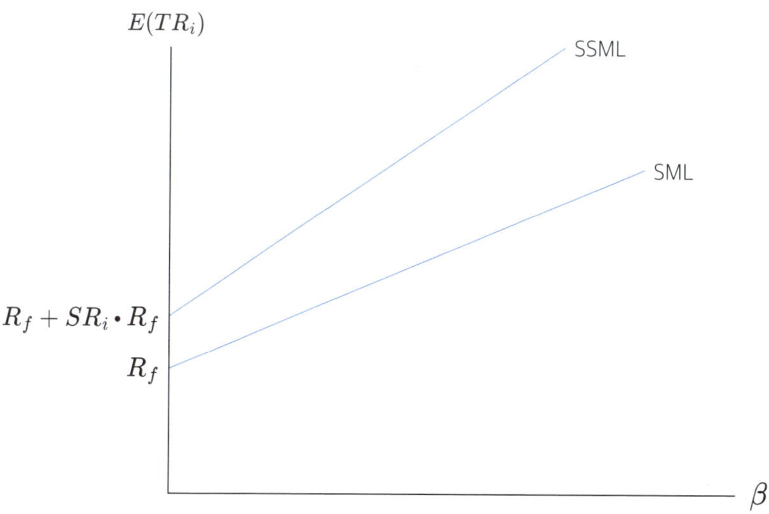

나. SCAPM의 효율적 프런티어

사회적 기업은 무위험 이자율로 자유롭게 빌리거나 빌려주는 것이 어렵다. 따라서 본 연구에서는 사회적 기업을 대상으로 무위험 이자율로 자금을 빌려주는 시장이 없는 것을 가정한다. 기존의 CAPM 이론에서는 효율적 프런티어를 구성하여 CML(Capital Market Line)을 통하여 효용을 높일 수 있다. 사회적 금융의 SCAPM에서는 효율적 프런티어에서 최대 효용을 만족시키는 최적 포트폴리오가 얻어진다. 효율적 프런티어는 위험이 동일한 경우 재무적 가치가 최대인 증권을 택하고, 이 중 사회적 가치가 높은 증권을 채택하는 2단계 절차로 효율적 프런티어를 구한다.

그림 2-4 SCAPM의 효율적 프런티어

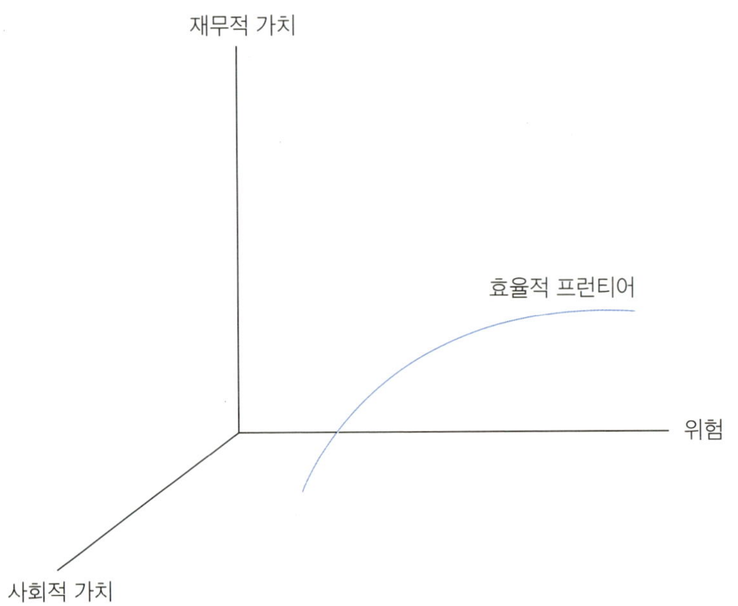

다. 최적 효용 사회적 포트폴리오의 구성

여기서는 사회적 투자자가 사회적 가치를 산출하는 사회적 기업에 투자하는 경우의 투자의사결정 체계를 제시한다. CAPM의 세계에 있어서는 투자자의 효용을 수익률과 위험에 근거하여 최대화할 수 있는 모델을 제시하고 있으나, 사회적 투자의 세계에 있어서는 투자자의 효용을 재무적 수익과 위험 및 사회적 가치를 고려하여 결정하게 된다. 사회적 가치로 인하여 재무적 수익률이 낮은 경우에도 사회적 수익률로 인하여 총 수익률이 증가하여 투자할 여지가 생기게 된다.

사회적 투자자의 효용함수의 무차별 곡선과 효율적 면이 만나는 점에서 최적 효용 사회적 포트폴리오가 구성될 것이다.

그림 2-5 최적 효용 사회적 포트폴리오

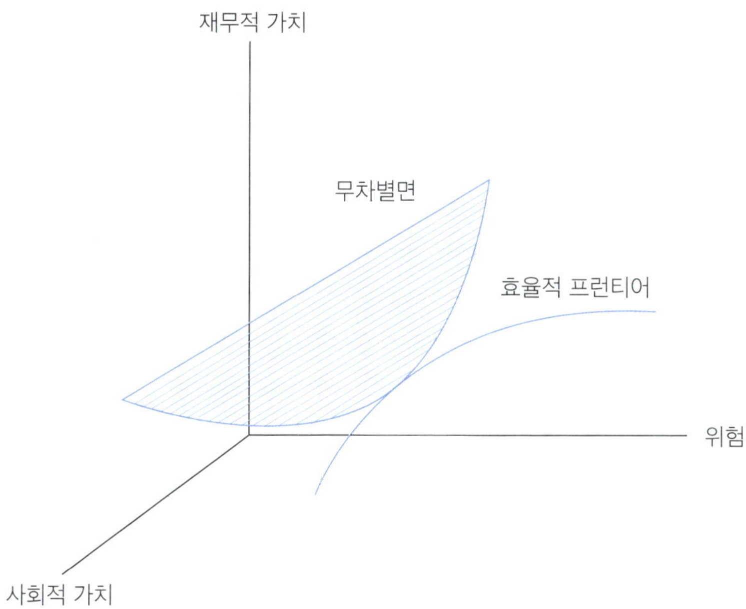

사회적 투자자는 일반투자자와는 달리 사회적 가치로 인한 효용을 느낀다. 향후 이러한 사회적 투자자가 많이 육성된다면 사회적 가치를 생산하는 기업의 자금 조달 기회는 향상된다. 또한 사회적 투자자의 효용은 일반투자자보다 사회적 가치로 인해 증대하게 된다. 따라서 사회적 투자자의 육성을 위한 정책 차원의 노력이 필요하다.

Ⅲ 사회적 투자자의 육성 방안

1 사회적 투자자 육성의 필요성

자본시장 측면에서 시장친화적인 사회적 기업의 지원 메커니즘을 설계할 경우 사회문제 해결에 소요되는 예산을 절감하면서 사회적 기업에 자금 공급을 지속적으로 할 수 있어 사회문제에 대한 해결의 단초를 제공할 수 있으며, 사회투자문화를 발전시킬 수 있다.

금융의 기본적 역할은 저축자의 잉여자금을 자금을 필요로 하는 주체에게 효율적으로 이전하도록 하는 것이며, 적절히 설계된 금융시스템하에서는 이러한 자금배분이 효율적이고 투명하게 이루어질 수 있다.

사회적 기업에 대한 자금을 보다 효율적으로 공급하고 사회적 기업에 대한 감시 기능을 잘하기 위해 은행과 시장은 어떠한 역할을 할 수 있을 것인가?

은행은 예금자로부터 예금을 받으면, 예금자에 대한 원리금 지급

의무가 발생하지만 예금을 받은 자금은 은행이 원하는 방향으로 운용을 하게 된다. 따라서, 은행이 고객의 뜻에 따라 사회적 가치를 추구하여 자금을 운용할 여지가 없게 된다. 예금자에게 받은 돈을 모아서(pooling) 운영하기 때문에 어느 개별 예금자가 그러한 요청을 하여도 사회적 가치 창출을 위한 운용을 하기 힘들 것이다.

자본시장의 금융중개 기관에서는 투자자가 원한다면 운용에 대한 적정한 수수료를 받고 투자자가 원하는 방향으로 운용해줄 수가 있을 것이다. 개별 투자의 결과가 해당 투자자에게 모두 귀속되기 때문이다. 사회적 가치를 고려하여 자금을 공급하는 금융이 사회적 금융이다. 사회적 금융의 활성화를 위해 사회적 투자자의 육성이 필요하다. 대기업이나 공공기관들이 보유하고 있는 공익적 성격의 기금들을 사회적 투자자로 인정해 주는 시스템의 구축이 필요하다.

사회적 기업의 성장과 자생력 확보를 위해 자본시장을 통한 자금 공급이 필요한 시점이며, 사회적 기업이 정착되기 위해서는 보다 장기간 인내하고 투자할 수 있는 자본의 형성이 요구된다. 사회적 기업의 성장 단계와 사회적 기업의 성격에 맞는 안정적이며 다양한 재원이 확보되어야 하며, 사회 취약 부문에 대한 자본시장을 통한 자금 지원 채널을 구축할 필요가 있다.

사회적 투자는 정부 재원으로 행해졌다. 왜냐하면 상업적 가치의 창출은 민간투자에 의해 이루어지고, 공익적 가치의 창출은 정부의 영역으로 인식되어 민간이 투자를 할 유인이 없기 때문이다. 하지만, 고령화 사회가 급속히 진행되어 복지수요 등 사회적 가치 창출 수요가 급증함에 따라 필요한 사회적 가치의 창출을 정부 재원으로만 하기 어렵게 되었고, 민간투자가 필요하게 되었다. 이러한 민간투자에 대한 사회적 수요를 충족하기 위해서는 사회적 투자자를 육성해야 된다.

2 사회적 투자자의 육성 방안

자본시장법상에서는 투자자를 일반투자자와 전문투자자로 구분하고 있다. 투자의 전문성이 있어 스스로를 보호할 수 있는 전문투자자와 그렇지 못한 일반투자자를 구분하여 일반투자자에게는 투자자 보호장치를 강화하고 있다. 투자자 보호라 함은 재무적 의미의 투자자 보호이다. 즉, 일반투자자를 보호하기 위하여 헤지펀드와 같이 위험성이 큰 금융상품이나 코넥스 시장과 같이 위험한 시장에서는 참여 투자자의 적격 요건이 필요할 수 있다. 일반투자자 보호의 기준은 위험도가 된다고 할 수 있다.

사회적 투자를 하는 사회적 투자자는 재무적 가치뿐만 아니라 사회적 가치를 추구하기 위해 투자를 한다. 즉, 자본시장법에서 추구하고 있지 않은 가치를 추구한다. 따라서, 사회적 투자자는 자본시장법에서 규율하기보다는 사회적기업육성법이나 사회적경제기본법과 같은 사회적 가치를 지향하는 법에서 규율하는 것이 바람직하다. 현 사회적기업육성법에서 사회적 기업은 위원회의 인증제도가 있지만, 사회적 투자자에 대한 인증제도는 없다. 자금의 수요자에 대한 인증 제도는 있고 공급자에 대한 인증 제도는 없다. 그 이유는 암묵적으로 정부가 자금의 공급자 역할을 하거나 또는 자본시장법상의 투자자들이 자금을 공급할 수 있다고 생각하기 때문이다. 하지만 자본시장법상의 투자자는 사회적 가치를 고려하지 않기 때문에, 사회적 기업에 자금을 공급하는 데도 재무적 가치만을 적용할 가능성이 커서 원활한 자금의 공급이 어렵게 된다. 정부의 재원이 충분하면 지금까지의 방식대로 정부가 사회적 기업에 자금을 공급할 수 있을 것이다. 하지만 사회적 기업을 지원할 정부의 재원에 한계가 있기 때문에 사회적 투자자의 육성이 필요하다.

사회적 기업 육성법이나 현재 논의 중인 사회적 경제 기본법에 사회적 투자자의 조항을 둘 필요가 있다. 동법에서 사회적 투자자의 개념을 신설하여 사회적 기업 인증 위원회에서 사회적 투자자를 인증하도록 한다. 공익재단, 자선형 투자자, 사회적 공익을 위해 투자하고자 하는 일반 기업 및 금융기관 등이 잠재적 사회적 투자자가 될 수 있다. 사회적 투자자가 되면 세제 혜택 및 명성 효과(reputation effect)를 누릴 수 있도록 한다. 사회적 투자자를 인위적으로 육성하기 보다는 시장에서 자생적으로 육성되는 것이 바람직하다는 논의가 있을 수 있다. 하지만, 현재의 금융관련 법제는 사회적 가치를 고려하지 않기 때문에, 자본시장법 내의 일반투자자나 전문투자자가 사회적 투자자로 자생적인 발전을 이루기는 쉽지 않을 것이다.

사회적 금융은 사회적 기업이나 사회적 프로젝트를 지원하는 금융이다. 금융의 가장 기본적인 두 요소는 자금의 공급자와 수요자이다. 사회적 금융의 수요자라고 할 수 있는 인증 사회적 기업 수는 2025년 4월 기준 3,736개에 이른다. 그 이외에 이에 준하는 다수의 예비 사회적 기업, 사회적 협동조합, 마을 기업, 자활 기업 등이 존재한다.

사회적 금융의 공급자라고 할 수 있는 사회적 투자자에 대한 인증제도는 없다. 다만, 기존의 자선형 투자자들이나 일반투자자들이 자발적으로 자금을 공급한다.

사회적 금융시스템을 보다 체계적으로 구축하기 위해서는 자금의 수요자인 기업과 마찬가지로 자금의 공급자인 투자자의 인증 제도가 필요하다.

사회적 투자자를 대별하면 사회적 가치의 추구는 필요조건이고 재무적 가치의 추구는 기부형, 원본 보장형, 일정 수익 기대형으로 나누어 볼 수 있을 것이다. 전통적 거래소 시장보다 재무적 수익이 낮다 하더라도 사회적 가치가 재무적 가치와의 trade-off 관계에 있기 때문에 투자자의 효용을 만족시킬 수 있다.

일반투자자와 사회적 투자자가 혼재되어 있는 상황에서는 투자자 보호의 문제 때문에 사회적 기업에 대한 금융공급을 위한 제도 설계가 일반투자자 보호를 위해 엄격해질 수 밖에 없고 사회적 기업에 대한 자금 공급의 통로가 제약될 수 밖에 없다.

사회적 투자자는 자기 책임으로 사회적 기업에 투자하는 투자자를 의미한다. 사회적 투자자는 투자자들이 신청을 하고 사회적 투자자인증위원회(사회적기업육성법) 또는 사회적경제위원회(사회적경제기본법)에서 인증을 하도록 하면 될 것이다.

사회적 투자자의 대상으로는 공익 목적으로 설립된 재단들과 HNW중 기부형 투자자들을 원칙적인 대상으로 한다. 이에 더하여 피상속인의 상속재산을 사회적 투자를 하게 하고, 상속인을 사회적 투자자로 지정하여 상속세를 감면하게 하는 방안은 적극적 검토가 필요하다. 세상을 떠나며 남은 재산을 사회적 가치가 있는 분야에 쓸 수 있는 길을 열어주게 된다.

사회적 경제가 자본시장의 작동 메커니즘 내에서 작동할 수 있으려면 자본시장의 투자자들의 자금이 공급되도록 제도를 설계하는 것이 필요하다. 하지만 투자 목적이 다르므로, 투자자도 분리하여 접근하는 것이 혼란을 피할 수 있다. 금융의 시각에서는 사회적 투자자의 도입에 관해 투자자 보호라는 각도에서 보면 사회적 가치를 고려하지 않는 금융 관련 법제에서는 부정적일 수 있다. 하지만 사회적 경제의 관점에서는 사회적 투자자의 도입이 보다 용이하다.

사회적 투자자는 인증을 받으면 명성 효과(reputation effect)가 있다. 또한 사회적 가치가 있는 대상을 정하여 투자하게 되었을 적에 세제 혜택을 주는 방안을 마련하면 사회적 투자자의 육성에 도움이 될 것이다.

사회적 투자자가 존재하면 다른 사회적 금융상품 설계나 사회적 거래소의 설립이 보다 용이해 진다. 즉, 투자자 보호에 대한 규정 마련이 용이해지기 때문이다. 일반투자자나 전문투자자의 경우 기존 금융 관련 법제를 적용받도록 하고, 사회적 투자자의 경우에는 사회적 금융상품에 대한 투자나 사회적 거래소에서의 거래의 경우 완화된 규정을 적용할 수 있을 것이다.

인증 필요성	사회적 경제에서 자금의 수요자인 사회적 기업은 인증제도가 존재하나 자금의 공급자인 사회적 투자자는 인증제도가 없어 사회적 경제의 활성화를 위해서는 사회적 투자자의 육성 필요
기존 투자자와의 관계	자본시장법에서 투자자 보호 및 규제 효율화를 위해 투자자를 재무적 가치를 추구하는 일반투자자 및 전문투자자로 구분하고 있으나, 사회적 투자자는 사회적 가치와 재무적 가치를 동시에 추구함
대상	공익 목적의 재단 법인, 자선형 HNW, 기업, 및 금융기관
유인구조	명성 효과 및 세제 혜택(사회적 투자에 대한 세액 공제 및 투자수익에 대한 비과세 적용)
도입효과	사회적 금융시스템의 구축 용이
준거법	사회적기업육성법 또는 논의중인 사회적경제기본법

참고문헌

기 소르망. (2014). *세상을 바꾸는 착한 돈*(안선희, 옮김). 문학세계사.

최운열. (1986). *투자론*(pp. 69-71). 박영사.

최운열, & 박영석. (2005). *투자론*(p. 185). 박영사.

최종태, 노희진, & 조영복. (2009). *사회적 기업 육성을 위한 자본시장 연구*. 노동부.

OECD. (2012). *Economic policy paper no. 3: Looking to 2060-A global vision of long-term growth*. OECD Publishing.

UNEP. (2014). *Aligning the financial system with sustainable development*. UNEP Publishing.

3부

Financial Strategy to Accelerate Green Growth

Contents

V. Financial Strategies to Stimulate Green Growth

VI. Conclusion

3부

Financial Strategy to Accelerate Green Growth

I Introduction

Green growth seeks for economic development and environmental enhancement simultaneously. In order to support green growth financially, the green finance sector needs to be developed.

According to IPCC (Intergovernmental Panel on Climate Change)'s continuous research for examining the relationship between human activities and climate change, we can, without a doubt, conclude that the current and potential climate change results from anthropogenic activities. Main drivers of climate change are GHGs (Greenhouse Gases) such as Carbon, Methane, etc.

And according to IPCC (2013), Stern, N (2006), and KEI (2012), estimation of economic loss from climate change are as such. (See table [3-1])

Table 3-1 Estimation on Global and domestic climate change and economic loss by Scenarios

		World		South Korea	
Degree of greenhouse gas (GHG) emission reductions		If the current trend continues,	If significant reductions are achieved,	If the current trend continues,	If significant reductions are achieved,
Projections	Temper a-ture	• will go up 3.7℃ on average in the late 21st century (2081~2100).	• will go up 1.8℃ on average in the late 21st century (2081~2100).	• will be 5.7℃ warmer in later part of the 21st century.	• will be 3.0℃ warmer in later part of the 21st century.
	Sea level	• will rise 63cm by the end of the 21st century.	• will creep up 47cm by the end of the 21st century.	• will rise 65cm in the south and west coast of the country, and 99 cm in the east coast, respectively.	• will rise 53cm in the south and west coast, and 74 cm in the east coast, respectively.
	Precipit a-tion	• will see widening difference in the amount of seasonal rainfall between arid and humid regions. • is likely to increase in the high latitudes and the equatorial Pacific Ocean.		• will increase 17.6% in the later part of the 21st century.	• will rise 16.0% in the 2nd half of the 21st century.
Economic loss		• Economic losses caused by global warming are expected to be 5% to 20% of the world's GDP.		• If temperature rises more than 4℃ in 2100, economic losses will reach about 3% of Korea's GDP the same year. - By 2100, the accumulated losses are estimated to be KRW 2,800 trillion in total.	

Source: IPCC (2013), Stern, N (2006), KEI (2012), KMA (2012)

Therefore, green growth policy needs to be focused on how economic development can be achieved by reducing carbon emissions. It will be meaningful enough to review the details of Stern's Review in order to understand the impact of climate change to the fullest and the guidelines of UN PRI for better understanding of general investment principle considering ESG factors.

Stern, N. has shed a light on the green climate economics and finance. Actually, he opened a new field of climate change economics and urged policy-makers worldwide to act right now. According to his extensive and intensive research, it is projected that without proactive actions to mitigate GHGs and adapt to climate change, it will cost us more than 5% of GDP and within 20 years the global economy could shrink by 5~20%.

However with a proper and anticipative response, the cost involved with mitigation actions can be confined to 1% of total global GDP, which means there is asymmetry between proactive and reactive actions. Early actions to mitigate GHGs can make a big difference according to Stern, N (2006).

The United Nations-supported Principles for Responsible Investment (PRI) Initiative is an international network of investors working together to put the six Principles for Responsible Investment into practice. Its goal is to understand the implications of sustainability for investors and support signatories to incorporate these issues into their investment decision making and ownership practices.

UN PRI is providing guidelines based on six principles to investors and stakeholders of the firm in an attempt to urge them to invest more ESG-responsibly.

In order to facilitate ecology of green firms and industry, which hopefully would be our next generation growth engine, financing green technology and industry with abundant funds would be the most important and critical factor. However, due to high uncertainty within the green field and a lack of track record of historical high returns on investment related to SRI or Green funds, investors are still somewhat reluctant to invest aggressively in green industry and firms.

It is natural that Investors- both institutional and individual-seek maximization of their financial profit gains from their investment. For private investors so far, going green is difficult in that it inherently is associated with high risks and low returns at the initial R&D stage. However, once a green market is formed and developed with the positive market expectation within the next 10 years, the overall market view will be totally changed. But only well-prepared market players can survive in that time. Once again, those who dominate the new market in advance will take it all as history has always proved.

Although investing money in the green field at the moment seems like a bottomless pit, it is an inevitable process to form and boost the market. Taking a long-term view is therefore essential in green finance. Policy makers themselves already know that they cannot force the private sector to invest in green without a concrete belief and assurance that the market will be formed sooner or later. That's why the Green Climate Fund was established and the role of the public institution: internalizing uncertainties and externalities, which means hedging the risks involved with green investment.

Green Growth Policy can be attractive to developing countries, which seek economic growth by developing green technologies and green projects. Based on the Paris COP 21, not only developed but also developing countries must participate in the global efforts to reduce carbon emission. However, developing countries policy priorities will be put on economic development.

As a result, green growth policy will be needed in developing countries. In order to implement green growth policy, financial support is needed, which can be named as green finance. Through this chapter, financial strategy to accelerate green growth is suggested.

II Concept & Needs of Green Finance

1 Concept of Green Finance

There is no single agreed upon definition which can clearly explain what green finance is. There is not only the term "Green Finance", but other similar terms also appear these days with the importance of green finance increasing. In this chapter, we will define Green Finance in the aspect of Green Growth and clarify relevant concepts: sustainable finance, environmental finance, carbon finance, and climate finance.

■ Green Growth

In 2009, the government of Korea announced the new policy called Green Growth, which aims to achieve economic development and environment protection by making a strategy for achieving sustainable development with accomplishing the greenhouse gas reduction target; reduce 30% of greenhouse-gas of BAU (business as usual) by 2020. Since then, Korea has been at the frontier of the green growth initiative with the National Strategy for Green Growth (2009-2050) and the Five-Year Plan (2009-2013), which is a comprehensive policy framework for green growth in both the short and according to OECD (2017). Recently, the goal of reduction has been revised to 37% by 2030.

■ Green Finance

As low carbon green growth became a national policy agenda, it was necessary to support green finance to accomplish this policy target. After the Framework Act on Low Carbon, Green Growth was enacted, the government had to support the activation of green finance. The Article 28 (Support for and Boosting of Finance) in that Framework Act says that in order to promote low carbon green growth, the government shall establish and enforce green financial measures. According to the Framework Act on Low Carbon, Green Growth, green finance is a type of future-oriented finance that simultaneously pursues the development of financial industry, improvement of the environment, and economic growth from Hee Jin Noh

(2012). Green finance should incorporate new technologies, financial products, industries, and services that consider environment, energy efficiency, and reduction of pollutant emissions according to Slobodan Rakić - Petar Mitić (2012) to support low carbon green growth. (See Figure [3-1])

Figure 3-1 Definition of Green Finance

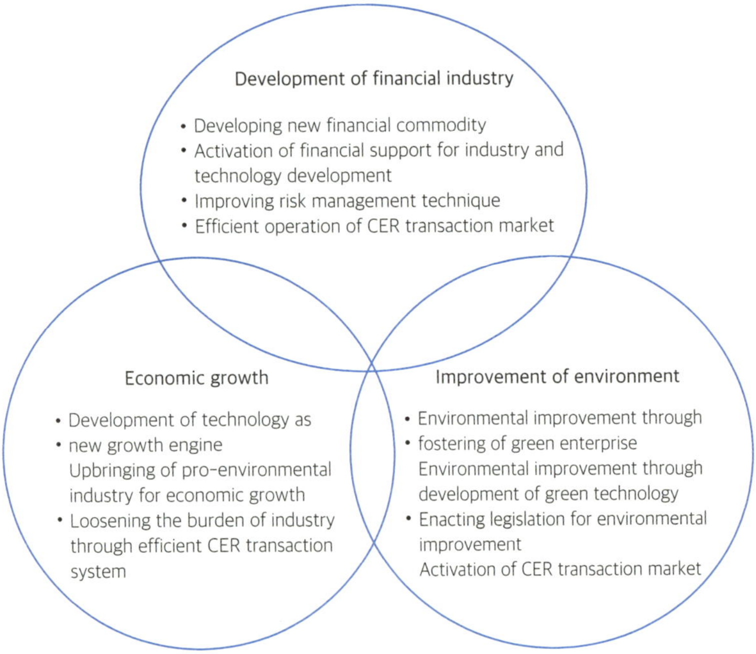

Source: Hee Jin Noh (2010)

2 Needs of Green Finance

According to the IPCC (2013), it is obvious and unequivocal that climate change is already happening and there are observable effects on the environment including global warming, unexpected extreme weather events, and rising sea levels. Most scientists and scholars have agreed that the main cause of this climate change is from increases of human induced greenhouse gas emissions in the atmosphere. What do we urgently need to address climate change? It is financial resources that are essential to reduce greenhouse gas emissions (mitigation) and to prepare ourselves to adapt to climate change (adaptation). The financial resources for climate change can be invested in energy efficiency, greenhouse-gas reduction, renewable energy, etc. The issue of green finance seems more important and complicated to the poorest and most vulnerable countries which lack economic resources to combat climate change and have vital concerns of development. To achieve both goals, economic development and environmental protection, a new type of development is needed-green economy or green growth. And whether the emergence of a green economy or green growth is successful or not is critically dependent on the way we approach finance and investment; greening finance. In short, we need a new type of finance to support green growth and this green financing is pre-conditioned for successful green growth.

3 Financial Concepts related with Green Finance

There are several related concepts with Green Finance; Sustainable Finance, Environmental Finance, Carbon Finance, and Climate Finance. The relationship of these concepts can be illustrated in Figure 3-2.

■ Sustainable Finance

Sustainable Finance is the practice of creating economic and social value through financial models, products, and markets that are sustainable over time according to University of California, Berkeley (2017). It takes into account investments which are more expansive, comprehensive, and inclusive, considering not only the environmental aspect but also the social aspect and governance issues.

■ Environmental Finance

Environmental Finance is finance and investment regarding the ecological environment (Air, water, soil, etc.) Environmental Finance regards environmental damage as financial risk. Under environmental finance, projects that harm or potentially damage the environment are prohibited from being funded or financed. This concept is broader than Green Finance, in the regard that it focuses on environmental protection, which may not contribute to economic growth.

■ Carbon Finance

Carbon Finance provides resources to a project which aims to reduce emissions of carbon dioxide and other greenhouse gases (GHGs).

Through the Emission Trading Market, carbon finance can be designed in versatile ways in spot and derivative markets. Additionally, through a carbon fund, investment for the emission trading market can be made.

4 Climate Finance

Climate finance supports the activities of climate change adaptation and mitigation to achieve low carbon economy and implement climate resilient development. Climate finance also supports projects for adaptation that are not included in carbon finance.

Figure 3-2 Relationships with Green Finance and other related finances

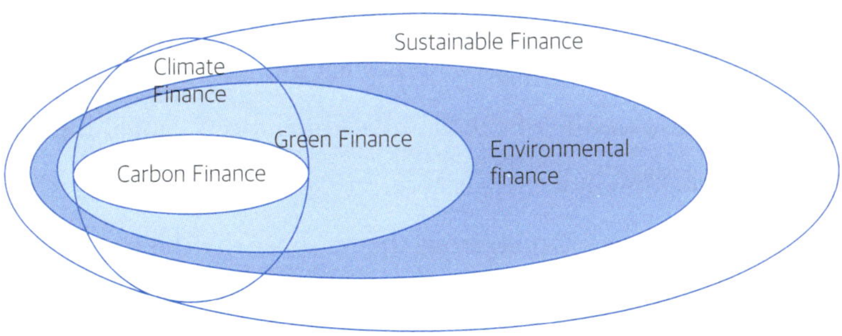

Source: Hee Jin Noh (2014a)

III Funding and Investment Mechanism of Green Finance

1 The Rationale of Green Finance

Green finance can be considered in two approaches. First, green finance can play a role to mitigate environmental damages, especially, the consequent impact of climate change on the economic system and human society. According to IPCC, climate change will amplify existing risks and create new risks for both nature and human habitat. As the magnitude of the climate change problem is emphasized by several scientific analyses and forecasts, specific plans including financial support have been discussed to solve this matter.

Secondly, green finance can play a role as targeted financing which supports green growth. Since green growth is a new paradigm of economic growth, which combines environmental sustainability and economic growth, a financial role which meets capital funding requirements from industries is necessary to facilitate it.

Hee Jin Noh (2012) points out the reasons why the importance of green finance is growing recently. First, risks from environmental destruction and depletion of natural resources are increasing. Therefore, firms have to be prepared for handling those risks to avoid potential economic losses. Second, stakeholders require firms and financial agencies to be socially responsible. Third, the seriousness of the problem has been magnified recently. In other words, there was a change in social awareness of crises such as climate change, lack of natural resources and environmental destruction. Fourth, international agreements and regulations on the environment are being reinforced gradually. Global Reporting Initiative (GRI), ISO 26000, and Principles for Responsible Investment (PRI) are good examples. Fifth, a trend of firms' management paradigm is shifting to emphasize sustainability.

However, according to Hee Jin Noh (2014a), there are some difficulties to smoothly fund green industries. First, investing in green industries has a high level of uncertainty. It is because most green industries have intangible assets rather than tangible assets. Second, investing in green industries is based on future growth potential in a long-term perspective. Third, there is information asymmetry between investors and green industry companies, which may consequently cause imbalance of power in transactions and capital market failures. Therefore, a new approach which is different from traditional finance is required to support green growth.

2 Funding Mechanism of Green Investment

The role of government is very important. Government should financially support green industry at the initial stage of their business. Nonetheless, governments have budget constraints and inefficient working systems (red tape), so that continuous and efficient funding from governments is hardly feasible. In this respect, Hee Jin Noh (2014a) claims that government should introduce and encourage private fund investments in green industries. Moreover, from the perspective of private financing, debt-financing from banks is not an appropriate form of private investment. It is because banks are responsible to guarantee principals of deposits so that they cannot invest in highly risky investment vehicles. Therefore, green finance requires various kinds of financial instruments, and governments should create capital market environments and systems to support green finance. There exist two approaches to induce private investment.

The first approach is to set up an investable market through private investment. At the initial stage, public investment is needed because at that this stage, private investment is not feasible due to high risks. After green market formation and commercialization, private investment can be natural in the market.

Figure 3-3 Green Investment Mechanism

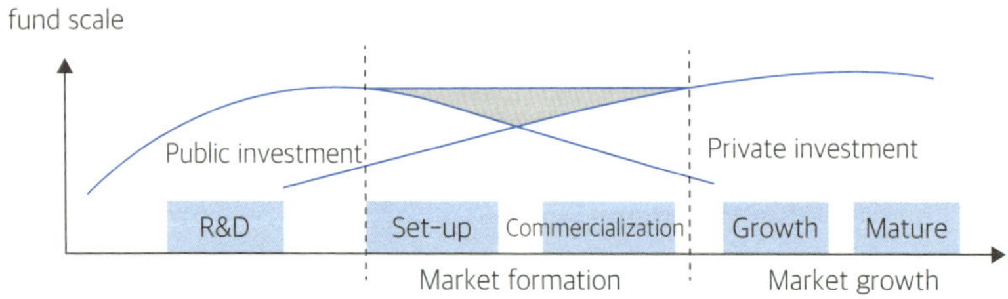

The second is to seek for public-private partnership. There exist several models of this partnership such as the Fund of funds model (Korea), Yozma model (Israel), SBA model (US) and SIB model (UK).

Each model has been designed for cooperation between the public and private sectors. For application to green finance, the Yozma model is recommended because strong incentive is provided to private investors. Additionally, through the SIB model, support from developed countries can be made more easily.

3.2.1 Fund of Funds model (Korea)

In 2004, the Korean government shifted to a fund of funds structure from direct investment in venture capital partnerships. Fund of Funds is a type of fund which invests in sub-funds instead of directly investing in individual companies.

The government provides seed money to persuade private investors to participate in the fund. Therefore, the "Fund of Funds" could increase private investment into a field where private investors hesitate to invest due to high risk and/or low return.

Total investments are organized by one mother fund, and then the funds are invested to subsidiary funds which are founded under the mother fund.

Major investors are government and public financial institutions. Private investment is added at the level of subsidiary fund. If necessary, priority should be given to private investors in profit allocation.

Incentive mechanisms are needed for private sector participation.

Figure 3-4 Fund of Funds model

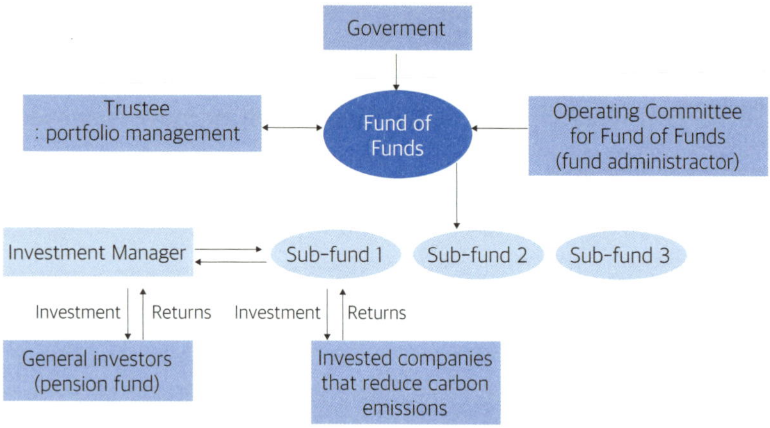

Source: Sung Woo Kim (2012)

3.2.2 Yozma model (Israel)

This model has an incentive structure in which the government diversifies the risk associated with the commercialization of research and development results, and also share investment returns. Israel's Office of the Chief Scientist (OCS) is responsible for the government's investment. Prior to privatization, the OCS serves as a fund administrator and supports the operations of Yozma funds as a member of sub-funds' investment committee. The government provides capital as a limited partner (LP) and is not involved in the fund's decision-making. The fund operates based on market principles. When drawing foreign venture capital or creating a public fund, the government clearly expresses its intention in advance to sell its shares in the market through privatization after a certain period of time passes. By doing so, it facilitates the attraction of private capital. 40% of the capital raised is invested in sub-funds. This model allows investors to buy out the government's equity at the original cost.

Figure 3-5 Yozma model

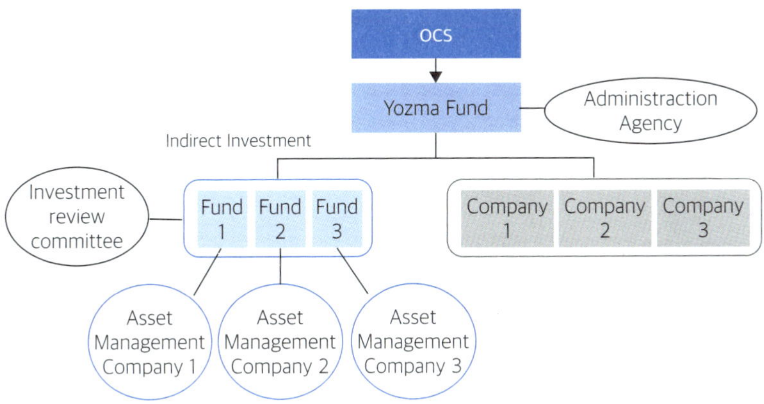

Source: Hee Jin Noh (2014b)

3.2.3 SBA model (US)

This is the US model for supporting small and medium enterprises (SMEs). With the establishment of the Small Business Administration (SBA), the US began SME support programs in earnest. SBA-guaranteed loans are divided into general loans and venture program loans, depending on loan purposes.

General loans belong to 7(a) loan program, the SBA's most common loan guarantee program, While Venture program loans are Loans and debt guarantees to small business investment companies. The government recognizes the achievement of social values as revenue while private investors recognize financial outcomes as revenue.

Figure 3-6 SBA model

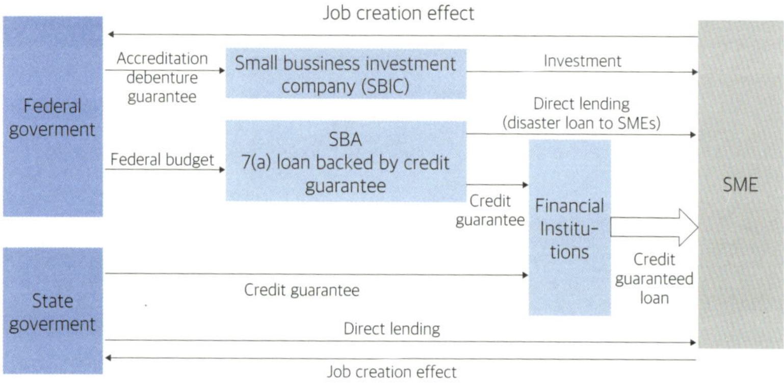

Source: KIF (2005)

3.2.4 SIB model (UK)

Social impact bonds (SIB) are a form of outcomes-based investment contract in which a social service provider issues to private investors bonds backed by the government's guarantee. In the SIB model, principal and interest payments are linked to the achievement of desired social outcomes. The government pays only if satisfactory or measurable outcomes are achieved.

Figure 3-7 SIB model

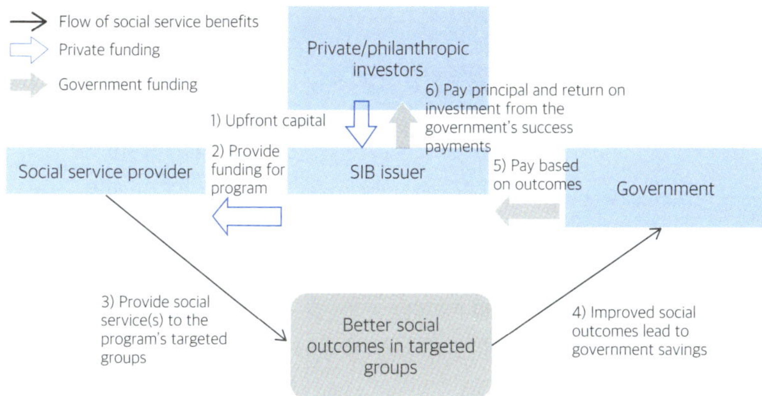

Source: Langford, A.R (2011)

3.2.5 Possible application of existing models to green investment

Table 3-2 Application of existing models to green investment

Model	Features	Applicability
Fund of funds model (Korea)	• Invest in sub-funds instead of directly investing in individual companies • Encourage private sector investment in sub-funds.	• The government's role is limited in the fund of funds model and the Yozma model. • Designing incentive scheme for private investors is needed.
Yozma model (Israel)	• This model works according to the market principle be-cause the government only provides capital as a LP with-out interventions in the fund's decision-making process.	

Model	Features	Applicability
Yozma model (Israel)	• Provide investors with rights to buy out the government's shares at cost.	• The government's role is limited in the fund of funds model and the Yozma model. • Designing incentive scheme for private investors is needed.
SBA model (US)	• The SBA provides guarantees to lending institutions upon the provision of loans to SMEs. • Increase SME's access to credits by reducing the default risk of a borrower as much as the amount guaranteed to a lender. Without such guarantee, such SME would face a harsh lending climate. • The government's incentives create jobs in the SME sector.	• The government's role is to provide guarantees to lenders and social service providers in the SBA model. • Green energy project's default risk can be reduced.
SIB model (UK)	• Investment contract between a social service provider and private investors under which bonds are issued on the back of the government's guarantee, and principal and interest payments are associated with the achievement of desired social outcomes. • Try to address social problems through capital markets by linking financial results with social results.	• Actively using this as a new model should be considered. • Developing countries green energy project can get developed countries private money more easily through SBA model.

3 Revised Capital Asset Pricing Model for Green Investment

3.3.1 Investor Types

Investor Spectrum is diversified.

Figure 3-8 Investor Type

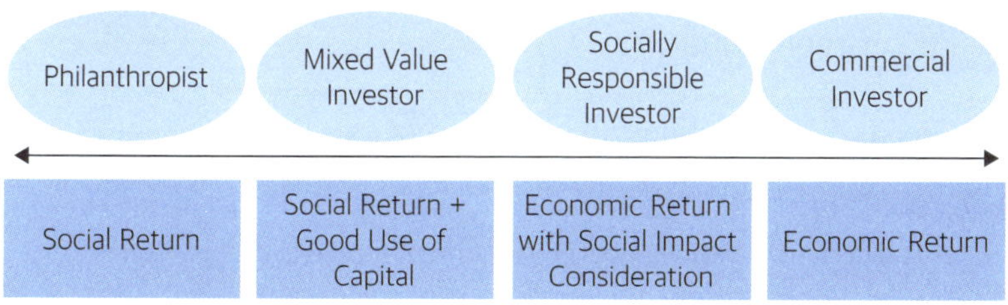

Source: Hee Jin Noh (2015)

The CAPM model with traditional economic return based on CAPM theory can be revised by the consideration of green value. A new investment approach can be made if economic return is the same but the green value is different; green investors pursue both economic return and green value.

3.3.2 Expected Rate of Return for green investment

■ **Rate of return from green investment is sum of economic return plus green return(GR) that derives from green value, which can also be expressed as total return[TR] of green investment**

$$\widetilde{T}R_{t+1} = (\widetilde{P}_{t+1} - P_t + \widetilde{D}_{t+1} + G_{t+1})/P_t$$

- Green return [Gt+1] is considered as non-probability variable assuming green value is preemptively recognized

Expected total green rate of return can be written as follows

$$E(\widetilde{T}R_{t+1}) = E[(\widetilde{P}_{t+1} - P_t + \widetilde{D}_{t+1} + G_{t+1})/P_t]$$

3.3.3 Utility Function & Utility Indifference Surface including Green value

Green utility function can be suggested as

$$U(\widetilde{T}R) = a + b\widetilde{R} + c\widetilde{R}^2 + dGR$$

Utility of green investor depends on total rate of return and volatility risk

$$E(U(\widetilde{T}R)) = E[a + b\overline{R} + c(\sigma^2\widetilde{R}) + \overline{R}^2] + dGR$$

Green investors indifference surface can be depicted by combining financial and green value. Points which utility gained from green and financial values can be connected to draw indifference surface. Green investors that are financial oriented value will give their importance on economic return utility, whereas those with green oriented value will give their emphasis on green return utility gains.

Figure 3-9 Utility of green investment

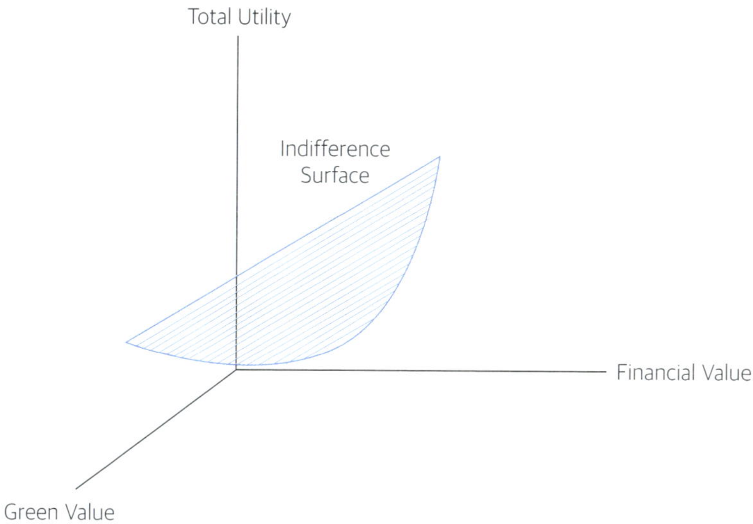

3.3.4 Revised CAPM for green investment

Basic assumptions are that Green investors pursue utility maximization both from financial and green values, Green investors recognize green value preemptively at the time of investments, and other assumptions similar to those in CAPM theory.

■ Green Security Market Line

Green Security Market Line (GSML) expresses the linear relationship between the expected total green rate of returns and its covariance with the market returns. Supposing green value can be measured and quantified, the GSML can be expressed as,

$$E(TR_i) = GR_i + E(R_i) = GR_i + [R_f + \beta_i(E(R_m) - R_f)]$$

Green investor's investment decision depends on where the GSML line lies.

When the investment object is above GSML: Buy

When the investment object is below GSML: Sell

Figure 3-10 Green Security Market Line (1)

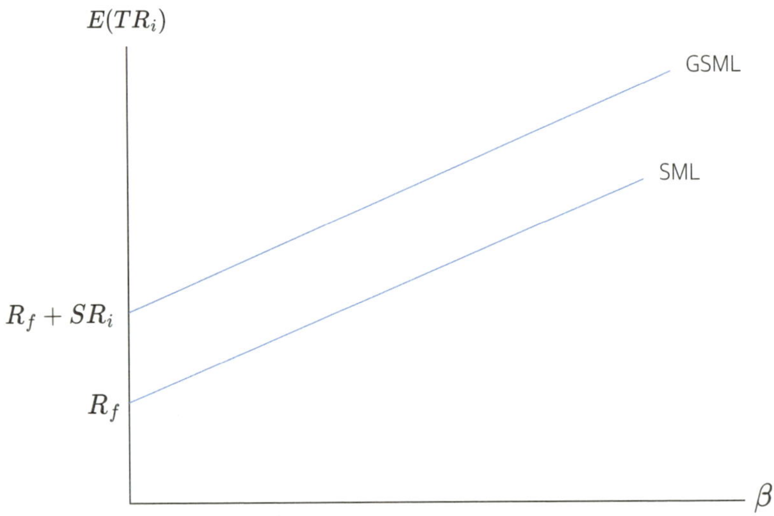

When green values cannot be measured and quantifiable, forming a green value evaluation committee and rating green value grades per each respective company, and assuming green value created is proportional to that of financial value.

$$E(TR_i) = E(R_i) + R_i \cdot E(R_i)$$
$$= (1 + GR_i) \cdot E(R_i)$$
$$= (1 + GR_i) \cdot [R_f + \beta_i(E(R_m) - R_f)]$$
$$= (1 + GR_i) \cdot R_f + (1 + GR_i) \cdot \beta_i[E(R_m) - R_f]$$

Figure 3-11 Green market line (2)

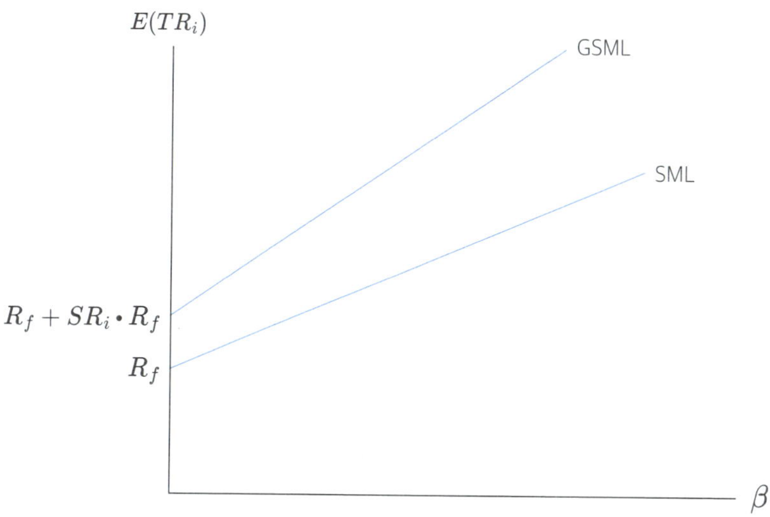

Efficient Frontier of Revised CAPM for Green Investment

Supposing the same risk level, efficient frontier can be withdrawn by first sorting out securities with high financial value, then the one that has a high green value amongst them.

Figure 3-12 Efficient Frontier of Revised CAPM for Green Investment

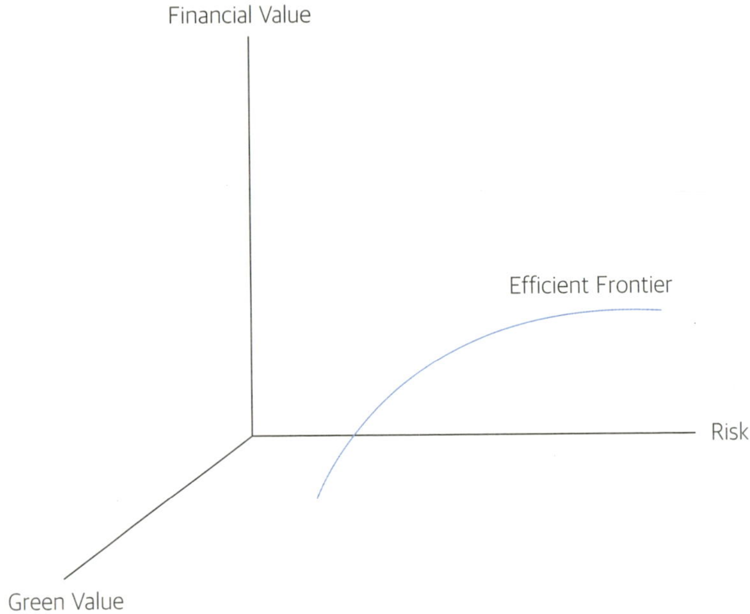

■ Determination of optimal green portfolio

Optimal green portfolio is determined at the point where utility indifference surface and efficient frontier meet. Unlike traditional investors, green investors gain utility from green value. The most financing opportunities exist for the firms that create green value. Also, utility of green investors is increased more by social value than traditional investments. Thus, in order to vitalize green investment activities, related policy efforts, including incubation of green investors, should be undertaken.

Figure 3-13 Determination of optimal green portfolio

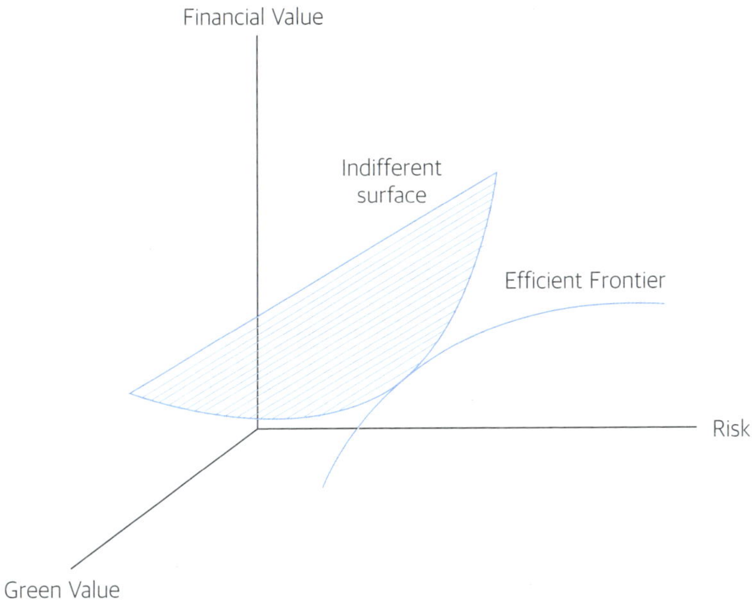

IV Global Green Finance

1 Carbon Market

4.1.1 Introduction

In order to help countries meet their greenhouse gas emission targets under the Kyoto protocol, and to encourage the private sector and developing countries to contribute to emission reduction efforts, three market-based mechanisms were included in the Protocol – Emissions Trading, The Clean Development Mechanism (CDM) and Joint Implementation (JI).

A cap and trade system is the best means to establish a quantifiable, legally enforceable limit on emissions which will ensure that essential climate change targets are met at the lowest possible cost. Such a program, when combined with offsets, will accelerate global emissions reductions. In addition, cap and trade provides the private sector with the flexibility required to reduce emissions while stimulating technological innovation and economic growth. Cap-and-trade is already the policy instrument of choice in many US States, the EU, New Zealand and Australia, and has proven to be effective in the US Acid Rain Program.

A central authority (usually a governmental body) sets a limit or cap on the amount of a pollutant that may be emitted. The limit or cap is allocated or sold to firms in the form of emissions permits. There are also secondary markets, like the Carbon Trading Exchange (CTX) where permits can be purchased directly or through financial instruments. CTX is currently in operation in Australia, the EU and the US, with the ability to expand into other jurisdictions and markets.

Firms are required to hold a number of permits (allowances or carbon credits) equivalent to their emissions. The total number of permits cannot exceed the cap, limiting total emissions to that level. Firms that need to increase their volume of emissions must buy permits from those who require fewer permits.

4.1.2 Existing Carbon Markets

■ The European Carbon Market

The European Union Emissions Trading System (*EU ETS*) is a cap-and-trade system that sets an emissions cap or limits the total emissions allowed by all EU ETS operators, but within that limit the carbon market allows participants in the System to buy and sell allowances as they require. The carbon price signifies the amount participants in the EU ETS are willing to pay per EU allowance (currently *carbon price is around €5~6 per ton of CO2 or its equivalent*) given supply and demand. In addition, EU Aviation allowances (EUAAs) have been created to be used for compliance by airline operators. Operators also have the option to use certain Kyoto Units, subject to limits, for compliance within the EU ETS. An EU ETS operator can access the secondary carbon market to buy allowances or Kyoto Units through trading directly with other companies covered by the System; buying or selling from intermediaries, e.g. banks and specialist traders; using the services of a broker; or joining one of the several exchanges that list carbon allowance products.

There are 4 stages in the operation of EU ETS: 2005-2007 is the first period, 2008-2012 is the second, 2013-2020 is the third, and the fourth is including 2021-2028.

Currently, EU ETS is in the third stage (2013-2020), 31 countries are in the system. Its trading objective is expanding from the first stage, which only covered CO_2, to include six kinds of gases.

In the third stage, power stations, factories and other facilities' top limit is 2.084 billion tons CO_2, which will be decreased by 38.26 million tons each year.

■ The Australian Carbon Market

The New South Wales Greenhouse Gas Abatement Scheme is to reduce emissions by requiring electricity generators and large consumers to purchase NSW Greenhouse Abatement Certificates (NGACs). Through the Government's Clean Energy Future Plan, Australia is well-placed to harness international carbon markets to achieve ambitious emission reductions and strong economic growth. However, this scheme has been criticized by the Centre for Energy and Environmental Markets (CEEM) because effectiveness in reducing emissions, transparency and verification of the additional emission reductions are not sufficient.

Australia's Green Gas Reduction Scheme (GGAS) is a combination of GHG emission reduction plans and energy efficiency projects. Established in January 2003, it covers only power suppliers and power users in the state, thorough the Independent Pricing and Regulatory Tribunal that sets goals for the participants to meet emissions reduction targets.

GGAS ended its campaign in 2010 after the Australian government proposed a Carbon Pollution Reduction Scheme, More than 114 million New South Wales Greenhouse Abatement Certificates were issued when the project stopped.

The United States Carbon Market

The Regional Greenhouse Gas Initiative (RGGI) started in Northeastern United States in 2009, and has grown nearly tenfold to $2.5 billion. The Western Climate Initiative (WCI)—a regional cap-and-trade program including seven western states (California notably among them) and four Canadian provinces—has established a regional target for reducing heat-trapping emissions of 15% below 2005 levels by 2020.

The Emissions Reduction Market System was adopted in 1997 for volatile organic compounds in most of the Chicago area. There is also the Chicago Climate Exchange (CCX) where U.S. corporations trade CO_2 emission offsets. The 2010 United States federal budget proposes to support clean energy development with a 10-year investment of US $15 billion per year, generated from the sale of greenhouse gas (GHG) emissions credits. Under the proposed cap-and-trade program, all GHG emission credits would be auctioned off, generating an estimated $78.7 billion in additional revenue in 2012, steadily increasing to $83 billion by 2019.

Midwestern GHG Reduction Accord (MGGRA) started in 2012, which covers 6 states in the U.S. and Manitoba, Canada. It plans a reduction of 20% in 2020, and 80% in 2050. Currently, the U.S. operates 4 Emission Trading System, which are RGGI, CCX, WCI and MGGRA.

The Japanese Carbon Market

The Tokyo Metropolitan Government Voluntary Emissions Reductions System – this scheme was launched in April 2010 and covers the top 1,400 emitters in the metropolitan area. It aims to reduce carbon emissions by top corporations by 6% or 8% (depending on the type of organization); those who fail to operate within their emission caps are required to purchase emission allowances to cover any excess emissions, or alternatively, invest in renewable energy certificates or offset credits issued by smaller businesses or branch offices. Firms whom fail to comply will face fines of up to 500,000 yen plus an amount of credits to equal the emissions by 1.3 times the amount they failed to reduce during the first phase of the scheme. The long term aim is to cut the metropolis' carbon emissions by 25% from 2000 levels by 2020.

The carbon trading system can be divided into three stages and three systems, The Currently running system is in the second and third phases. The second phase of the carbon trading system can be divided into environment ministry carbon trading system and industry (METI; Ministry of Economy, Trade and Industry) carbon trading system, and each system contains two kinds of mechanisms – carbon emission trading mechanism and credit mechanism. The third stage is the mandatory regional carbon trading system phase, but at this stage, the Japanese environment and the carbon-trading systems of the provinces are operating at the same time.

The New Zealand Carbon Market

The New Zealand Emissions Trading Scheme (NZ ETS) – is a partial-coverage, all-free allocation, uncapped, highly internationally linked emissions trading scheme. The NZ ETS covers forestry (a net sink), energy (43.4% of total 2010 emissions), industry (6.7% of total 2010 emissions) and waste (2.8% of total 2010 emissions) but not pastoral agriculture (47% of 2010 total emissions). Participants in the NZ ETS must surrender one emission unit (either an international 'Kyoto' unit or a New Zealand-issued unit) for every two tons of carbon dioxide equivalent emissions reported or they may choose to buy NZ units from the government at a fixed price of NZ$25. Some stakeholders have criticized the New Zealand Emissions Trading Scheme for its generous free allocations of emission units, the lack of a carbon price signal and for being ineffective in reducing emissions.

South Korea Carbon Market

South Korea started trading in 2015, covering more than 500 companies from all sectors that together produce about 60 per cent of the country's emissions. The South Korean government has set an emissions reduction target of 30% below projected "business-as-usual" levels by 2020. It will be the world's second biggest carbon market when it launches. The Korean government has allocated 1,687 million Korean Allowance Units (KAUs) to the power and industry sectors for the years 2015-2017 as part of the country's cap-and-trade scheme.

■ Chinese Carbon Market

China in 2011 approved pilot tests of carbon trading in seven provinces and cities – Beijing, Chongqing, Guangdong, Hunan, Shanghai, Shenzhen, and Tianjin to provide valuable lessons for the design of a national scheme in the near future. Their successes or failures will therefore have far reaching implications for carbon market development in China in terms of trust in a national carbon trading market. Some of the pilot regions started trading as early in 2013/2014, but national trading didn't start until 2017.

Figure 3-14 Carbon Market (1)

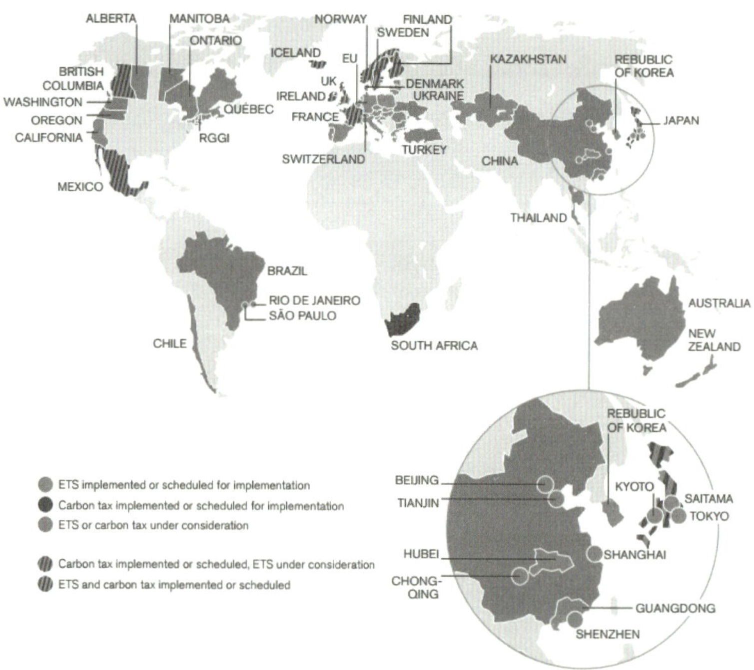

Source: World Bank Group (2014)

4.1.3 Implication

Emissions trading or "cap and trade" is a market-based approach used to control pollution by providing economic incentives for achieving reductions in carbon emissions. The use of "market-based" instruments, such as emissions trading, is preferred to a "command approach" such as the polluter-pay-system. According to the World Bank, the international carbon market has grown in value from US$11 billion in 2005 to reach over US$140 billion in each of 2009 and 2010.

2 Green Financial Products

4.2.1 Introduction

Currently, green financial products are becoming more and more diverse and appear as an opportunity for financial institutions to improve their market share; to increase profit; to create customers loyalty with new products; to improve employee satisfaction and retention; to enhance their brand image; to catch positive media attention; to improve licenses to operate delivered by governments; and to strengthen relationships and partnerships with external eco-friendly stakeholders.

Customers seem to be more aware of the impact of their actions on the environment after understanding the imminent effect it has on nature and we also observe a rising number of agreements different countries have been concluding. As a result, the demand for green products has seen a big increase including financial products and services. We can divide the drivers of this trend into three categories:

- Environmental Knowledge & Media coverage: The easy access to information and high levels of media coverage has enabled a better understanding of the sources and implications of environmental challenges.
- Environmental Awareness & Public Opinion: A rising level of government support for environmental sustainability and awareness about environmental issues.
- Environmental Regulation & Legislation: Legislative actions to prohibit unsustainable practices or provide more price certainty in environmental markets

4.2.2 Green Financial Products and Services

Due to this trend and rise of demand for these products and services, banks have started to enlarge their offer to include them. These can be divided into 4 banking categories: Retail Banking, Corporate & Investment Banking, Asset Management, and Insurance.

Table 3-3 Retail Banking

Green Mortgages	They offer retail customers with lower interest rates than those on the market for clients that purchase new energy efficient homes and/or invest in retrofits, energy efficient appliances, or green power. Banks can also offer coverage of the cost of switching a house from conventional to green power, as well as allowing the inclusion of this benefit when marketing the product.
Green Home Equity Loans	They also provide clients with a lower rate that can motivate households to install residential renewable energy technologies. In order to do so, different banks have partnered with technology providers and environmental NGOs.
Green Commercial Building Loans	Arrangements are given to green commercial buildings that have a lower energy consumption (~15- 25%), reduced waste, and less pollution than traditional buildings. Some appraisers are now identifying reduced operating expenses, improved performance, and longer lifetimes.
Green Car Loans	These loans encourage customers to purchase cars with high fuel efficiency by offering low interest rates. Most green car loans are being offered by credit unions.
Green Cards	Credit cards companies offer to make NGO donations equal to approximately one-half percent of every purchase, balance transfer or cash advance made by the card owner.

Table 3-4 Corporate & Investment Banking

Green Project Finance	Banks have started to create service divisions or teams devoted to large-scale renewable energy finance projects. They have also started to employ groundbreaking financing measures for large-scale clean fuel and renewable energy projects.
Green Securitization	Different environmental securitization techniques have begun to appear. Example: Forest bonds
Green Venture Capital & Private Equity	More importance is being given to environmental issues when financing companies through the capital market. Banks can be a profitable assistant with IPOs for clean technology providers, carbon credit developers and firms promoting environmental products and services. Banks can also establish a capital base for environmental projects through specialized private equity units.
Green Indices	Banks have developed indices that take into account the future environmental opportunities and threats. Example: Merrill Lynch has developed an energy efficiency index that focuses solely on energy conservation and demand side management.
Carbon Commodities	Thanks to the EU Emissions Trading Scheme (EU ETS); an arrangement that has put over 12,000 European industrial sites under a carbon constraint. In order to serve their clients' compliance needs, or to supply a tradable product to the banks' desks, most banks obtain carbon credits.

Table 3-5 Asset Management

Green Fiscal Funds	Dutch banks benefit from an initiative launched in 1995: By purchasing shares in a green fund, or investing money in a green bank, imvestors are exempted from paying capital gains tax and receive a discount on income tax. As a result, investors can accept a lower interest rate on their investment and banks can offer green loans at a lower cost.
Green Investment Funds	Investment funds have evolved through 3 levels: 1. Funds solely employ exclusionary social and/or environmental criteria; 2. Funds use positive criteria that concentrate on progressive social and/ or environmental policies and practices; 3. Funds apply both exclusionary and positive criteria to assess and select potential investments.
Carbon Funds	A carbon fund receives money from investors to purchase CO2 emission reduction credits from existing emission reduction projects, or invest in new projects that will generate a stream of CO2 emission reduction credits. As for countries that have Kyoto objectives driven carbon funds, private carbon funds offer companies a cost-effective compliance instrument, and also provide investors with the possibility of profit returns, marketing, and CSR opportunities.

Table 3-6 Insurance

Green Insurance	This type of insurance covers two areas: 1. Insurance products which differentiate insurance premiums according to their environmental characteristics; 2. Insurance tailored for clean technology and emission reducing activities. Example: Green home insurance where attractive rates are provided for energy efficient buildings.
Carbon Insurance	This insurance aims to reduce the risk in emission reduction transactions, low-carbon project assessments, and to manage carbon credit price volatility.

Weather Derivatives

A range of derivative products have also been created to help companies whose activities are highly dependent on weather related conditions to cope with variability in their revenues. Weather derivatives, currently offered by Goldman Sachs, are financial instruments that can be used to reduce risk associated with adverse or unpredictable weather conditions. Wind power derivatives are similar instruments, which enable wind power producers to hedge against unfavorable wind conditions. Payments are eventually made to either the wind producer if revenues fall below a pre-determined level or the derivative providers if performance exceeds expectations. ABN AMRO, Rabobank and Goldman Sachs are all active in these markets.

Table 3-7 Example of Weather Derivatives

Name	Specification
ETCO	Catastrophe options are standardized contracts that are purchased and sold through a market. These provide the buyer with the "right to a cash payment if a specific index of catastrophe losses reaches a strike price." In sum, hedging catastrophe risk can be achieved by insurers purchasing these options through an exchange or commodities market, then selling them to earn profit. In the context of this exchange, if catastrophe losses cause the index to equal or exceed the strike price for an option, the investor must pay the insurer an amount based on the terms of the contract. However, should the index fall below the strike price, this results in the option's expiry, and investors retain what was paid by the insurer for the catastrophe option. The Chicago Board of Trade (CBOT) currently lists PCS Catastrophe Insurance Options.

DNS	Based on the concept of debt-equity swaps in the financial sector, debt-for-nature swaps enable debtor countries to free up resources to implement environmental conservation activities. In general, a debt-for-nature swap (bilateral/commercial) involves "purchasing foreign debt at a discount, converting the debt into local currency, and using the proceeds to finance local conservation activities." From the debtor's perspective, the benefit of a swap is reduced repayment of scarce foreign currency on its debt, as well as heightened national conservation efforts. From the creditor's perspective, the benefit is curbing uncertainty associated with future repayment (even at a reduced debt price). The original debt-for-nature swap occurred in 1987, with Citibank selling Conservation International US$650,000 worth of Bolivia's debt at a discounted rate. The value of the original debt was then set aside by the debtor country to protect millions of acres of tropical forest.

4.2.3 Implication

Due to the young age of these products, it is still early to tell if they are successful or not. On the other hand, this can also be seen as an opportunity as there are still many unserved areas and countries that are still skeptical about the efficiency and profitability of these products and services. It is then left to closely observe how they evolve throughout the years. In this sense, we should try to use utmost efforts in order to make it into an opportunity with a bright future.

3 Green Financial Institutions

4.3.1 The Role of Financial Institutions in Promoting a Green Economy

Overseas financial institutions are beginning to be aware of the moneymaking reality of delivering sustainability to corporate and retail clients. With a remarkable eco-friendly way to appeal to the public and corporate imagination worldwide, financial institutions want to enter the market with new or re-packaged products and service offerings from green auto insurance to innovative eco-friendly mortgages and new sustainability-backing investment funds. In taking into account their intermediary role in the economy and far-reaching customer base, overseas financial institutions are well-positioned to benefit from the design and marketing of new green products and services. It is also a way for them to contribute to sustainable development.

These green financial offerings are breaking into many regions and banking sectors. New products are being launched very rapidly and have a range of different designs and features. Owing to this, the quick evolution within financial institutions has made it challenging for stakeholders, even those who are not necessarily eco-friendly.

The growth of green products is mainly due to better environmental regulation and legislation in Western countries. Regulatory actions, especially those that provide price certainty in environmental markets and those that prohibit unsustainable practices can boost demand for green products and services among bank clients. In Europe, proactive governmental policies, such as the European CO2 Emissions Trading Scheme, German feed-in-tariffs for renewable energy and Dutch Green Funds, have helped to trigger demand and development of greener consumer options.

There are two categories of green financial institutions. First is a traditional financial institution which tries to enter newly into a green financial field. Second is the green only financial institution such as GIB.

Table 3-8 Significant Financial Institutions

Green Financial Institutions	Description
Citigroup/Fannie Mae: My Community Mortgage™	Fannie Mae's product, provided by Citigroup, rewards buyers of energy efficient homes and encourages energy efficiency measures, particularly from low- and medium-income borrowers. The product, marketed as MyCommunity Mortgage™, accounts the value of energy savings as income and establishes low mortgage insurance requirements to reflect that added income.
CIBC: Enviro-$saver Rebate	Eligible recipients can obtain discounts on high-ratio mortgage insurance premiums, provided they purchase energy efficient houses, or make energy saving improvements to existing homes

Green Financial Institutions	Description
VanCity: Climate Change Mortgage	The bank is making a deal with their customers seeking their Climate Change Mortgage.
Citizen's Bank of Canada: Green Mortgage & Green$saver Gift Kit	A conservation package that holds a curbside blue box (recycling bin), containing a registration for a Green$saver home energy audit, ten energy efficient lightbulbs and a variety of other products and services.
Wainwright Bank & Trust: Home Loan for Solar Power	Green Loans
CFS: Home Loan for Solar Power	CFS collaborates with both the NGO Royal Society for the Protection of Birds (RSPB) and SolarCentury, a solar technology manufacturer and provider, to provide a low-interest loan product to purchase domestic solar hot water and electricity systems.
Shorebank Pacific: Salmon Nation Credit Card	A community-based "green" North American credit card.
Shorebank Pacific: EcoCash™ Checking Account	To promote a reduction in paper consumption by its users.
Bank of Ireland: Energy-from-Waste Project Financing	The bank funds a US$273 million, 33 MW energy-from-waste project that includes a 25-year loan supported by waste contracts with local authorities and corporate backing on non-contracted waste.
Calvert: "Green" Private Equity Investments	A venture capital investment in eco-innovative, forward-thinking companies.

Green Financial Institutions	Description
Wells Fargo: "Green" Equity Equivalent Investments	A new environmentally focused community development initiative.
Winslow's Green Growth Fund: "Green" Mutual Fund	Capital appreciation through environmentally responsible investing in small-capitalization companies.
RBC Financial: Clean Technology Venture Fund	To "identify and finance" firms that develop technologies to enable conventional industrial firms to reduce their ecological footprints.
ABN AMRO: Climate Change Index	Benchmarking reference instrument.

4.3.2 "Green only" Financial Institution

GIB (Green Investment Bank) was established by the UK in order to activate the green part of the UK government investment and solve the investment constraints of the green field. A goal of GIB is to increase the efficiency of the public and private investment model and minimize the burden on market failures, energy consumers and tax payers.

Vitalization of green investments, efficient operation of the fund, support for government policy and the global cooperation have been the main goals.

As the investment strategies, GIB prepared a plan to invite venture capital funds by reducing the uncertainty of the future profit through assurance for the technology risk and commercialization. And also, GIB sought for the joint investment to the green projects with the private capital market.

GIB tried to support the small & medium business, the projects to improve energy efficiency of the existing houses, and technology development. In particular, Investment was planned in the field of development of wind power generation technology by 60 million £ each year, and to vitalize inflow of the private investor's fund.

GIB started with an initial capital of £ 3 billion. Raising capital for the establishment of the GIB utilizes the existing tax system and state-owned asset sales, auction revenue of carbon credits, student loan debt, radio frequency licenses and, service charges for accounts receivable.

Below are the support plans of GIB for green projects.

First, Subsidies are given for green projects. Second, joint investment with private capital investment is made in the green area. Third, a funding plan through loans and structured products is made. Fourth, GIB entered into a partnership with private banks. Fifth, support is provided for renewable energy generation projects through mezzanine financing. Recently, GIB was sold to Macquarie of Australia.

Table 3-9 Location of Green Financial Institutions

Country	Overseas Green Financial Institutions
US	Bank of Tokyo-Mitsubishi Bank of America Citigroup Goldman Sachs JPMorgan Morgan Stanley New Resource Bank Shorebank Pacific Wells Fargo
UK	Barclays HBOS HSBC Group Standard Chartered Bank GIB
Netherlands	ABN AMRO Bank Fortis ING Group Rabobank Group Triodos Bank
Australia	Bendigo Bank Mecu Westpac
France	BNP Paribas Calyon Dexia Societe General
Canada	CIBC Royal Bank of Canada Financial Scotia Bank VanCity (Citizens Bank)

Country	Overseas Green Financial Institutions
Switzerland	Credit Suisse Group UBS
Scotland	Royal Bank of Scotland
Germany	Deutsche Bank WestLB

Figure 3-15 Overseas Green Financial Institutions

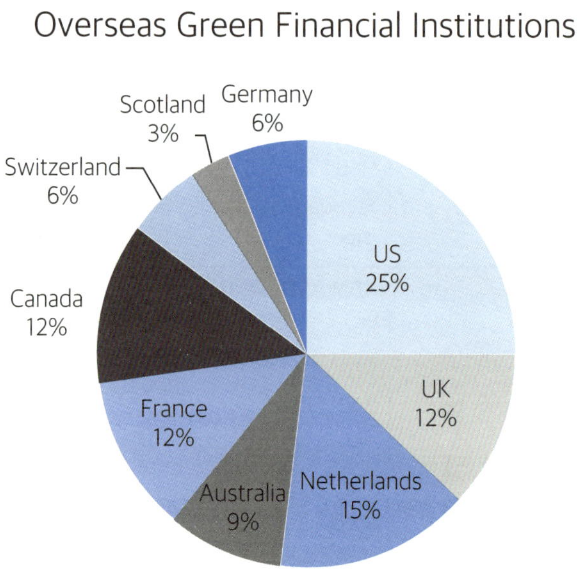

4.3.3 Implication

Many existing financial firms are entering into green field. However, they are reluctant to invest in a field of high uncertainty. New "green only" financial firms will more easily invest in green industry. Therefore, more "green only" financial firms need to be established.

4 Green Climate Fund (GCF)

4.4.1 Background

The global community has exerted multi-faceted efforts to reduce global warming as climate change from increasing greenhouse gas emissions emerge as a serious threat to human survival. Global warming was triggered by the increase of greenhouse gas, which was mostly emitted into the air during the economic development in the post-industrial age. This is why international discussions on the issue require developed countries to take differentiated responsible actions.

On the other hand, it is inevitable for developing countries to increase energy use in their pursuit of economic development through industrialization. Moreover, developing countries are less capable of responding to climate change that is currently under way, and are vulnerable to greenhouse gas emission cuts and adaptation measures. The problem of greenhouse gas emissions cannot be solved by a single nation. It requires international efforts. The UN Framework Convention on Climate Change is leading the global warming debates based on the principle of "common but differentiated responsibilities."

The discussion about the GCF first began at the 15th session of the conference of Parties (COP 15) to the UN Framework Convention on climate change, which was held in Copenhagen in December 2009. At the conference, concrete plans were made about how developed nations would give financial support to help developing nations cut greenhouse gas emissions and adapt to climate change. Many programs are already in operation, including the Global Environment Facility (GEF), Adaptation Fund, and Climate Investment Fund (CIF). But they are insufficient and incomprehensive to prevent global warming. This is why a comprehensive financial operating entity is needed. At COP 16 in Cancun, Mexico in December 2010, the participating parties officially agreed to establish the GCF.

According to the agreement, GCF will raise the fast-start finance of $30 billion mostly from developed nations for three years (2010-2012), and scale up its size so that it can finance $100 billion annually by 2020. Financing sources will include public and private sources, bilateral and multi-lateral financing, and alternative financing tools, e.g., emission charges on the aviation and shipping industries. So far, the GCF has held several board meetings to discuss GCF's future operations, business models, and administrative structures. Further discussion is necessary regarding financing-related issues: the size, fund allocation, and private financing methods.

At COP 19 held in Warsaw, Poland in November 2013, Korea raised the necessity of political consensus for climate finance and prompts GCF financing, and insisted that these points be included in the decision documents. According to the outcome of COP 19, ministerial meetings will be held every two years from 2014-2020. Also, the COP 19 decisions call for countries to raise a very significant scale of initial funds for GCF. Highlighting, the importance of operating the GCF, the decisions call the GCF Board to implement the 2014 work plan in a prompt manner.

4.4.2 Characteristics of the GCF

Compared to other climate finance schemes, the GCF has the potential to develop into a mechanism that can operate the largest climate change fund comprehensively and systematically (if successful, the size of the fund will be significant.) Climate change requires the joint efforts of developed and developing countries, but it is prone to conflicts of interest between the two sides because of the one-way financing flow from developed to developing countries.

If the conflicts of interest are effectively controlled, the GCF could advance to a body that adjusts various environmental-related issues between developed and developing countries. The GCF pursues two goals – mitigation and adaptation of climate change – while keeping its operation focus on recipient countries. Hence, it can help recipient countries devise national development strategies for economic growth as they deal with climate change.

Especially, the GCF is currently discussing the need to expand funding pools beyond public funds. In order to boost private investments, it set up a private sector facility (PSF) that: acts as a conduit for initial funding to climate change mitigation and adaptation; encourages private participation especially from local SMEs and financial institutions; and enables small island nations and the poorest nations to participate in the fund. The PSF will operate within the boundaries of each nation's policies.

If the PSF successfully boosts private participation in developing countries' projects, this will contribute significantly to GCF's fund raising. Currently, the GCF is broadening its investment targets to diverse projects that pursue greenhouse gas emission cuts, climate change mitigation, and sustainable growth. Going beyond assistance or concessional loans, the GCF will use investment incentives to tap into various financial tools. This approach is expected to expand market participant pools, help create an ideal business environment for market making, and eventually enlarge the market size. In summary, the GCF is characterized by its important feature of using public funds to promote private participation.

Table 3-10 Characteristics of the GCF

Funding options	Description
Receive financial resources earmarked from donor government budgets	• Budgetary contributions from donor countries are generally used through bilateral or multilateral channels. • According to the UN Secretary-General's High-level Advisory Group on Climate Change Financing, if Annex I countries dedicate 0.5 % to 1 % of their GDP to long-term climate financing, the funding will be between USD 200 billion and USD 400 billion by 2020.
Mobilize additional financial resources through government policies	• Implement government policies on carbon tax or carbon trading system. • Phase out fossil fuel subsidies in Annex II countries. • Charge fossil fuel royalties. • Introduce wires charge in relation to CO2 emissions from power generation.
Raise funds through international taxation	• Financial transaction tax (FTT). • Border carbon cost levelling. • Carbon exports optimization tax.

Funding options	Description
Funding through global agreements	• May raise additional financial resources through global market mechanism. • Impose taxes on emissions from international aviation and shipping through working with the International Civil Aviation Organization (ICAO) and International Maritime Organization (IMO).
Raise financial resources by facilitating financial input from the private sector	• Develop business models to offer incentives and benefits to private sector investors, and bring about corresponding policy changes in order to promote the attraction of private capital.

4.4.3 Implication

GCF was inaugurated to support developing countries' green field. GCF needs to collect sufficient money to help developing countries. Additionally, recipient countries need to develop a wise strategy to utilize GCF.

V Financial Strategies to Stimulate Green Growth

1 Improve Rules & Regulations of Green Finance

As a way of contributing to individual firms or economic growth, green finance can support development of green technology, growth of related firms and so forth. Therefore, an emission trading system and related system with green finance which is derived from the law should be designed to be able to perform a reasonable function.

There are four ways to improve Korea's current regulation which can be also applicable to some other countries regulation of green finance.

The first way is the improvement of the cap-and-trade system. In Korea, the cap-and-trade system started officially from 2015. The most important thing is that it must be designed to run allocations and transactions efficiently and transparently in the system and to help green growth of the firms. For this, trade emission rights should be allocated to economic players fairly and rationally. We can suggest several ways to improve the cap-and-trade system. Initially, by strengthening the capital allocation, which is a process of how businesses divide their financial resources and other sources of capital to different processes, people, and projects, we should make policy utilizing those resources. To design the free allocation rate and criteria that can help the effectiveness of reducing greenhouse gas and contribute to individual firms or economic growth, we should reinforce the allocation of allowances. Additionally, Carbon exchange, which is the actual operator of the cap-and-trade system, should work more actively. Subsequently, we need to increase trading participants, which means we should allow the participation of the private financial institutions as soon as possible. Or, we can induce them to participate by conducting the trading of carbon emission derivatives quickly. Finally, we should plan to support the participating firms. For example, we can give incentives as financial or tax support to firms to develop green technologies.

The second way is the improvement of the traditional green finance supporting system. Through this, we need to boost the inflow of funds from the private financial sector. In other words, we should expand a range of green certifications and tax support. The examples include prime rate to green loan, relaxed regulation, tax exemption, etc.

The third is the improvement of accounting and the credit assessment system. The firms which get the emission rights should be recognized in the assets and the firms which have a duty of paying emission rights should be recognized in the liability. But there are several problems with this accounting system. Legal definitions of emission rights are unclear. Therefore, we should revise existing provision and create new ones. Additionally, when we evaluate the credit of firms, we should consider the carbon emissions of the firms.

Lastly, we must improve of the disclosure policy of carbon emissions. If we mandate the disclosure of carbon emissions, market players will get higher levels of information quantitatively and qualitatively. And through this, the firms can be motivated to invest more than ever to green industry.

In conclusion, to improve the regulation of green finance, we should revise the cap-and-trade system, traditional green finance supporting system, accounting and credit assessment system and the disclosure of carbon emissions. With these efforts, we can revitalize the ecosystem of green industry.

2 Establish Green Investment Corporation (GIC)

5.2.1 The Need of Green Investment Corporation

There are some special features of green industry compared to traditional industry. That's why specialized financial corporations that reflect the characteristics of the green industry are needed. In order to cooperate with GCF, more actively, a green financial institution is required.

Due to the lack of supporting green growth, the actual participation of private financial corporations is low. When the investment is made in green industry, there is a long payback period and high uncertainties. In addition, due to the lack of standards for green financial and green business, private financial corporations find it difficult to recognize the new business area.

Besides, business conduct standards based on the profitability, with respect to green finance, are insufficient. Some financial corporations are reducing the loan to deposit margin of green finance and deposits on the green project give higher interest rates and lower loan rates for green loans. So it is difficult for long-term sustainable green finance.

5.2.2 How to Establish?

GIC provides a comprehensive one-stop service for green finance and facilities are equipped with personnel specialized in this field. An insufficient analysis system for low-carbon technologies exists and, there is a limit to support smooth funding for green industries, due to the lack of skilled workers to link environment and finance. So the institution of a public character to support the sector is needed. The commercial bank needs to protect depositors. Therefore, a financial investment type is desirable for GIC. Green specialized financial corporations basically develop and support BAT (Best Available Technology), the commercialization of low-carbon technologies, financial support for SMEs with a green technology. But it is necessary to perform an integrated management for existing government green funds in the efficiency levels of investment. The government's role to establish the green specialized financial corporations is important.

Financial, energy and, environmental departments should cooperate to achieve the goal of green growth. Green Finance is a concept to pursue economic growth and improve the environment. Thus green financial institutions should be designed to perform these functions.

3 Utilize GCF

5.3.1 Background of GCF

Climate change threatens the sustainability of the earth and causes huge economic losses, and given those urgency and seriousness of climate change, the purpose of the Green Climate Fund (GCF) is to make a significant and ambitious contribution to the global efforts towards attaining the goals set by the international community to cope with climate change. In the context of sustainable development, the objective of GCF is to promote the paradigm shift towards low-emission and climate-resilient development by providing support to developing countries to limit or reduce their greenhouse gas emissions and to adapt to the impacts of climate change, taking into account the needs of those developing countries particularly vulnerable to the adverse effects of climate change.

5.3.2 Overview of GCF

Resource Mobilization is most important. 30 billion USD was raised from 2010 to 2012 as a short term finance project, which came from the public sector, not through the trust fund but through budgetary contributions from the donor government. And as a long term finance project, the GCF is aimed at raising 100 billion USD per year until 2020, and sources of long-term funding include public and private sources, bilateral, multilateral, and alternative sources.

The Operational Structure is as follows. First, the Committee of GCF is divided into two parts; the standing committee and the transitional committee for the design of the GCF. The standing committee is responsible for the GCF`s financial mechanism and carries out functions such as organizing forums for information exchange among related organizations, submitting guidelines for the operating entities (e.g. GEF, GCF) of financial mechanisms to the COP and provide expert input into preparation and conducting periodic reviews on the financial mechanism. The traditional committee is divided into four main work-streams which are 1) GCF objectives and guiding principles, 2) governance and institutional arrangements, 3) GCF operational modalities, and 4) monitoring and evaluation.

Second, at its October 2012 meeting, the board made a consensus decision and selected Songdo, Incheon City, in the Republic of Korea as the host city of the GCF. At its March 2013 meeting, the Board considered the draft Headquarters Agreement between the Republic of Korea and the Fund and requested the Interim Secretariat, under the guidance of the co-chairs, to finalize the draft agreement in consultation with the government of the Republic of Korea. The board also authorized the co-chairs to sign the agreement on behalf of the fund.

Third, In June 2013, the board of the Green Climate Fund appointed Hela Cheikhrouhou as the first executive director of this global financial mechanism. In her initial year, Cheikhrouhou opened the fund's headquarters in Songdo, Incheon, Republic of Korea, and worked with the board to make the fund operational. She kick-started the fund's first resource mobilization process, and reached out to developing countries to get ready to access the fund. Her top priority was to secure significant pledges from contributing countries, foundations, and individuals for the Green Climate Fund, to start delivering programs and projects that advance the global paradigm.

5.3.3 Suggestions for Resource Mobilization and Reshaping

The GCF is a comprehensive and systematic financial mechanism when compared to existing climate funds, thus, this feature should also be incorporated into criteria for 'sharing the burden of funding' among developed countries. However, developed countries are likely to have different views because of the high correlation between the size of national GDP and the volume of emissions. Thus, adjusting the proportion of the funding should be considered for countries with clear willingness to reduce GHG emissions through reduction targets after the base year.

The GCF board has ongoing discussions about the functions and structure of the PSF and promoting private sector participation by defining the role of the PSF that will act as a bridge for cooperation with private capital. And it needs to build the PSF structure that attracts private sources as much as possible. There are a lot of potential areas that GCF can collaborate with the PSF. For example, investment in projects through matching funds, establishment of infrastructure, guarantees of financial support, and investment in emission allowances. We can refer to the investment model involving private capital to adapt to construct PSF structure.

5.3.4 Utilize GCF

The fact that Korea was selected as a host to the GCF has very important meaning to Korea. First, GCF is the first international organization that was set up in Asia. Second, the government can promote the workforce through the green industry. For example, the government expects that they can not only achieve positive economic effects, but also largely promote the MICE (Meeting, Incentive, Convention and Exhibition) Industry. Third, through the foundation of the GCF, the status of Korea in international society was significantly raised. In the situation of severe conflict between developed and developing countries, as a host country of the GCF, Korea is expected to be empowered by the international community.

In order to utilize GCF, we need to take a creative approach. First, each country's business industry can create new business opportunities for financial institutions and the financial services industry. Through efficient utilization of GCF, domestic financial institutions can find opportunities to enter the markets of developing countries and find new business opportunities. They can explore new areas of business for domestic financial institutions by paying attention to privately financed SOC investment or PPP projects in the field of climate change project development for developing countries. And they can take advantage of participating in profitable or economically viable projects supported by the GCF`s guarantee of risk sharing.

Second, we can also build an industrial cluster for low carbon technologies in Korea. Through working with the GCF, we can create a low carbon industrial cluster in Korea with the financial backing of the GCF and deliver developed technologies to developing countries.

Also, it will pursue zero pollutant emissions by recycling byproducts, resources, and energies from wastes in the industrial cluster. Other factories and companies may use recycled wastes as raw materials or energy sources.

Third, through the link to GCF with carbon trading regimes, we can vitalize the carbon trading market. A given portion of the cap and trade auction proceeds may be contributed to international funds and a proportion of CER sales proceeds also may be contributed to global funds upon international approval of CDM projects. Under an international agreement, incentives may be provided to countries that create and operate a carbon trading market, thereby voluntarily reducing carbon emissions.

Finally, we can find ways of providing assistance to North Korea using GCF Funds. It is possible to seek investment opportunities in mitigation and adaptation projects in North Korea. As an international fund, GCF can find a way to provide financial support to North Korea, and alternative energy plants and adaptation projects may be targeted in the investment process. However, it will be necessary to take North Korea`s political problems and international political situations into consideration.

4 Make Code of Conduct in Green Finance

To describe in detail the basic principles of business conduct standards related to the green banking sector will have to be set in the direction that contribute to green growth. According to this principle, It is necessary that will set the standard for the product.

5.4.1 Fundamental Principle

The green finance fundamental principle is to contribute to green growth and it complies with purpose and principle of "Green growth basic law". In compliance with the green finance fundamental principle, we need to suggest an appropriate code of conduct in green finance such as green deposit, green lending, and green investment.

5.4.2 Purpose

This purpose of the law is to build the green growth foundation. Because the government thinks that green business and green technology is a new growth engine in Korea

5.4.3 Fundamental Principle

Government should design and drive the national development strategy.

Government should stimulate market function.

Government should build a new economic system to create and expand green job market.

Government should invest and support green technology and the business field.

Government should increase energy efficiency.

Government should reorganize SOC infrastructure to adopt

green growth.

Government should reorganize the tax and finance system to adopt green growth.

Government should cooperate with local government, companies, civic organization, etc. to adopt green growth.

Government should survey the global green growth trend and adopt national policy appropriately.

5.4.4 Code of Conduct in Green Finance

Code of conduct in green finance should be designed to benefit all parties equally in comparison with general finance.

5.4.5 Depositor Aspect

Depositors should receive higher net interest benefits from tax benefits, even though depositors receive low interest rates from financial instruments. If net interest benefits of green finance are lower than general finance, there is no motivation to invest in green finance for depositors. In order to bolster for green finance growth, we should suggest diverse benefits to depositors.

5.4.6 Financial Institution Aspect

The financial institution should receive a higher margin between green deposits and green loans. And we need autonomous guidelines to utilize conduct in green finance.

5.4.7 Beneficiary Aspect

Most of the beneficiaries are green business companies and entrepreneurs. So most of green businesses need subsidies and finance support because of business uncertainty and low profitability. So beneficiaries should receive interest rates on favorable term and financial institutions should ease loan conditions.

5 Develop new Green Financial Products

Unprecedented awareness of severity, sources, and various environmental challenges, such as air pollution, water scarcity, and soil erosion, has been increasing all over the world. Consumer demand for "eco-friendly" products and services based on government support is on the rise especially in European countries. Legislative and regulatory actions and some constraints on unsustainable practices and operations also become overspread in developed countries.

6 Integrate a Global Cooperative System

Generally, businesses object to emission trading schemes (ETS) because of cost concerns whereas environmental groups welcome the scheme. Nevertheless, an emissions trading bill became law recently in Korea with strong bipartisan support. This will form the legal basis for policy consistency and include active participation from various industries. And it will help Korea to enhance its global presence and become a carbon trading hub in Asia. It will be important for Korea to have its ETS well in place and for economic players to prepare for global trends before the introduction of a single international regime for climate change, involving some 190 countries in 2020. The more time Korea has to prepare, the better it can adapt to changes in the low carbon era.

Regardless of whether a new exchange is established or a current exchange is selected for carbon trading, an operator's ability is critical for future carbon market development. Trading intermediaries must be chosen according to rational and objective criteria that rule out the interests of individual organizations or political considerations. Selection criteria should include liquidity (to facilitate trades), soundness (to prevent unfair trading), stability (to ensure settlement security), convenience (to provide participants with easy access to the market), and international connections (to grow the Korean ETS into the Asian ETS).

Figure 3-16 Carbon market (2)

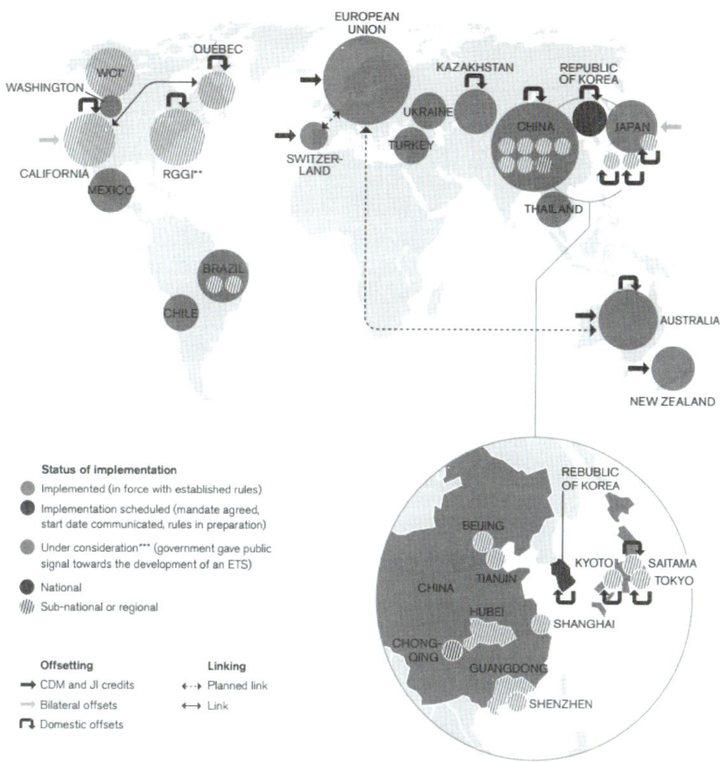

Source: World Bank Group (2014)

7 Establish Infrastructure

5.7.1 Set up a Statutory Infrastructure

Environmental Requirements need to be reflected in Statutes for Investment, Lending, Credit Rating, and Accounting. Financial institutions are required to address environmental concerns which are fiduciary and lender's liability on environment. Also, environmental factors are needed to be requested into credit rating and accounting procedures.

Corporate Disclosure of Carbon information is required. Environmental information needs to be obligatory for listing and disclosure. Shift from voluntary to mandatory disclosure gradually will be required. FI's in developed countries are already required to disclose comprehensive environmental information pursuant to voluntary guidelines, e.g. GRI.

Certification of Green Technology, Enterprise, Industry to Guide investment and Lending will be needed.

5.7.2 Develop a Technical Infrastructure

Carbon Indices can be created. Developing a Green Enterprise Index to promote green investment will be needed and Designing Green (Carbon) Risk Index' to promote investment in green bonds is recommended.

JP Morgan & Innovest co-developed the JENI Carbon Beta Index, the world's first bond index that reflects climate change risk of businesses.

System for Carbon Information Provision needs to be restructured. Building a mechanism to access carbon information will be helpful for IB's credit and investment decisions. License/approvals by MOE & other authorities, regulatory compliance, green enterprise designation, and participation in voluntary agreements are necessary.

Updates of online information on carbon financial products are recommended.

Additionally, a Green Enterprise Rating Agency can promote green rating. There are 3 major rating agencies that specialize in corporate environmental performance: Innovest (US), EIRIS (UK), SAM (Swiss).

Information on green companies between public organizations and private rating agencies involved in green growth or green finance needs be shared.

5.7.3 Educate Human Resources

Carbon Financial Professionals need to be nurtured. Training professionals on how to research, review, and invest to provide carbon financial services are essential. Introduction of professional training programs and promotion of expertise is recommended for strengthening green finance education.

Green Financial Consumer Education is also needed. Through public and consumer education, heightening awareness of the green growth can prevent green bubble, environmental risk, and other key risks in green finance.

Opening an annual conference on Carbon Finance in Asia similar to "SRI in the Rockies" in North America is recommended.

VI Conclusion

The role of public finance is important, but limited, to support green projects because a huge amount of money is needed. Therefore, the role of private finance is required. However, under the current private financial mechanism, green fields are difficult to invest in because the risk and return profile of the fields are different from those of traditional industries.

Therefore green finance is necessary. We need to design strategies of developing green finance. They include seeking green growth through green finance, establishing new financial institutions, developing new financial instruments, introducing an emission trading system, reinforcing international cooperation, and setting up infrastructure.

Reference

■ Articles & Books

IPCC. (2013). *The fifth assessment report. Cambridge University Press.*

KEI. (2012). *The economics of climate change in Korea*. Korea Environment Institute (KEI).

KIF. (2005). *SME policy financial system in major Western countries (I): US*. Korea Institute of Finance (KIF).

Kim, S. W. (2012). *Differentiated management plan of green climate fund for activation of private capital participation*. Korea Institute for International Economic Policy (KIEP).

KMA. (2012). *Projections of future climate change on the Korean Peninsula*. Korea Meteorological Administration (KMA).

Langford, A. R. (2011). *Social impact bonds in Canada: From theory to implementation*. Simon Fraser University.

Noh, H. J. (2010). *Strategies of developing green finance*. Korea Capital Market Institute (KCMI).

Noh, H. J. (2012). *Green finance*. Park Young Sa.

Noh, H. J. (2014a). *Financial strategies to activate green company ecosystem*. Korea Capital Market Institute (KCMI).

Noh, H. J. (2014b). *Climate finance*. Park Young Sa.

Noh, H. J. (2015). *Social finance*. Park Young Sa.

Rakić, S., & Mitić, P. (2012). *Green banking: Green financial products with special emphasis on retail banking products*. Educons University.

Stern, N. (2006). *Stern review: The economics of climate change*. Cambridge University Press.

World Bank Group. (2014). *State and trends of carbon pricing*. World Bank Group.

■ Online document

University of California, Berkeley. (2017). *Responsible Business Initiative for Social Impact*. Retrieved December 12, 2017, from https://responsiblebusiness.haas.berkeley.edu/events/bsbif.html

OECD. (2017). *Green growth in action: Korea*. Retrieved December 12, 2017, from http://www.oecd.org/korea/greengrowthinactionkorea.htm

저자 약력

노희진

Univ. of Georgia, 경영학 박사

서울대학교 대학원 경영학 석사

성균관대학교 무역학과 졸업

현: BNK 증권 사외이사 겸 감사위원장

사회적 기업학회 고문

청조 포럼 회장

전: 코스콤 상임감사

자본시장연구원 선임연구위원

대통령직속 녹색성장위원회 위원

금융위원회 자금세탁방지정책 자문위원

금융투자협회 전문인력 관리위원, 투자자 교육 자문위원

증권예탁 결제원 자문위원

기업지배구조센터 기업사회책임위원회 위원

방송통신발전기금 운용위원

기획재정부 G20 전문위원, 헤지펀드 도입 T/F 팀장, 정부소유 주식매각산정위원

국토해양부 국민주택기금 여유자금운용위원

World Bank Consultant

중국사회과학원 방문학자

에너지 정책포럼 총괄 위원장

SK증권 사외이사 겸 감사위원장

미래에셋증권 사외이사 겸 감사위원장

대우증권 사외이사 겸 감사위원장

LG생활건강 사외이사 겸 감사위원장

신용보증기금 비상임이사

증권선물 거래소 KRP 운영위원

군인복지기금 투자실무위원

방사성폐기물관리기금 자산운용위원

증권학회 이사, 금융학회 이사

고려대 경영대학원, 카이스트 금융대학원 대우교수

성균관대 겸임교수, 동국대, 숭실대, 한성대, 서강대국제대학원, 서울종합과기대 강사

자산운용 전문인력 및 재무위험관리사 자격시험 출제위원

산업은행 국제투자부 조사역, 산업증권 국제업무실장, 뉴욕사무소장

아시아 헤지펀드에 가장 영향력을 가진 인물 25인에 선정(홍콩 금융전문지 Asian Investor)

금융위원회 자체규제심사위원회 민간위원

기획재정부 배출권할당위원회 위원

재무학회 부회장, 재무관리학회 부회장, 사회적 기업학회 부회장

대한경영학회 부회장, 경영사학회 상임이사

국민연기금투자정책전문위원

공무원연금공단 자금운용 자문위원

사학연금공단 자금운용 자문위원

체육진흥공단 자금운용 위원장

저서:

사회적 금융론, 2015, 박영사

기후금융론, 2014, 박영사

헤지펀드의 이론과 실제, 2011, 박영사

녹색금융론, 2010, 박영사

부자투자론 (공저), 2010, 신정

펀드 경영론, 2009, 박영사

한국 경제의 인프라와 산업별 경쟁력 (공저), 2005, 나남

국내기업의 인수 (공저), 1993, 조세통람

논문 및 보고서:

Financial Strategy to Accelerate Green Growth, 2018, ADBI Working Paper, ADB

사회적 최적 투자결정과 사회적 투자자의 육성방안, 2015, 사회적기업연구, 8권 1호

금융투자업 발전을 위한 신사업 분야에 관한 탐색적 고찰, 2014, 금융투자, 159호

한국형 사회영향채권(SIB)의 도입방안, 2014, Capital Market Perspective, Vol.6, No.1

사회적기업의 육성방안, 2013, 경영사학, 제28집 제2호

한국형 헤지펀드의 향후 규율 체계, 2011, Capital Market Perspective, Vol.3, No.4

녹색성장을 위한 금융자본시장 역할과 정책과제, 2011, 한국경제포럼, 제4권 제2호

국내 금융시스템과 금융규제의 향후 방향과 자본시장의 효율성 제고, 2011, KRX Market

자본시장의 역할 강화가 필요한 분야에 관한 탐색적 고찰, 2010, 금감원 조사연구 Review

사회적기업 육성을 위한 자본시장의 활용방안, 2010, KRX Market

글로벌 금융위기 이후 헤지펀드의 글로벌 규제논의와 국내도입 및 발전방안, 2009, Capital Market Perspective

녹색성장을 위한 자본시장의 역할, 2009, Bulls Review, 금융투자협회

기업의 사회적 책임과 사회책임투자, 2009, 기업지배구조 Review

해외 ETF 현황 및 국내 발전방안, 2008, 증권선물

헤지펀드 주주행동주의의 영향, 2008, 기업지배구조 Review, Vol.39

자통법 도입에 따른 자율규제 개선 방안, 2008, 증권

기업의 사회적 책임과 사회책임투자, 2008, 상장협연구

헤지펀드의 국내도입방안, 2008, Business/Finance/Law, 서울대 금융법센터

Linkages Between Cross-Listed Korean Stock Returns (공저), 2002, E-Globalization and the Pacific Age: Proceedings of Pan-Pacific Conference XIX, Bangkok, Thailand

금융시스템 분석과 향후 나아갈 방향, 2002, 증권예탁, 제42호

금융환경변화와 증권산업의 Investment Banking화, 2000, 증권, 한국증권업협회

기업결합의 영향에 관한 연구, 1999, 한국증권학회 발표논문집

기업매수전략과 적대적 매수에 대한 방어 전략, 1993, 경영지도연구, 한국산업은행

Efficiencies From Horizontal Mergers: A Cost Approach (공저), 1991, Pacific Basin Capital Markets Research: Volume II, University of Rhode Island

지속가능성과 형평성 제고 (공저), 2013, 자본시장연구원 워킹리포트

녹색기후기금(GCF)의 특성과 향후 정책방안 (공저), 2013, 자본시장연구원 조사보고서

임팩트 투자(Impact Investment)의 성과와 과제 (공저), 2013, 자본시장연구원 워킹리포트

탄소금융의 국제동향 분석과 발전에 대한 연구 (공저), 2012, 자본시장연구원 연구보고서

탄소펀드의 미래투자 전략 (공저), 2012, 자본시장연구원 워킹리포트

중국의 녹색성장과 녹색금융 (공저), 2011, 재정정책, 자본시장연구원 워킹리포트

에너지 환경 헤지펀드 (공저), 2010, 자본시장연구원 워킹리포트

녹색금융의 발전방향과 추진전략, 2010, 자본시장연구원 조사보고서

기후변화와 탄소금융 (공저), 2010, 자본시장연구원 워킹리포트

해외탄소배출권시장 동향 및 국내 육성 방향 (공저), 2009, 자본시장연구원 워킹리포트

헤지펀드의 국내 허용 방안 (공저), 2008, 한국증권연구원 연구보고서

외 다수

더 나은 미래를 위하여

초판발행 2026년 1월 5일

지은이 노희진
펴낸이 안종만

편 집 최유라
기획/마케팅 조성호
표지디자인 BEN STORY
제 작 고철민·김원표

펴낸곳 **도서출판 박영사**
경기도 파주시 회동길 37-9(문발동)
등록 1952.11.18. 제406-3000000251001952000002호(倫)
전 화 02)733-6771
f a x 02)736-4818
e-mail pys@pybook.co.kr
homepage www.pybook.co.kr
ISBN 978-89-10-98056-8 93320

copyright©노희진, 2026, Printed in Korea

*파본은 구입하신 곳에서 교환해 드립니다. 본서의 무단복제행위를 금합니다.

정 가 25,000원